数量经济学系列丛书

计量经济学
——基于Stata应用

杨利雄 编著

清华大学出版社
北京

内容简介

本书从蒙特卡洛模拟的视角，对计量经济学中经典的理论方法进行了直观解释，主要包括回归模型、面板数据模型、平稳时间序列模型、单位根检验和协整模型等。

本书强调基于蒙特卡洛模拟可视化呈现计量经济学中参数估计理论、假设检验方法的理论意义和性质，增强读者对计量经济学中参数估计与假设检验理论方法的直观理解，从而降低了学习和理解计量经济学理论方法所需的数学门槛。本书的内容设计由浅入深、由易到难，不仅包括回归模型等计量经济学的入门内容，还包括面板数据模型、双重差分模型、单位根检验和协整模型等中高级计量经济学的内容；同时，本书对每一个计量经济模型都详细介绍了使用 Stata 软件实现模型估计和检验的方法，并配有相应的数据和案例，为计量经济理论方法的应用能力的培养提供了学习素材。此外，本书所涉及的数据及 Stata 操作代码（包括每幅图表的 Stata 代码）都可免费下载。

本书可作为经济管理类专业本科生和管理类专业研究生的计量经济学教材，也可作为实证应用研究者的参考书。

本书封面贴有清华大学出版社防伪标签，无标签者不得销售。
版权所有，侵权必究。举报：010-62782989，beiqinquan@tup.tsinghua.edu.cn。

图书在版编目(CIP)数据

计量经济学：基于 Stata 应用/杨利雄编著．—北京：清华大学出版社，2024.1
（数量经济学系列丛书）
ISBN 978-7-302-64990-8

Ⅰ．①计⋯　Ⅱ．①杨⋯　Ⅲ．①计量经济学　Ⅳ．①F224.0

中国国家版本馆 CIP 数据核字(2023)第 232193 号

责任编辑：张　伟
封面设计：常雪影
责任校对：王荣静
责任印制：刘海龙

出版发行：清华大学出版社
网　　址：https://www.tup.com.cn，https://www.wqxuetang.com
地　　址：北京清华大学学研大厦 A 座　　邮　　编：100084
社 总 机：010-83470000　　邮　　购：010-62786544
投稿与读者服务：010-62776969，c-service@tup.tsinghua.edu.cn
质量反馈：010-62772015，zhiliang@tup.tsinghua.edu.cn

印 装 者：三河市君旺印务有限公司

经　　销：全国新华书店

开　　本：185mm×260mm　　印　张：12.25　　字　数：298 千字
版　　次：2024 年 1 月第 1 版　　印　次：2024 年 1 月第 1 次印刷
定　　价：42.00 元

产品编号：100212-01

前言 PREFACE

本书共分为12章。其中,第1~5章属于经典计量经济学的内容。第6~7章介绍经典面板数据模型。第8章介绍双重差分模型,属于对面板数据模型的拓展。第9~11章介绍平稳时间序列模型和非平稳时间序列模型。第12章介绍对经典计量模型的灵活应用,属于对前沿学术文献的梳理,在现有计量经济学教材中并不多见。

本书具有若干显著特点。

第一,本书借助蒙特卡洛模拟可视化呈现计量经济学理论方法的意义,强化读者对理论方法的直观理解。在经济管理类专业"计量经济学"的课程教学中,模型理论及方法的理解常常成为学习过程中反馈的主要难点。本书与已有"计量经济学"教材的主要不同之处在于:通过计算机小程序演示相关计量经济理论结果,可视化地呈现出相关理论意义。为此,作者针对每一个主要的计量理论都编写了Stata软件do文档来模拟和可视化呈现与解释理论的意义,使理解计量模型理论方法变得直观和容易。这对于理解相关理论模型的精髓、培养学生的创新能力,具有十分重要的意义。

第二,本书注重应用能力的培养,强调对计量经济模型的灵活应用。在"计量经济学"的教学实践中,作者发现管理类专业和经济类专业的学生对计量经济学知识的需求存在很大区别,主要体现在:管理类专业对计量经济理论推导的要求较低,但是对计量经济学前沿模型和计量经济模型灵活应用的要求很高。一般而言,前沿模型和对模型灵活应用往往要求扎实的理论基础,因此,这成为教学中的难点。作者在管理类专业多年来的教学实践中,尝试使用模拟代替理论推导,并辅助经典计量模型的灵活应用典型案例,取得了良好的效果。本书基于兰州大学管理学院工商管理类学术型硕士研究生和本科生"计量经济学"课程的教学材料整理,遵循如下思路:通过使用软件模拟可视化呈现核心理论和模型的结果来解释计量模型与理论方法,辅之以实际数据的应用来演示模型的应用。因此,每章包括如下部分:讲解基本理论模型,使用Stata模拟模型理论,使用Stata演示实践应用案例。此外,第12章梳理了现有学术文献中常见的对经典计量模型的灵活应用案例。

第三,本书注重选取我国的经济数据,通过图示、数据分析等方式来展示我国过去几十年取得的经济成就,所涉及的数据、软件代码(包括每幅图表的代码)均可免费下载。本书的案例基本上都以我国的经济数据为背景,如在回归模型部分,选取我国宏观经济数据演练多元回归模型的应用,通过图示、数据分析等方式来展示我国改革开放以来取得的伟大成就,以数据、事实为依据,将思政教育与专业课程有机结合,不仅增强了专业能力,还有助于培养和提高学生的民族自信心与爱国情怀,克服简单说教的不足,更加深入和直观。以我国过去几十年来经济数据为基础的案例,基于数据分析提供的经验论据,不仅反映了我国经济的发展历程,而且体现了中国特色社会主义制度取得的伟大经济成果。本书注重在模型理解和实践操作过程中,倡导通过实证分析的方式为正向的社会规范和价值导向提供直接的经验证据。此外,本书每章都配有习题和参考答案。本书的数据可扫如下二维码下载。

  本书是作者在多年教学讲稿基础上撰写而成的。本书获兰州大学教材建设基金资助,在此表示感谢。在本书出版完善的过程中,清华大学出版社张伟老师给予了很大的帮助和支持,在此一并表示感谢。

  书中存在的疏漏与不足均由作者负责,请读者赐教、指正。

杨利雄

2023 年 6 月 6 日

第 1 章　导论 ………………………………………………………………… 1

1.1　计量经济学 …………………………………………………………… 1
1.2　计量经济学的学科发展 ……………………………………………… 1
1.3　计量经济学中的因果关系与相关关系 ……………………………… 2
1.4　计量经济模型 ………………………………………………………… 3
1.5　计量经济分析的步骤 ………………………………………………… 4
1.6　计量经济学发展简史 ………………………………………………… 5
1.7　计量经济学学科的内容体系 ………………………………………… 6

第 2 章　一元线性回归模型 ……………………………………………… 9

2.1　最小二乘估计法 ……………………………………………………… 9
2.2　最小二乘估计与相关系数的关系 …………………………………… 14
2.3　最小二乘估计量的性质 ……………………………………………… 15
2.4　拟合优度 ……………………………………………………………… 16
2.5　度量单位对回归系数的影响 ………………………………………… 18
2.6　线性回归模型数学基础以及模型的函数形式 ……………………… 20
2.7　最小二乘估计量的均值和期望 ……………………………………… 21
2.8　过原点回归模型 ……………………………………………………… 25
2.9　无偏性：基于 Stata 的蒙特卡洛模拟 ……………………………… 25
2.10　基于简单回归的中美两国 GDP 对比分析(1978—2021 年) …… 27
本章习题 …………………………………………………………………… 34

第 3 章　多元线性回归模型 ……………………………………………… 35

3.1　二元线性回归 ………………………………………………………… 35
3.2　使用多元回归的动因 ………………………………………………… 38
3.3　多元回归模型 ………………………………………………………… 41
3.4　多元回归的性质 ……………………………………………………… 42
3.5　简单一元线性回归与多元线性回归的比较 ………………………… 43
3.6　多元回归模型拟合优度 ……………………………………………… 45
3.7　OLS 估计量的统计性质 …………………………………………… 46

3.8　OLS 的有效性：高斯-马尔科夫定理 ········· 49
3.9　弗里希-沃尔定理：基于 Stata 的蒙特卡洛模拟 ········· 49
3.10　我国人均国民总收入和世界人均国民总收入增长率的对比分析 ········· 51
本章习题 ········· 54

第 4 章　假设检验 ········· 55

4.1　假设检验的几个实例 ········· 55
4.2　统计量的定义及常用统计量 ········· 56
4.3　单个参数的检验：t 检验 ········· 57
4.4　参数的置信区间 ········· 63
4.5　对多个线性约束的假设检验：F 检验 ········· 63
4.6　检验统计量的性能：基于 Stata 的蒙特卡洛模拟 ········· 66
本章习题 ········· 68

第 5 章　违背经典假设的后果与处理 ········· 69

5.1　线性回归模型的基本假设 ········· 69
5.2　违背假设 5.1 的情况 ········· 70
5.3　违背假设 5.2 的情况 ········· 72
5.4　违背假设 5.3 的情况 ········· 75
5.5　违背假设 5.4 的情况 ········· 76
5.6　违背假设 5.5 的情况 ········· 77
5.7　违背假设 5.6 的情况 ········· 80
5.8　异常值问题 ········· 80
5.9　违背零条件期望假设时的参数估计：基于 Stata 的蒙特卡洛模拟 ········· 81
5.10　违背同方差假设时的 t 检验：基于 Stata 的蒙特卡洛模拟 ········· 82
本章习题 ········· 84

第 6 章　面板数据与一阶差分模型 ········· 86

6.1　面板数据的定义 ········· 86
6.2　虚拟变量 ········· 87
6.3　混合面板数据模型 ········· 90
6.4　一阶差分模型 ········· 91
6.5　一阶差分模型：基于 Stata 的模拟解释 ········· 92
6.6　违背严外生性假设：基于 Stata 的模拟解释 ········· 94
本章习题 ········· 96

第 7 章　经典静态面板模型 ········· 98

7.1　固定效应模型：组内估计量 ········· 98
7.2　固定效应模型：最小二乘虚拟变量估计 ········· 99

7.3	双向固定效应模型	100
7.4	固定效应模型的拟合优度和稳健标准误	102
7.5	固定效应模型违背严外生性假设：基于 Stata 模拟的解释	102
7.6	随机效应模型	104
7.7	固定效应与随机效应：豪斯曼检验	106
7.8	随机效应模型违背严外生性：基于 Stata 模拟的解释	107
7.9	固定效应模型与随机效应模型的比较：基于 Stata 模拟的解释	109

本章习题 … 112

第 8 章 因果推断与双重差分模型 … 114

8.1	潜在结果框架	114
8.2	双重差分模型	123
8.3	双重差分模型：基于 Stata 的模拟解释	126
8.4	平行趋势检验：基于 Stata 的模拟解释	127
8.5	安慰剂检验：基于 Stata 的模拟解释	129

本章习题 … 132

第 9 章 平稳时间序列分析 … 133

9.1	分布滞后模型	133
9.2	弱平稳过程	136
9.3	实例应用	140

本章习题 … 143

第 10 章 虚假回归、单位根检验 … 144

10.1	趋势	144
10.2	虚假回归	145
10.3	单位根检验	149
10.4	虚假回归的模拟	152
10.5	单位根检验的 Stata 操作	153

本章习题 … 155

第 11 章 协整模型 … 157

11.1	长期均衡与协整分析	157
11.2	协整定义	158
11.3	协整关系检验	159
11.4	协整度理论	160
11.5	误差修正模型	162
11.6	协整模型估计的 Stata 模拟	164

本章习题 … 165

第 12 章　计量模型的灵活应用 ·· 166
12.1　股票回报相关 ··· 166
12.2　企业风险 ·· 170
12.3　交易成本 ·· 171
12.4　盈余管理 ·· 172
12.5　企业投资 ·· 175
12.6　管理层薪酬激励 ··· 176
12.7　会计稳健性 ·· 177
12.8　资本结构调整速度 ··· 177
12.9　企业过度负债 ·· 178
12.10　成本粘性 ·· 178
12.11　研发投资平滑 ··· 179
12.12　利润的可持续性与利润的可预测性 ·· 179
12.13　劳动投资效率 ··· 180
12.14　企业出口产品质量指标 ·· 180
12.15　企业避税 ·· 181
12.16　超额商誉 ·· 181

参考文献 ··· 183

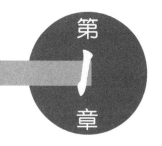

导　论

1.1　计量经济学

　　计量经济学(econometrics)是一门运用概率统计方法对经济变量之间的(因果)关系进行定量分析的学科,它以揭示经济活动中客观存在的数量关系为主要研究内容。"计量经济学"一词是首届诺贝尔经济学奖得主拉格纳·弗里希(Ragnar Frisch)1926年仿照生物计量学(biometrics)提出的。弗里希等经济学家于1930年12月29日发起成立世界计量经济学会,并于1933年创办了会刊 *Econometrica*,标志着计量经济学作为一门独立学科正式诞生。

　　弗里希在 *Econometrica* 创刊词中提出:"用数学方法探讨经济学可以从好几个方面着手,但任何一个方面都不能和计量经济学混为一谈。计量经济学与经济统计学绝非一码事;它也不同于我们所说的一般经济理论,尽管经济理论大部分具有一定的数量特征;计量经济学也不应视为数学应用于经济学的同义语。经验表明,统计学、经济理论和数学这三者对于真正了解现代经济生活的数量关系来说,都是必要的,但本身并非充分条件。三者结合起来,就是力量,这种结合便构成了计量经济学。"

　　总的来说,计量经济学是经济理论、统计学与数学相结合的一门综合性学科。计量经济学的研究方法论主张以经济理论为基础,运用数学和统计学的方法,以经济数据为依据,通过建立数学模型来量化揭示经济规则和经济关系。经济学主要研究不确定性条件下的资源配置问题。因为不确定性的存在,经济知识和经济信息对人们作出决策具有重要的指导价值。经济学的主要任务之一是理解经济现象之间的关系,从而得到一些经济规律和经济信息,指导经济行为。随着人们对经济信息需求的广度和深度的提高,定量的经济分析越来越重要。

1.2　计量经济学的学科发展

　　自计量经济学于20世纪30年代初诞生以来,这门学科就显示出了旺盛的生命力,经过了20世纪40—50年代的发展、60年代的扩张、70年代的反思和80年代末以来的新发展。1969年,首届诺贝尔经济学奖被授予弗里希和简·丁伯根(Jan Tinbergen),以纪念两位学者为计量经济学作出的巨大贡献。诺贝尔经济学奖获得者劳伦斯·克莱因(Lawrence Klein)指出,"计量经济学已经在经济学科中居于最重要的地位","在大多数大学中,计量经济学已成为经济学课程表中最有权威的一部分"。1970年获得诺贝尔经济学奖的经济学家保罗·萨缪尔森(Paul Samuelson)说,"第二次世界大战后的经济学是计量经济学的时代",并提出:"计量经济学可以定义为实际经济现象的数量分析。这种分析基于理论与观测的并行发展,而理论与观测又是通过适当的推断方法得以联系。"随着20世纪70年代以来计算机技术的飞速发展,计量经济学的发展和应用到了一个全新的阶段;同时,近10余年来,计量经济学与大数据、统计机器学习交叉融合,迸发出新的生命力。

  计量经济学作为一种研究方法,已被广泛使用于经济学、金融学、社会学、人口学、管理学、教育学等诸多学科领域。以管理学为例,管理学本身就是一门同时具备科学属性和艺术属性的学科,人们处理管理问题时,单纯的定性答案已经不能满足科学研究和社会实践的需要,定量的分析成为必然。比如说,我们研究员工薪酬与其受教育程度、工作经验、行业等变量之间的关系,或者需要对企业投资风险进行评估,再或者研究企业效率与薪酬差距的关系,这些问题既是学界研究的热点,也是公司管理实践必不可少的重要一环,而它们的解决与计量经济模型紧密相连。

  在我国,计量经济学研究方法已经成为经济理论研究与经济分析的主流方法。据统计,从1984年到2020年发表在《经济研究》上的近6 000篇论文,应用计量经济学方法的论文占比逐年上升。1984年为0,1998年为11%,然后迅速提升,2006年为53%,2010年为63%,2015年为73%,2020年为77%,其他经济类刊物也基本如此。[1][2] 学术期刊界对计量方法的重视进一步促进了我国计量经济学的发展,使我国的计量经济学学科在国际上处于前列。

  但是,计量经济学及其研究方法也引发了广泛的争议。造成争议的一个很重要的原因是学界对计量方法的误解和错用,忽视了计量经济方法的局限性。这些问题的本质是对计量经济模型及其建模过程的方法论基础缺乏深入理解,致使在研究中随意设定模型,造成模型的不当设定;或者对模型估计检验环节的理论假设不加考察,造成估计与检验结果不可靠。而引起上述问题的一个重要原因是:计量经济学的理论方法常常依赖于高深的数学,这在一定程度上造成计量经济学理论方法不易理解,特别是一些数学基础较薄弱的初学者,难以直观地理解计量模型理论方法的精髓。

  因此,本书的宗旨是将计量经济学理论方法以易读、易操作的语言和Stata模拟实验可视化地呈现给读者,从而使初学者不借助数学语言就能很好地理解计量经济学理论方法的思路与精髓,进而为解决因计量经济学理论认识不清引起的误用、滥用问题作出些许贡献。但笔者强调,数学对计量经济学仍然是十分重要和必要的。

1.3 计量经济学中的因果关系与相关关系

  任何科学从一定意义来说,本质都是关于"预测"的科学,实验方法和数学方法被视为现代科学的两种主要研究方法。但是,由于实验数据的缺乏,计量经济学常常不足以确定经济变量之间的因果关系,大多数实证分析的目的正是探究变量之间的因果关系(即X是否导致Y),而非相关关系。

  相关关系与因果关系有什么区别呢?我们可以以一个非常简单的例子来确定:当你透过灰蒙蒙的窗户看到街上的人们带伞,可以判断今天下雨。这种由"人们带伞"得出的"今天

---

[1] 刘丽艳.计量经济学涵义及其性质研究[D].大连:东北财经大学,2012.
[2] 《经济研究》2012—2020年的数据来源于中国知网和笔者手工统计。

下雨"的结论只是相关关系,因为我们都知道,"人们带伞"并不导致"下雨"。进一步地,如果基于该相关关系作出政策建议,如我们基于"带伞"与"下雨"关系的观察,建议当地百姓通过"带伞"以期待"下雨",毫无疑问这是很荒谬的,我们可以从常识判断这一政策的明显缺陷。但是,如果这一情景出现在企业,将"带伞"变成"研发",将"下雨"换为"利润",我们观察到"研发"和"利润"之间存在正相关关系,于是我们给企业的建议是"加大研发以换得高利润",这看起来合理得多。可是,本质上它的逻辑与"建议带伞以期待下雨"一样! 因此,如果研究的目的只是"预测"问题,则相关关系往往就有不错的预测能力。然而,基于相关关系的政策建议往往十分不可靠。

通常来说,如果要研究变量之间的因果关系,计量分析则必须建立在经济理论的基础之上。然而,某些时候即使有理论基础,因果关系依然难以分辨,因为可能存在"逆向因果关系"或"双向因果关系",或者存在遗漏变量混淆了变量之间的关系。如图 1.1 所示,如果将 $X \to Y$ 视为因果关系,那么 $Y \to X$ 就是逆向因果关系。比如说,居民消费的增长可能促进国民经济增长,但是国民经济增长也能促进居民消费的增长,这种情况就称为"双向因果关系"或"逆向因果关系"。

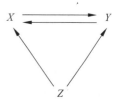

图 1.1 可能的因果关系

进一步假设,在研究变量 X 和 Y 的关系时,第三个变量(Z)同时影响这两个变量(X,Y),但 Z 并未被考虑,这就可能导致变量 X 和 Y 关系的扭曲,即遗漏变量偏误。例如,某人从很小的时候开始观察自己的身高,他发现随着自己的身高越来越高(X),自己的父母越来越老(Y),因此推断自己长高是父母变老的原因,这里其实忽略了第三个因素,即时间。总体而言,计量经济学中的回归模型结合适当的理论和假设,有助于推断因果关系。

1.4 计量经济模型

计量经济学将经济系统看成随机过程(系统),将经济现象(经济数据)看成随机过程的实现。对经济系统的分析被转化为对随机过程[即数据生成过程(data generating process, DGP)]建模。因此,计量经济模型必然是一个概率模型。通常,通过参数化数据生成过程,问题被进一步简化为以经济数据为基础估计模型参数,再以此为基础做统计推断、政策评估、经济现象理解、经济理论检验,或进行经济预测。可以说,几乎所有的计量经济模型都是建立在一定的假设和简化之上。

那么,到底什么是模型呢? 本书认为,模型是对现实本质的抽象和描述。用不同的方法进行抽象和描述就形成了不同的模型,如物理模型、数学模型等。用数学方法描述现实经济活动的本质,就形成经济数学模型。经济数学模型主要包括数理经济模型和计量经济模型。数理经济模型揭示经济活动中各因素之间的理论关系,用确定性的数学方法加以描述。例如,根据生产理论,生产要素与产出之间的关系可以用生产函数来描述:

$$Q = AK^{\alpha}L^{\beta} \tag{1.1}$$

其中,Q 为产出;A、K 和 L 分别为技术、资本和劳动;α 和 β 为未知参数。因此,上述生产函数虽描述了经济变量之间的理论关系,但并不能揭示定量关系。同时,上述模型还没有考虑经济生产活动中的不确定性因素,而计量经济模型是一个概率模型,可以更好地接近现实、描述经济关系。例如,我们应该考虑到生产活动不仅受技术、资本和劳动的影响,还受随

机因素影响。因此,可将模型(1.1)扩展为

$$Q = AK^{\alpha}L^{\beta}e^u \tag{1.2}$$

其中,u 为随机因素;e 为自然常数。对模型(1.2)两边同时取对数,得到

$$\ln Q = \ln A + \alpha \ln K + \beta \ln L + u \tag{1.3}$$

模型(1.3)即为后续章节中的多元线性回归模型。以生产活动中积累的数据样本,可以估计出模型(1.3)中的未知参数 α 和 β,进而量化描述生产活动,进行结构分析或预测生产活动。上面的例子也充分展示了计量经济模型应以经济理论为基础;同时,也说明计量经济学是经济理论、统计学与数学三者的综合。

计量经济学建模和解决经济问题的方式,可归纳为:观察到的数据(或经济现象)→数据生成过程(经济原理或规律)→DGP 抽象为计量经济模型→使用样本估计模型近似 DGP →应用模型。

因此,计量经济模型可理解为对真实经济规律或经济数据生成过程的抽象和描述,在模型的建立过程中,不可避免地需要一定的假设和简化。这些假设和简化很大程度上就是计量经济模型的局限。在使用计量方法前,应该考察这些假设是否成立以及被违背的后果,从而判断所得研究结论的可信程度。也不难看出,在计量经济学中,以下两个课题十分重要:①计量经济模型的估计和检验的方法与理论性质;②模型设定及误设造成的后果。本书主要涉及上述两个课题。

在认识到计量经济学的特点与局限之后,计量经济学应该如何被应用在研究中?它能为研究做什么呢?计量经济模型的主要作用包括:①检验经济理论;②解释和理解经济现象;③政策评估;④预测。

1.5 计量经济分析的步骤

计量经济学是经济学的一个分支。从方法论的角度来讲,经济分析可分为规范分析和实证分析。规范分析回答"应该是什么"的问题,而实证分析回答"是什么""会怎样""为什么"等问题,计量经济学是开展实证分析的主要手段。使用计量经济模型分析问题主要包括以下步骤。

第一步,根据观察到的现象,提出感兴趣的问题,对该问题进行分析,探索和设计解决问题的方法。探索解决问题的方案大致包括需要哪些数据、使用什么计量经济模型。

第二步,寻找能够初步解释现象的理论,据此建立模型,主要目的是描述作为研究重点的变量之间的关系,并将所关心的问题转化为模型参数估计与检验问题。

第三步,根据问题的特点收集经验数据,并完成数据清洗整理,然后运用模型设定的计量知识,将上述模型转化为可估计的计量经济模型。

第四步,在估计计量经济模型的参数前,考察参数估计所依赖的假设是否成立。如果不成立,找出有哪些缓解或解决此问题的方法。

第五步,估计参数并进行假设检验,并考察参数估计和检验的稳健性。

第六步,模型应用。

在实际应用中,根据问题的特点,上述步骤的顺序可能略有不同。本书通过以下两个例子来更直观地展示使用计量经济模型方法做研究的过程。

例 1.1 研究问题：有哪些因素影响企业效率？

（1）研究者提出问题：依据自身的经济管理知识判断员工薪酬差距可能影响企业效率。因此，该研究的主要变量是企业效率以及员工薪酬差距。在研究方案中，研究者需要确定如何衡量这两项变量，并初步确定计量经济模型，即根据理论知识，使用线性模型，收集数据。（思考：哪些变量能衡量企业效率？）

（2）建立模型，将企业效率表示为 y，员工薪酬差距表示为 x：

$$y = \alpha + \beta x + \varepsilon \tag{1.4}$$

其中，β 为待估计参数；ε 为随机扰动项（含其他影响企业效率的因素、测量误差等）。

因为初步设定的模型是简单线性模型，研究者需要考虑是否存在其他影响企业效率的因素、测量误差会影响未知参数的估计效果等问题。

（3）考虑是否需要转化模型再估计。（需要计量知识）

（4）估计未知参数需要的假设。（假设：β 与 ε 不相关）

（5）关于模型参数的假设：如果 $\beta>0$，表示企业效率与员工薪酬差距正相关；反之则相反。根据一些经济管理知识和生活常识，猜测：企业效率随员工薪酬差距的扩大先提高后降低。（问题：需要调整计量经济模型吗）

（6）估计参数，做假设检验。（验证猜测）

（7）模型应用，如评估某企业的员工薪酬差距是否合理等。

例 1.2 研究问题：有哪些因素影响企业员工薪酬？

（1）研究者根据理论及经验，分析影响薪酬的可能因素，初步考察教育、经验、年龄、父母所受教育、IQ（智商）等因素对薪酬的影响。

（2）集中考虑教育对薪酬的影响。

（3）设定计量经济模型：

$$\text{wage} = \beta_0 + \beta_1 \text{educ} + \beta_2 \text{exper} + \beta_3 \text{age} + \beta_4 \text{feduc} + \beta_5 \text{meduc} + \beta_6 \text{IQ} + \varepsilon \tag{1.5}$$

其中，educ 为受教育程度；exper 为经验；age 为年龄；feduc 为父亲受教育程度；meduc 为母亲受教育程度。

（4）根据需要进行数据收集，主要可采用的方法有抽样调查、统计局网站、数据库等。

（5）研究者根据已有文献考虑是否需要转化数据，如取对数（因为某些经济数据取对数后更加符合计量经济模型的假设）等。

（6）根据研究问题与设计的研究方法，考虑估计参数时需要什么假设。比如说：①假如研究者考察教育对薪酬的效果，可考虑 $\beta_2=0$ 是否成立；②要研究 IQ 对薪酬的效应是否为正，可考虑 $\beta_6>0$。

（7）估计参数，做假设检验。

（8）根据结果应用模型，为企业提供政策建议，如企业能够使用该模型考虑对不同员工的薪酬怎么定价等。

从上述两个例子可以看出，计量经济模型方法的应用是在理论支撑与数据的基础上，设定模型并进行相应检验的。

1.6 计量经济学发展简史

20 世纪 30 年代，以弗里希为代表的经济学家致力于研究单方程计量经济模型，试图为整个经济体系建模并预测经济变量。

20世纪40年代到50年代,学者们将注意力转向研究联立方程模型,试图使用大型方程组预测经济变量,解释经济波动和评估经济政策。两位学者因为这方面的贡献获得诺贝尔经济学奖:华西里·里昂惕夫(Wassily Leontief)于1973年获奖,克莱因1980年获奖。

20世纪60年代到70年代,学者们开始考虑在联立方程模型中加入动态效应,即通过加入滞后项对一个变量的本期与上一期的关系建模,最著名的模型之一是向量自回归模型。克里斯托弗·西姆斯(Christopher Sims)和托马斯·萨金特(Thomas Sargent)在2011年因这方面的贡献获得诺贝尔经济学奖。与此同时,另一批学者开始考虑如何检验模型设定是否正确的问题,如参数稳定性检验、异方差检验、模型误设检验等。

20世纪80年代以来,简单的单方程自回归模型,其预测效果便经常远超大型方程组,这宣告了时间序列计量经济学的诞生。此外,经典回归分析暗含一个重要假设,即数据是平稳的。有学者曾经使用计算机模拟出一组随机数序列,然后将这组随机数与股票指数进行简单的计量分析,发现经典理论的计量分析结果是:两者的关系是显著的。而现实中的经济数据往往是不平稳的,传统方法因此面临巨大挑战。1973年石油危机的预测问题使传统方法受到进一步挑战。克莱夫·格兰杰(Clive Granger)等通过蒙特卡洛实验证明单位根是伪回归问题的主要根源,进而提出协整理念,将计量建模理论与方法推向了一个新里程。同时,这一时期,单位根检验以及结构突变等问题受到计量经济学学者的广泛关注。此外,非线性模型在这一时期也受到广泛关注,如ARCH模型(自回归条件异方差模型),该模型将波动率定义为条件标准差,可以用来解释金融股票价格的波动。金融市场上资产价格变化通常会出现波动率聚集效应,这可以使用ARCH模型或者GRACH(广义ARCH)模型进行研究。另一个著名的非线性模型是门槛模型,门槛自回归、门槛回归以及面板门槛模型等模型理论得到了广泛研究,并被应用于经济管理等各个学科。

近年来,计量经济学理论方法研究的趋势和特征可以概括为以下几点。

(1) 随着计算机技术的发展,随机模拟、随机抽样等被广泛应用于计量经济学。
(2) 随着数据可用性的增强,面板模型正越来越广泛地被使用。
(3) 非参数方法快速发展(依赖于计算机运算速度)。
(4) 贝叶斯方法与计量经济模型进一步结合。
(5) 计量经济学与机器学习、大数据交叉融合。

1.7 计量经济学学科的内容体系

本书面向初学者,致力于配合计算机模拟,以可视化的形式呈现计量经济模型的建模思想、参数估计理论和假设检验方法,以期更加直观地让读者了解并使用计量经济模型。本书主要涵盖经典单方程计量经济学模型理论方法、经典面板数据模型、经典时间序列模型,虽然未对模型背后的数学加以深究,但本书的部分内容可能属于高级计量经济学,甚至超越高级计量经济学的范畴,这一内容组织不同于大部分教科书,我们相信深究前沿计量经济模型演化的逻辑对于灵活使用模型和培养创新能力具有重要意义。

为了解计量经济学学科的整体内容框架,本节从不同的角度分别对计量经济学的内容体系进行简单介绍和梳理。

1.7.1 初级计量经济学、中级计量经济学、高级计量经济学

初级计量经济学以计量经济学的数理统计学基础知识和经典的线性单方程模型理论与方法为主要内容;中级计量经济学以用矩阵描述的经典的线性单方程模型理论与方法、经典的线性联立方程模型理论与方法,以及传统的应用模型为主要内容;高级计量经济学以现代计量经济学模型理论、方法与应用为主要内容。

1.7.2 经典计量经济学、非经典计量经济学

经典计量经济学一般是指20世纪70年代以前发展并广泛应用的计量经济学。它以经济理论为导向,以揭示经济现象中的因果关系为目的,以线性随机方程为理论形式,以应用回归分析方法为主。经典计量经济学由弗里希创立,哈维尔莫(Trygve Haavelmo)建立了概率论基础,克莱因成为其理论与应用的集大成者。

经典计量经济学在理论和方法上的特征是:以随机模型为主,理论导向,模型结构为线性或者可以转化为线性,主要用来进行因果分析,其解释变量具有同等地位,模型具有明确的形式和参数;在数据层面,主要以时间序列数据或者截面数据为样本,被解释变量为服从正态分布的连续随机变量;在估计方法层面,仅利用样本信息,采用最小二乘方法或者最大似然方法估计模型。

经典计量经济学在应用方面的特征是:应用模型方法论的基础是实证分析、经验分析、归纳;应用模型的功能主要为结构分析、政策评价、经济预测、理论检验与发展;应用模型的领域主要包括传统的应用领域如生产、需求、消费、投资、货币需求以及宏观经济等。

非经典(现代)计量经济学一般是指20世纪70年代以来发展的计量经济学理论、方法及应用模型,主要包括微观计量经济学、非参数计量经济学、时间序列计量经济学和动态计量经济学等。

本书以经典计量经济学为主,适当引入一些简单、应用较多的非经典计量经济学理论方法,然后引入面板数据计量经济学,最后讨论一些常用的时间序列模型。以上述结构设计本书内容框架的原因如下:①从理论方法的角度来看,经典计量经济学理论方法是非经典计量经济学理论方法的基础;为了更好地达到应用计量经济学进行研究的目的,从经典模型开始学习是必要的。②从应用的角度来看,经典计量经济学模型在管理类问题的研究中更加重要,而现代计量经济学在宏观经济、金融领域的应用广泛。③随着数据可用性的增强,面板数据(panel data)的分析近年来越来越重要。

1.7.3 微观计量经济学、宏观计量经济学

微观计量经济学于2000年诺贝尔经济学奖公报中正式提出。其内容集中于"对个人和家庭的经济行为进行经验分析","微观计量经济学的原材料是微观数据",微观数据表现为截面数据和面板数据。

宏观计量经济学名称由来已久,但是它的主要内容和研究方向发生了变化,主要有经典宏观计量经济学和现代宏观计量经济学两大类。经典宏观计量经济学主要利用计量经济学理论方法,建立宏观经济模型,对宏观经济进行分析、评价和预测。而现代宏观计量经济学的主要研究方向是单位根检验、协整理论以及动态计量经济学。

1.7.4 横截面数据、时间序列、面板数据

横截面数据是每个个体在特定时间点上的数据。这一数据类型在经济学中应用广泛，尤其是在劳动经济学、卫生经济学、城市经济学等领域。比如说，所有城市在2013年的地区生产总值。在用于因果分析的经典计量经济学模型中，横截面数据是应用最多的一类数据。

时间序列由一个变量或几个变量在一段时间内的观测值组成。比如说，中国1949—2013年的GDP(国内生产总值)。

面板数据是若干个横截面数据的组合，比较多的情况是横截面上的样本点数目多于横截面数目。在计量经济模型中利用面板数据是近些年来计量经济学研究中最活跃的一个领域，这是因为面板数据为计量经济模型的理论方法研究提供了一个更为丰富的环境，更重要的是它更加贴近现实。比如说，世界上所有国家1949—2013年的GDP数据就是一组面板数据。

一元线性回归模型

计量经济学中的回归模型是分析、推测经济变量之间因果关系的主要工具。作为最简单的计量经济模型,线性回归模型的理论方法是计量经济学中最基础、最重要的理论。在线性回归模型中,"回归"(regression)一词主要是指被解释变量向条件期望的"回归"。因此,经典线性回归模型是对条件期望建立量化模型。

"回归"一词是由英国生物学家兼统计学家法兰西斯·高尔顿(Francis Galton)在研究人类遗传问题时提出的。为了研究父代与子代身高的关系,他收集了1 078对父子的身高数据。用x表示父代身高,y表示子代身高,他发现散点图大致呈向上直线,即父代身高更高时,子代也往往更高。而且,若父代身高高于人类平均身高,子代也会高于人类平均身高,但子代身高更接近平均身高;若父代身高低于人类平均身高,子代会低于人类平均身高,但子代身高也更接近平均身高,即子代身高向人类平均身高"回归",这被称为"回归效应"。

在现实世界中,存在大量这样的情况:两个变量x和y有部分依赖关系,但并不存在确定性的对应关系,即x部分地决定,而不是精确唯一地决定y,如x表示某人的身高,y表示他的体重。一般而言,当x大时,y也倾向于大,但由于x不能严格精确地决定y,其他因素也可能影响y,因此,可以将变量y写成由x决定的部分$f(x)$和由其他因素决定的部分u:

$$y = f(x) + u \qquad (2.1)$$

特别地,如果$f(x)=\beta_0+\beta_1 x$,则得到简单线性回归模型(2.2):

$$y = \beta_0 + \beta_1 x + u \qquad (2.2)$$

简单一元回归模型可用于描述两个变量之间的关系。很多经济管理类的实证问题都能被转化为"用变量x解释变量y"或"研究y怎样随x的变化而变化"。比如,观察到劳动力市场上个人工资水平(wage)的差异,想要尝试用个人所受教育的程度(educ)解释工资的差异,建立线性回归模型(2.3):

$$\text{wage} = \beta_0 + \beta_1 \text{educ} + u \qquad (2.3)$$

其中,educ为受教育的年数。我们通过收集数据,"正确地"估计模型(2.3),可以回答"是什么因素造成了劳动力市场上个人工资水平的差异"之类的问题,从而更好地理解观察到的现象,量化地给出教育的报酬,甚至在政策层面提供提升收入水平的建议,如提高教育水平等。因此,"正确地"估计计量经济模型变得十分重要,这正是计量经济学关注的重要问题之一。

2.1 最小二乘估计法

考虑如下形式的简单线性回归模型:

$$y = \beta_0 + \beta_1 x + u \tag{2.4}$$

y 通常被称为"因变量""左侧变量""被解释变量""回归子""响应变量""被预测变量";x 通常被称为"自变量""右侧变量""解释变量""回归元""控制变量""预测变量"。u 为误差项或扰动项,它代表除了 x 之外可以影响 y 的因素,或者除 x 外其他影响 y,但是未被观察到的因素,以及模型误设引起的误差。

β_0 和 β_1 通常称为未知参数,β_0 为截距项或常数项,β_1 为斜率参数。其含义如下:未知参数 β_1 代表在保持其他影响因素(被放入 u 中的不能观察的因素)不变的情况下,x 变化一个单位,y 变化 β_1 个单位。其具体原理是,在其他条件不变的前提下,对回归模型(2.4)微分,有 $\Delta y = \beta_1 \Delta x + \Delta u$,由于 $\Delta u = 0$,得到

$$\Delta y = \beta_1 \Delta x \tag{2.5}$$

例如,假如我们想要研究企业内部员工工资差距对企业效率的影响,为此,针对企业效率(ef)与员工工资差距(dw)关系的问题,建立模型(2.6):

$$\text{ef} = \beta_0 + \beta_1 \text{dw} + u \tag{2.6}$$

上述模型设定是否合理呢?根据经验或相关的经济理论,员工工资差距的扩大先使企业效率提高,后使企业效率降低。因此,为更好地描述员工工资差距与企业效率的关系,可以把模型(2.6)改进为多元线性回归模型(2.7):

$$\text{ef} = \beta_0 + \beta_1 \text{dw} + \beta_2 \text{dw}^2 + u \tag{2.7}$$

那么,引入二次项的模型(2.7)是否还是线性回归模型呢?在计量经济学中,线性回归模型的"线性"含义是,模型对参数是线性的,而 y 和 x 之间并不一定存在线性关系,只要通过适当转换可以使 y 的转换形式和 x 的转换形式存在相对于参数的线性关系,该模型即称为线性模型。可以看到,在模型(2.7)中,模型对所有的参数都是线性的。因此,模型(2.7)依然是线性模型。这可以理解为线性回归模型的一个优点,即线性回归模型可以被用于描述非线性关系。

在合理地设定好模型之后,准确地估计未知参数是我们理解经济现象、应用计量经济模型的关键。本章主要讨论一元线性回归模型的估计问题。

假设我们收集了样本数据 $\{(x_i, y_i), i = 1, \cdots, n\}$,参数估计的主要任务是用样本数据估计未知参数 β_0 和 β_1。在一元线性回归模型(2.4)中,为了"准确地"估计出未知参数,我们需要模型满足如下假设。

假设 2.1 线性性,即回归模型(2.4)对于未知参数 β_0 和 β_1 是线性的。

假设 2.2 随机样本,即样本 $\{(x_i, y_i), i = 1, \cdots, n\}$ 是总体的一个随机抽样。

假设 2.3 解释变量必须是变异的,即解释变量 x 不能是常数。

假设 2.4 零条件期望,即 $E(u|x) = 0$。

在计量经济学中,违背假设 2.4 通常被称为"内生性问题"。假设 2.4 意味着,误差项 u 和 x 不相关,即 $\text{cov}(x, u) = E(xu) = 0$,这可以理解为,除 x 外,包含在 u 中的其他影响 y 的因素与 x 不相关。进一步地,不失一般性,我们可以限制 $E(u) = 0$,这是因为:即使模型(2.6)中 $E(u) = \alpha \neq 0$,我们也可以重新定义模型中的常数项和误差项为 $\beta_0^* = \beta_0 + \alpha$,$u^* = u - \alpha$,进而模型可以重新表述为 $y = \beta_0^* + \beta_1 x + u^*$,其中,误差项满足 $E(u^*) = 0$。

在假设 2.4 下,容易发现,我们有条件期望:$E(y|x) = \beta_0 + \beta_1 x$,这通常被称为"总体回归函数"(population regression function,PRF)。被解释变量 y 等于条件期望与误差项之

和,如图 2.1 所示。

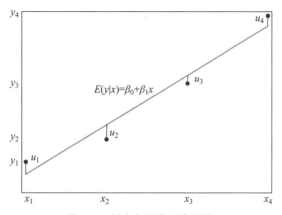

图 2.1　样本与总体回归函数

假设 2.4 意味着,总体回归函数应满足线性 $E(y|x)=\beta_0+\beta_1 x$,该条件期望函数是 x 的线性函数,y 的条件分布以 $\beta_0+\beta_1 x$ 为中心,如果进一步假设误差项服从正态分布,则模型(2.4)所描述的 y 和 x 的关系如图 2.2 所示,即给定解释变量 x 的取值,被解释变量 y 的取值是以 $\beta_0+\beta_1 x$ 为均值的正态分布。当 $\beta_1>0$ 时,随着 x 的增加,y 并不必然增加,但 y 的期望值随 x 的增加而增加。

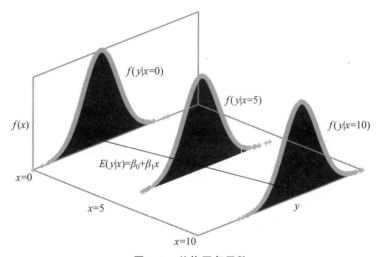

图 2.2　总体回归函数

在上述 4 条假设下,我们可以使用最小二乘法估计模型的未知参数。理论上,也可以将模型(2.4)理解为总体模型,相应地,样本 $\{(x_i,y_i),i=1,\cdots,n\}$ 可以理解为来自总体的一个随机抽样。因此,每一观测值 (x_i,y_i) 均满足模型(2.4),即

$$y_i=\beta_0+\beta_1 x_i+u_i, \quad i=1,\cdots,n \tag{2.8}$$

从式(2.8)发现,参数估计问题,可以转化为具有两个未知数 β_0 和 β_1 的 n 条联立方程组。一般情况下,在求解方程组时,如要有唯一解,有几个未知变量,就需要几个相互独立的方程。但当独立方程的数量多于未知参数时,解是什么呢?显然,此时并不存在精确解。数学家卡尔·弗里德里希·高斯(Carl Friedrich Gauss)提出了解决此问题的思路,即找到一

组近似解,使该解所造成的近似误差最小,从而得到了最小二乘法的雏形。

为便于表述,先定义如下符号:记未知参数 β_0 和 β_1 的估计为 $\hat{\beta}_0$、$\hat{\beta}_1$;记误差项 u 的估计,即残差(residual)为 $\hat{u}$;记 y 的拟合值为 $\hat{y}=\hat{\beta}_0+\hat{\beta}_1 x$,则我们有

$$y = \hat{\beta}_0 + \hat{\beta}_1 x + \hat{u} \tag{2.9}$$

容易看出,在式(2.9)中,被解释变量被分解为拟合值与残差之和,这里 $\hat{y}=\hat{\beta}_0+\hat{\beta}_1 x$ 也可视为样本回归直线。下面讨论基于最小二乘法估计参数,假设有来自总体模型的 n 个样本,记为 $\{(x_i,y_i),i=1,\cdots,n\}$,将 n 组样本点代入模型(2.4),得到

$$\begin{cases} y_1 = \beta_0 + \beta_1 x_1 + u \\ y_2 = \beta_0 + \beta_1 x_2 + u \\ \cdots \\ y_n = \beta_0 + \beta_1 x_n + u \end{cases} \tag{2.10}$$

当样本大于 2 时,式(2.10)没有唯一解。根据高斯的思想,即找未知参数 β_0 和 β_1 的一组近似解,使式(2.10)中每一个方程都近似成立且近似误差最小。在几何上,这等价于找到一条直线使所有样本点都离直线尽可能近。因此,找到一个方法来定义样本点与直线的距离是十分重要的。从式(2.9)可以看出,残差 $\hat{u}=y-\hat{\beta}_0-\hat{\beta}_1 x$,这正好代表被解释变量的观测值与拟合值的差,如图 2.3 所示。

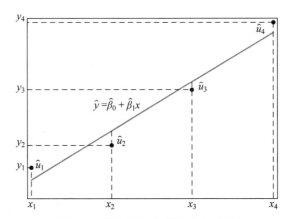

图 2.3　样本回归线、样本点与残差

因此,一个常见的想法是用残差之和作为样本点到回归直线的距离,但残差直接相加存在正负残差相互抵消的问题。为克服此问题,最小二乘法将残差平方和作为样本点与回归直线的距离,通过最小化残差平方和来估计参数。

普通最小二乘法(ordinary least squares,OLS)给出的判断标准是,选择未知参数,得到最小化残差平方和:

$$\min_{\hat{\beta}_0,\hat{\beta}_1} \sum_{i=1}^{n}(\hat{u}_i)^2 = \min_{\hat{\beta}_0,\hat{\beta}_1} \sum_{i=1}^{n}(y_i-\hat{\beta}_0-\hat{\beta}_1 x_i)^2 \tag{2.11}$$

因此,参数估计问题转化为二元函数 $Q(\hat{\beta}_0,\hat{\beta}_1)=\sum_{i=1}^{n}(y_i-\hat{\beta}_0-\hat{\beta}_1 x_i)^2$ 的最小值问题。

对该二元函数求一阶偏导数,可以得到

$$\sum_{i=1}^{n}(y_i - \hat{\beta}_0 - \hat{\beta}_1 x_i) = 0 \tag{2.12}$$

$$\sum_{i=1}^{n} x_i(y_i - \hat{\beta}_0 - \hat{\beta}_1 x_i) = 0 \tag{2.13}$$

根据样本均值的定义 $\bar{y} = \frac{1}{n}\sum_{i=1}^{n} y_i$ 和 $\bar{x} = \frac{1}{n}\sum_{i=1}^{n} x_i$，对式(2.12)两边除以样本量 n 可得，样本均值满足 $\bar{y} = \hat{\beta}_0 + \hat{\beta}_1 \bar{x}$，整理后得到

$$\hat{\beta}_0 = \bar{y} - \hat{\beta}_1 \bar{x} \tag{2.14}$$

将式(2.14)代入式(2.13)，可得

$$\sum_{i=1}^{n} x_i(y_i - \bar{y} + \hat{\beta}_1 \bar{x} - \hat{\beta}_1 x_i) = 0$$

$$\sum_{i=1}^{n} x_i\big((y_i - \bar{y}) - \hat{\beta}_1(x_i - \bar{x})\big) = 0$$

因此，得到斜率参数的估计：

$$\hat{\beta}_1 = \frac{\sum_{i=1}^{n} x_i(y_i - \bar{y})}{\sum_{i=1}^{n}(x_i - \bar{x})x_i} \tag{2.15}$$

注意到

$$\sum_{i=1}^{n}(x_i - \bar{x})(y_i - \bar{y}) = \sum_{i=1}^{n} x_i(y_i - \bar{y}) - \bar{x}\sum_{i=1}^{n}(y_i - \bar{y}) = \sum_{i=1}^{n} x_i(y_i - \bar{y})$$

$$\sum_{i=1}^{n}(x_i - \bar{x})^2 = \sum_{i=1}^{n}(x_i - \bar{x})x_i - \bar{x}\sum_{i=1}^{n}(x_i - \bar{x}) = \sum_{i=1}^{n}(x_i - \bar{x})x_i$$

因此，式(2.15)等价于

$$\hat{\beta}_1 = \frac{\sum_{i=1}^{n}(x_i - \bar{x})(y_i - \bar{y})}{\sum_{i=1}^{n}(x_i - \bar{x})^2} \tag{2.16}$$

从式(2.16)看出，参数估计需要 $\sum_{i=1}^{n}(x_i - \bar{x})^2 > 0$，假设 2.3 保证了这一条件成立。

实际上，上述参数估计也可以用广义矩法得到，由于 $u = y - \beta_0 - \beta_1 x$，则有下面两个矩条件。

矩条件一： $E(u) = E(y - \beta_0 - \beta_1 x) = 0$

矩条件二： $E(xu) = E[x(y - \beta_0 - \beta_1 x)] = 0$

上述两个矩条件中的总体矩可以使用样本矩来估计，因此有

$$n^{-1}\sum_{i=1}^{n}(y_i - \hat{\beta}_0 - \hat{\beta}_1 x_i) = 0 \tag{2.17}$$

$$n^{-1}\sum_{i=1}^{n}x_i(y_i-\hat{\beta}_0-\hat{\beta}_1 x_i)=0 \tag{2.18}$$

根据样本均值的定义,可将第一个条件写为 $\bar{y}=\hat{\beta}_0+\hat{\beta}_1\bar{x}$ 或者 $\hat{\beta}_0=\bar{y}-\hat{\beta}_1\bar{x}$,代入第二个条件,得

$$\sum_{i=1}^{n}x_i(y_i-(\bar{y}-\hat{\beta}_1\bar{x})-\hat{\beta}_1 x_i)=0$$

$$\sum_{i=1}^{n}x_i(y_i-\bar{y})=\hat{\beta}_1\sum_{i=1}^{n}x_i(x_i-\bar{x})$$

$$\sum_{i=1}^{n}(x_i-\bar{x})(y_i-\bar{y})=\hat{\beta}_1\sum_{i=1}^{n}(x_i-\bar{x})^2$$

因此,得到斜率参数估计:

$$\hat{\beta}_1=\frac{\sum_{i=1}^{n}(x_i-\bar{x})(y_i-\bar{y})}{\sum_{i=1}^{n}(x_i-\bar{x})^2} \tag{2.19}$$

即使用矩条件得到的估计与使用最小二乘法得到的估计相同。式(2.14)和式(2.16)即为一元线性回归模型中回归系数 β_0、β_1 的最小二乘法估计公式。需要特别指出的是,式(2.14)和式(2.16)中的 $\hat{\beta}_0$、$\hat{\beta}_1$ 是随样本变化的随机变量,故称为普通最小二乘法估计量(OLS estimator)。

为了便于记忆上述 OLS 估计公式,我们再介绍另一种方法。注意到

$$\text{cov}(x,y)=\text{cov}(x,\beta_0+\beta_1 x+u)=\beta_1\text{var}(x)+\text{cov}(x,u) \tag{2.20}$$

根据假设 2.4,有 $\text{cov}(x,u)=0$。因此,可以得到 $\beta_1=\dfrac{\text{cov}(x,y)}{\text{var}(x)}$,用样本估计该表达式中的协方差和方差,即可得 $\hat{\beta}_1$ 的估计式(2.19)。

2.2 最小二乘估计与相关系数的关系

统计学中常用相关系数来衡量两个变量的相关程度。那么,最小二乘估计得到的斜率参数与相关系数有何异同呢?为回答这一问题,考虑变量 x 和 y 的相关系数。根据相关系数的数学定义:

$$\text{corr}(x,y)=\frac{\text{cov}(x,y)}{\sqrt{\text{var}(x)\text{var}(y)}} \tag{2.21}$$

使用样本估计:

$$\hat{\rho}_{xy}=\frac{\dfrac{1}{n-1}\sum_{i=1}^{n}(x_i-\bar{x})(y_i-\bar{y})}{\sqrt{\dfrac{1}{n-1}\sum_{i=1}^{n}(x_i-\bar{x})^2}\sqrt{\dfrac{1}{n-1}\sum_{i=1}^{n}(y_i-\bar{y})^2}}=\frac{\sum_{i=1}^{n}(x_i-\bar{x})(y_i-\bar{y})}{\sqrt{\sum_{i=1}^{n}(x_i-\bar{x})^2}\sqrt{\sum_{i=1}^{n}(y_i-\bar{y})^2}}$$

$$\tag{2.22}$$

对比式(2.22)与斜率参数 $\hat{\beta}_1$ 的估计式(2.19),得到:相关系数与斜率参数的估计式中分子相同,分母不同但均为正数,所以,若 x 与 y 正相关则 $\hat{\beta}_1$ 为正;相反,若 x 与 y 负相关则 $\hat{\beta}_1$ 为负。一般情况下,相关系数 $\hat{\rho}$ 与 OLS 估计 $\hat{\beta}_1$ 并不相等,除非 x 与 y 的样本方差相等,则回归系数等于相关系数。显然,如果我们对样本 $\{(x_i, y_i), i=1, \cdots, n\}$ 进行标准化,则回归系数等于相关系数。

2.3 最小二乘估计量的性质

最小二乘估计之所以是计量经济学最重要的理论方法之一,不仅在于它计算的简洁,还因为它有优良的理论性质。

对于模型 $y = \beta_0 + \beta_1 x + u$,基于样本 $\{(x_i, y_i), i=1, \cdots, n\}$,使用最小二乘法可得到参数估计 $\hat{\beta}_0$ 和 $\hat{\beta}_1$。将样本观察值 x_i 和最小二乘估计代入,可得到 $x = x_i$ 时的拟合值:

$$\hat{y}_i = \hat{\beta}_0 + \hat{\beta}_1 x_i \tag{2.23}$$

进一步地,可以定义残差,即被解释变量的真实值与拟合值的差:$\hat{u} = y_i - \hat{y}_i$。OLS 估计具有如下代数性质。

性质 1:OLS 残差和为零,OLS 的样本残差平均值也为零,即

$$\sum_{i=1}^{n} \hat{u}_i = 0, \quad \bar{\hat{u}} = 0 \tag{2.24}$$

性质 2:解释变量和 OLS 残差的样本协方差为零,即

$$\sum_{i=1}^{n} x_i \hat{u}_i = 0 \tag{2.25}$$

性质 3:OLS 回归线总是通过样本的均值,即

$$\bar{y} = \hat{\beta}_0 + \hat{\beta}_1 \bar{x} \tag{2.26}$$

性质 4:被解释变量的均值与拟合值的均值相等,即

$$\bar{y} = \bar{\hat{y}} \tag{2.27}$$

性质 1 成立是因为最小二乘估计的一阶条件(2.12),将残差的定义 $\hat{u} = y_i - \hat{y}_i$ 代入式(2.12)即可得到性质 1。

性质 2 成立是因为最小二乘估计的一阶条件(2.13),同样只需将残差的定义代入式(2.13)即可得性质 2。性质 2 意味着,最小二乘估计得到的残差与解释变量不相关。因此,最小二乘估计可以将被解释变量 y 分解为与被解释变量相关的部分($\hat{\beta}_0 + \hat{\beta}_1 x$)以及与被解释变量不相关的部分 $\hat{u}$。如果我们的目标是预测,则性质 2 意味着,通过最小二乘估计可以将被预测变量 y 分解为能被预测变量 x 预测的部分($\hat{\beta}_0 + \hat{\beta}_1 x$)和不能被预测变量 x 预测的部分 $\hat{u}$。

性质 3 成立同样是因为最小二乘估计的一阶条件(2.12)。性质 3 意味着,如果我们用 x 的均值作为预测变量来预测 y,则预测值为 y 的均值。

性质 4 可以理解为性质 1 的推论,这是因为,$y_i = \hat{\beta}_0 + \hat{\beta}_1 x_i + \hat{u}_i = \hat{y}_i + \hat{u}_i$,根据性质 1,有 $\bar{\hat{u}} = 0$,因此得到 $\bar{y} = \bar{\hat{y}}$。

2.4 拟合优度

在实际应用模型时,往往需要判断解释变量 x 对被解释变量 y 的解释能力,或者说,在被解释变量 y 观察到的变异中,有多少能被解释变量 x 所解释。下面定义一个指标来回答此问题。

为此,首先定义总平方和为

$$\text{SST} \equiv \sum_{i=1}^{n}(y_i - \bar{y})^2 \tag{2.28}$$

总平方和是对被解释变量在样本中变异程度的度量,它度量了其在样本中的分散程度,将总平方和除以 $n-1$,我们得到 y 的样本方差。

其次,定义解释平方和为

$$\text{SSE} \equiv \sum_{i=1}^{n}(\hat{y}_i - \bar{y})^2 \tag{2.29}$$

解释平方和度量了拟合值在样本中的变异程度。由于最小二乘估计的性质 4,即 $\bar{y} = \bar{\hat{y}}$,式(2.29)中 $\hat{y}_i$ 减去 $\bar{y}$ 等价于 $\hat{y}_i$ 减去 $\bar{\hat{y}}$。

再次,定义残差平方和为

$$\text{SSR} \equiv \sum_{i=1}^{n}\hat{u}_i^2 \tag{2.30}$$

残差平方和度量了残差的样本变异程度。上述 3 个平方和满足如下关系:

$$\text{SST} = \text{SSE} + \text{SSR} \tag{2.31}$$

即被解释变量的总平方和总是可以分解为解释平方和与残差平方和两部分。这一分解之所以成立,是因为

$$\text{SST} = \sum_{i=1}^{n}(y_i - \bar{y})^2$$

$$= \sum_{i=1}^{n}[(y_i - \hat{y}_i) + (\hat{y}_i - \bar{y})]^2$$

$$= \sum_{i=1}^{n}[\hat{u}_i + (\hat{y}_i - \bar{y})]^2$$

$$= \sum_{i=1}^{n}\hat{u}_i^2 + 2\sum_{i=1}^{n}\hat{u}_i(\hat{y}_i - \bar{y}) + \sum_{i=1}^{n}(\hat{y}_i - \bar{y})^2$$

$$= \text{SSR} + 2\sum_{i=1}^{n}\hat{u}_i(\hat{y}_i - \bar{y}) + \text{SSE}$$

在上式中,根据性质 1、性质 2 和性质 4,可得 $\sum_{i=1}^{n}\hat{u}_i(\hat{y}_i - \bar{y}) = 0$。因此,得到 SST = SSE + SSR。

在上述基础上,可以定义 R^2:

$$R^2 = \text{SSE}/\text{SST} = 1 - \text{SSR}/\text{SST} \tag{2.32}$$

R^2 通常称为"拟合优度"或"可决系数",是已解释的变异占所有变异的比例,因此可以衡量 y 的样本变异中可以被 x 所解释的部分。这一指标可以帮助我们衡量样本回归线是否很好地拟合了样本数据。

此外,可以证明 R^2 等于 y 和 $\hat{y}$ 样本相关系数的平方。这是因为

$$\begin{aligned}
\sum_{i=1}^n \hat{u}_i^2 &= \sum_{i=1}^n (y_i - \hat{y}_i)^2 \\
&= \sum_{i=1}^n (y_i - \hat{\beta}_0 - \hat{\beta}_1 x_i)^2 \\
&= \sum_{i=1}^n (y_i - \bar{y} + \hat{\beta}_1 \bar{x} - \hat{\beta}_1 x_i)^2 \\
&= \sum_{i=1}^n \{(y_i - \bar{y})^2 - 2\hat{\beta}_1 (y_i - \bar{y})(x_i - \bar{x}) + \hat{\beta}_1^2 (x_i - \bar{x})^2\} \\
&= \sum_{i=1}^n (y_i - \bar{y})^2 - 2\sum_{i=1}^n \hat{\beta}_1 (y_i - \bar{y})(x_i - \bar{x}) + \hat{\beta}_1^2 \sum_{i=1}^n (x_i - \bar{x})^2 \\
&= \sum_{i=1}^n (y_i - \bar{y})^2 - 2 \frac{\left\{\sum_{i=1}^n (x_i - \bar{x})(y_i - \bar{y})\right\}^2}{\sum_{i=1}^n (x_i - \bar{x})^2} + \left\{\frac{\sum_{i=1}^n (x_i - \bar{x})(y_i - \bar{y})}{\sum_{i=1}^n (x_i - \bar{x})^2}\right\}^2 \sum_{i=1}^n (x_i - \bar{x})^2 \\
&= \text{SST} - \frac{\left\{\sum_{i=1}^n (x_i - \bar{x})(y_i - \bar{y})\right\}^2}{\sum_{i=1}^n (x_i - \bar{x})^2}
\end{aligned} \tag{2.33}$$

在得到式(2.33)的过程中,我们先后代入 $\hat{\beta}_0$ 和 $\hat{\beta}_1$ 的估计公式。基于式(2.33)和 R^2 的定义,以及相关系数的定义,有

$$\begin{aligned}
R^2 &= 1 - \text{SSR}/\text{SST} \\
&= 1 - \left\{\text{SST} - \frac{\left\{\sum_{i=1}^n (x_i - \bar{x})(y_i - \bar{y})\right\}^2}{\sum_{i=1}^n (x_i - \bar{x})^2}\right\}/\text{SST} \\
&= \frac{\left\{\sum_{i=1}^n (x_i - \bar{x})(y_i - \bar{y})\right\}^2}{\sum_{i=1}^n (x_i - \bar{x})^2 \sum_{i=1}^n (y_i - \bar{y})^2} \\
&= \left\{\frac{\sum_{i=1}^n (x_i - \bar{x})(y_i - \bar{y})}{\sqrt{\sum_{i=1}^n (x_i - \bar{x})^2} \sqrt{\sum_{i=1}^n (y_i - \bar{y})^2}}\right\}^2 \\
&= \hat{\rho}_{xy}^2
\end{aligned}$$

因此，得到 R^2 等于 y 和 $\hat{y}$ 样本相关系数的平方。在一些计量经济模型的建模或模型估计的编程计算中，如果很容易得到拟合值，那么，可以根据 y 和 $\hat{y}$ 样本相关系数的平方计算拟合优度；在另一些情况下（如对截距项施加限制等），则平方和分解 SST＝SSE＋SSR 不一定成立，此时根据 R^2＝SSE/SST＝1－SSR/SST 定义拟合优度缺乏理论基础。那么，我们可以定义"伪拟合优度"（pseudo R^2），即 y 和 $\hat{y}$ 样本相关系数的平方。

下面以 case2-1.dta 为例，为研究企业研发（RD）对企业利润（profit）的影响，估计一元线性回归模型 profit＝β_0＋β_1RD＋u。首先，使用 cd 命令设置 Stata 的工作路径，如 cd "F:\计量经济学"，表示 Stata 将在 F 盘名为"计量经济学"的文件夹读取或存储数据。然后，使用 use 命令读入数据，use case2-1.dta,clear，并使用 reg 命令估计模型 reg profit RD。企业研发对企业利润的回归结果如图 2.4 所示。

```
. use case2-1.dta,clear

. reg profit RD

      Source |       SS       df       MS              Number of obs =    1,000
-------------+------------------------------           F(1, 998)     = 17279.66
       Model |  1786498.53        1  1786498.53        Prob > F      =   0.0000
    Residual |  103180.593      998  103.387368        R-squared     =   0.9454
-------------+------------------------------           Adj R-squared =   0.9453
       Total |  1889679.12      999  1891.57069        Root MSE      =   10.168

      profit |      Coef.   Std. Err.      t    P>|t|     [95% Conf. Interval]
-------------+----------------------------------------------------------------
          RD |   9.924162   .0754964   131.452   0.000     9.776013    10.07231
       _cons |   1000.739   .666494   1501.497   0.000     999.4307    1002.046
```

图 2.4　企业研发对企业利润的回归结果

从 Stata 输出的结果可以看到：$\hat{\beta}_0$＝1 000.739，$\hat{\beta}_1$＝9.924，R^2＝0.945，样本容量为 1 000，SST＝1 889 679.12，SSE＝1 786 498.53，SSR＝103 180.593。

如果要更多地了解 Stata 命令，如想了解 reg 命令等，可使用 help 命令查看 Stata 的帮助文档。

2.5　度量单位对回归系数的影响

线性回归模型参数的估计值大小依赖于被解释变量和解释变量的度量单位。比如企业利润可以"千万元"为单位，也可以"亿元"为单位，那么，在实证研究中，如果两个人分别选择以"千万元"和"亿元"为单位的数据，则得到的模型参数估计会有什么关系呢？

为回答上述问题，我们首先考虑企业利润是被解释变量的情况，假设要研究企业研发对企业利润的影响，记以"千万元"为单位的企业利润为 profit，以"亿元"为单位的企业利润为 profit*，显然数值上 profit＝10×profit*，记解释变量为 RD，则基于不同度量单位的企业利润建立回归模型分别为

$$\text{profit} = \beta_0 + \beta_1 \text{RD} + u \tag{2.34}$$

$$\text{profit}^* = \beta_0^* + \beta_1^* \text{RD} + u^* \tag{2.35}$$

那么，估计模型（2.34）与模型（2.35）得到的参数有何关系呢？使用数据集 case2-1 估计模型（2.34）与模型（2.35），表 2.1 给出了两组估计结果。我们可以发现：模型（2.34）的

估计参数是模型(2.35)的参数的 10 倍,而被解释变量 profit 也正好是 profit* 的 10 倍,即当我们改变度量单位使被解释变量放大 10 倍时,回归模型的参数估计值也放大 10 倍。

表 2.1　被解释变量度量单位对回归结果的影响

变量	模型(2.34) profit	模型(2.35) profit*
RD	9.924	0.992
	(131.452)	(131.452)
_cons	1 000.739 ***	100.074
	(1 501.497)	(1 501.497)
n	1 000.000	1 000.000
R^2	0.945	0.945

注：*** 代表 1% 的显著性水平。

一般地,将改变度量单位转换为给变量乘以一个比例 c。当被解释变量乘上常数 c,而解释变量不改变时,OLS 的截距和斜率估计量也要乘上 c,即

$$y = \beta_0 + \beta_1 x + u \tag{2.36}$$

改变被解释变量度量单位,相当于给模型(2.36)两边乘以 c,得到新模型：

$$cy = \beta_0^* + \beta_1^* x + u^* \tag{2.37}$$

则有 $\beta_0 = \beta_0^*/c, \beta_1 = \beta_1^*/c$。

因此,回归模型参数估计值的绝对值很大,并不一定代表解释变量对被解释变量有很大影响；同理,回归模型参数估计值的绝对值很小,并不一定代表解释变量对被解释变量的影响很小。在分析实际问题时,还需要考虑参数的经济意义。

下面继续考虑解释变量度量单位变化对参数估计的影响。假设要研究企业利润对企业投资的影响,此时企业利润为解释变量,与之前相似,记以"千万元"为单位的企业利润为 profit,以"亿元"为单位的企业利润为 profit*,企业投资的度量单位相同,基于两组不同度量单位的数据,考虑如下回归模型：

$$\text{investment} = \beta_0 + \beta_1 \text{profit} + u \tag{2.38}$$

$$\text{investment} = \beta_0^* + \beta_1^* \text{profit}^* + u^* \tag{2.39}$$

基于数据集 case2-2,模型(2.38)与模型(2.39)的估计结果见表 2.2。可以发现：模型(2.39)的估计系数是模型(2.38)的系数的 10 倍,而模型 profit 也正好是 profit* 的 10 倍,即当我们改变度量单位使被解释变量放大 10 倍时,回归模型的参数估计值也缩小 10 倍,而截距项估计不变。

表 2.2　解释变量度量单位变化对参数估计的影响

变量	模型(2.38) investment	模型(2.39) investment
profit	0.200 ***	
	(285.435)	
profit*		1.999 ***
		(285.435)

续表

变量	模型(2.38) investment	模型(2.39) investment
_cons	0.577 (0.764)	0.577 (0.764)
n	1 000.000	1 000.000
R^2	0.988	0.988

注：*** 代表 1% 的显著性水平。

与之前相似，将解释变量度量单位的变化转换为给变量乘以一个系数 c。当解释变量乘上常数 c，而被解释变量不改变时，OLS 的截距不变，斜率估计量要除以 c，即

$$y = \beta_0 + \beta_1 x + u \tag{2.40}$$

改变被解释变量度量单位，相当于给模型(2.36)两边乘以 c，得到新模型：

$$y = \beta_0^* + \beta_1^* cx + u^* \tag{2.41}$$

则有 $\beta_0 = \beta_0^*$，$\beta_1 = \beta_1^* c$。此外，从表 2.1 和表 2.2 中发现：两组表格中 R^2 不随度量单位的变化而变化，即改变度量单位不影响模型的拟合优度。

2.6 线性回归模型数学基础以及模型的函数形式

线性回归模型具有良好的可解释性和优良的性质，但将两个变量的关系简单地设置为线性回归模型，似乎具有很强的限制性。那么，关于模型的设定有无相应的数学基础呢？

假设我们想要用 x 预测 y，目标是使预测误差最小，那么，这一问题等价于找到一个 x 的函数 $f(x)$ 用以预测 y。通常使用均方误(mean squared error, MSE)来衡量预测的优劣，其定义为 $\text{MSE}(f) = E[y - f(x)]^2$。因而，预测问题转化为：从所有 x 的函数中，选择一个 x 的函数使均方误最小。在数学上，可以证明：

$$E(y \mid x) = \arg\min_f \text{MSE}(f) = \arg\min_f E[y - f(x)]^2 \tag{2.42}$$

即如果想要用 x 预测 y，那么，最优预测函数是条件期望 $E(y \mid x)$。此外，注意到，对于任意的变量 y，总是可以将其分解为

$$y = E(y \mid x) + u \tag{2.43}$$

其中，u 满足零条件期望 $E(u \mid x) = 0$。这只需要定义 $u = y - E(y \mid x)$，则可以证明 u 满足零条件期望。$u = y - E(y \mid x)$ 可以理解为没有被条件期望解释或预测的部分。

如果假设条件期望 $E(y \mid x) = \beta_0 + \beta_1 x$，式(2.43)即为经典线性回归模型(2.4)。因此，零条件期望假设 2.4 可以解释为"模型正确性"假设，因为在零条件期望假设 $E(u \mid x) = 0$ 下，对模型(2.4)，有 $E(y \mid x) = \beta_0 + \beta_1 x$，即假设条件期望函数是一元线性函数。

需要特别指出的是，即使条件期望 $E(u \mid x) = 0$，条件方差 $\text{var}(u \mid x)$ 依然可能不等于零，即 $\text{var}(u \mid x) \neq 0$，这是后面章节讨论的异方差问题。

显然假设条件期望 $E(y \mid x)$ 为一元线性函数有一定的局限，简单的线性关系并不适合所有的经济管理问题，但需要注意的是，线性回归模型可以描述非线性关系。最常用的方式是在模型中加入高次项如 x^2，或对变量取对数。在模型(2.4)中增加高次项，则原模型变为多元线性回归模型，这将在第 3 章讨论。对变量取对数，那么，一元线性回归模型也可描述非线性关系。首先，考虑被解释变量取对数的情况，对应模型为

$$\ln y = \beta_0 + \beta_1 x + u \tag{2.44}$$

其中，ln 为自然对数。模型(2.44)描述的 x 与 y 的关系为 $y = e^{\beta_0 + \beta_1 x} e^u$。需要注意的是，模型(2.44)中的系数 β_1 的解释。由于

$$\Delta \ln y = \ln(y + \Delta y) - \ln y = \ln(1 + \Delta y / y) \approx \Delta y / y$$

因此在 $\Delta u = 0$ 的情况下，有 $\beta_1 = \dfrac{\Delta \ln y}{\Delta x} = \dfrac{\Delta y / y}{\Delta x}$，即系数 β_1 可解释为"保持其他因素不变的情况下，x 变化一个单位，y 变化 $100\beta_1\%$"。比如，参数估计值为 0.12，则解释为 x 变化一个单位，y 变化 12%。这一模型常用于量化研究类似"教育回报率"等重要问题。

类似地，有如下模型：

$$y = \beta_0 + \beta_1 \ln x + u \tag{2.45}$$

$$\ln y = \beta_0 + \beta_1 \ln x + u \tag{2.46}$$

在模型(2.45)中，系数 β_1 的解释为"保持其他因素不变的情况下，x 变化 1%，y 变化 β_1 个单位"；在模型(2.46)中，系数 β_1 的解释为弹性，即"保持其他因素不变的情况下，x 变化 1%，y 变化 $\beta_1\%$"。

2.7 最小二乘估计量的均值和期望

给定一个样本就有一组未知参数的估计 $(\hat{\beta}_0, \hat{\beta}_1)$，因此，$\hat{\beta}_0$ 和 $\hat{\beta}_1$ 是随机变量。那么，最小二乘估计量与参数真实值之间是什么关系呢？作为随机变量，这些估计量服从怎样的分布呢？

为回答这些问题，首先考虑一组模拟：从总体模型 $y = 1 + 2x + u$ 中抽出 100 个样本，记为 $\{(x_i, y_i), i = 1, \cdots, 100\}$，并使用此样本估计参数，得到一组估计值 $(\hat{\beta}_0^{(1)}, \hat{\beta}_1^{(1)})$，重复上述过程 1 000 次，得到 1 000 组参数估计值 $\{\hat{\beta}_0^{(j)}, \hat{\beta}_1^{(j)}\}_{j=1}^{1\,000}$，然后绘制出 1 000 次参数估计的直方图，观察估计值与真实值的关系。

从图 2.5 中的模拟可以看到：1 000 次最小二乘估计的分布似乎是以真实值 2 为中心的正态分布。那么理论上是否如此呢？在回答此问题之前，我们需要在前面给出的假设 2.1～假设 2.4 的基础上，增加一条假设。

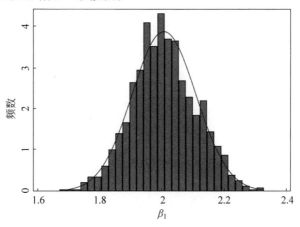

图 2.5 重复 1 000 次模拟得到的 $\hat{\boldsymbol{\beta}}_1$ 的估计

假设 2.5 独立同方差性(homoskedasticity)假设,即误差项 u 的不同观测相互独立且满足条件同方差。

$$\text{var}(u \mid x) = \sigma^2 \quad (2.47)$$

在假设 2.5 下,$\text{var}(y|x) = \text{var}(u|x) = \sigma^2$。结合零条件期望假设 2.4,可以得到:当给定 x、y 的条件期望为 $E(y|x) = \beta_0 + \beta_1 x$ 时,条件方差为 $\text{var}(y|x) = \sigma^2$。

此外,由于 $\text{var}(u|x) = E(u^2|x) - [E(u|x)]^2$,以及零条件期望假设 $E(u|x) = 0$,得到 $E(u^2|x) = \sigma^2$,这意味着无条件方差 $\text{var}(u) = E(u^2) = \sigma^2$。因此,$\sigma^2$ 也叫误差项的方差或扰动项的方差。误差项的方差越大,意味着未被观察到的因素对被解释变量的影响越大。

如果假设 2.5 中的条件方差依赖于 x,则称之为存在异方差。由于 $\text{var}(y|x) = \text{var}(u|x)$,因此,如果 $\text{var}(y|x)$ 依赖于 x,则存在异方差。在实际应用中,这一特征可用于判断模型中是否存在异方差。例如,基于模型 $\text{wage} = \beta_0 + \beta_1 \text{edu} + u$ 研究教育对收入的影响时,根据经验调查,由于只接受过小学教育的群体收入差异较小,而大学毕业生的收入差异较大,即 $\text{var}(\text{wage}|\text{edu}=6) \neq \text{var}(\text{wage}|\text{edu}=16)$,因此可以判断 $\text{var}(u|\text{edu})$ 依赖于解释变量教育,即存在异方差,如图 2.6 所示。

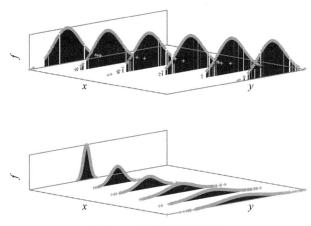

图 2.6 同方差与异方差

在上述假设 2.1~假设 2.5 下,我们有如下定理。

定理 2.1 在假设 2.1~假设 2.5 下,模型(2.4)参数的最小二乘估计是最优线性无偏估计量(best linear unbiased estimator,BLUE)。

定理 2.1 包含三层含义,即一元线性回归模型的最小二乘估计量是线性的、无偏的、最优的估计量。

首先,最小二乘估计量满足线性,即估计量 $\hat{\beta}_0$ 和 $\hat{\beta}_1$ 是 y_i 的线性组合。这是因为

$$\hat{\beta}_1 = \frac{\sum_{i=1}^{n}(x_i - \bar{x})(y_i - \bar{y})}{\sum_{i=1}^{n}(x_i - \bar{x})^2} = \frac{\sum_{i=1}^{n}(x_i - \bar{x}) y_i}{\sum_{i=1}^{n}(x_i - \bar{x})^2}$$

令 $w_i = \dfrac{x_i - \bar{x}}{\sum_{i=1}^{n}(x_i - \bar{x})^2}$,则 $\hat{\beta}_1 = \sum_{i=1}^{n} w_i y_i$,即 $\hat{\beta}_1$ 是 y_i 的线性组合。

此外，因为
$$\hat{\beta}_0 = \bar{y} - \hat{\beta}_1 \bar{x} = \frac{1}{n}\sum_{i=1}^n y_i - \bar{x}\sum_{i=1}^n w_i y_i = \sum_{i=1}^n \left(\frac{1}{n} - \bar{x}w_i\right) y_i \equiv \sum_{i=1}^n k_i y_i$$
所以，$\hat{\beta}_0$ 也是 y_i 的线性组合。

其次，无偏性是指最小二乘估计量 $\hat{\beta}_0$ 和 $\hat{\beta}_1$ 的期望等于总体回归参数真实值 β_0、β_1，即 $E(\hat{\beta}_0) = \beta_0$，$E(\hat{\beta}_1) = \beta_1$。根据线性性，将 $y_i = \beta_0 + \beta_1 x_i + u_i$ 代入 $\hat{\beta}_1 = \sum_{i=1}^n w_i y_i$，可以得到 $\hat{\beta}_1 = \beta_1 + \sum_{i=1}^n w_i u_i$，结合零条件期望假设即可得到无偏性，即
$$E(\hat{\beta}_1) = E(\beta_1 + \sum w_i u_i) = \beta_1 + \sum w_i E(u_i) = \beta_1$$
类似地，可以证明 $\hat{\beta}_0$ 的无偏性：
$$E(\hat{\beta}_0) = E(\beta_0 + \sum k_i u_i) = \beta_0 + \sum k_i E(u_i) = \beta_0$$

最后，最优性也叫最小方差性，是指在所有线性无偏估计量中，最小二乘估计量具有最小方差。参数估计量的方差衡量了参数估计的精度，因此，最小方差性意味着参数估计的精度最高。需要特别指出的是，线性性和无偏性的成立只需要假设 2.1～假设 2.4，而最优性的成立需要假设 2.1～假设 2.5。

定理 2.2（OLS 估计量的抽样方差） 对于模型 $y = \beta_0 + \beta_1 x + u$，在假设 2.1～假设 2.5 下，我们有
$$\text{var}(\hat{\beta}_1) = \frac{\sigma^2}{\sum_{i=1}^n (x_i - \bar{x})^2}$$
$$\text{var}(\hat{\beta}_0) = \frac{\sigma^2}{\sum_{i=1}^n (x_i - \bar{x})^2} \frac{\sum x_i^2}{n}$$

由于最小二乘估计量是线性估计量，以 $\hat{\beta}_1$ 为例，有 $\hat{\beta}_1 = \beta_1 + \dfrac{\sum_{i=1}^n (x_i - \bar{x}) u_i}{\sum_{i=1}^n (x_i - \bar{x})^2}$。因此，可以得到 $\text{var}(\hat{\beta}_1) = \left(\dfrac{1}{\sum_{i=1}^n (x_i - \bar{x})^2}\right)^2 \sum_{i=1}^n (x_i - \bar{x})^2 \sigma^2 = \dfrac{\sigma^2}{\sum_{i=1}^n (x_i - \bar{x})^2}$。

从定理 2.2 可以发现：误差方差 σ^2 越大，参数估计量的方差也越大；解释变量的样本变异越大，参数估计量的方差越小，即样本变异对参数估计的精度至关重要；此外，样本容量越大，参数估计量的方差越小，如图 2.7 所示。相似的性质对于 $\hat{\beta}_0$ 也成立。

如果进一步假设 $u \sim \text{i.i.d.} N(0, \sigma^2)$，则最小二乘估计量服从如下正态分布：

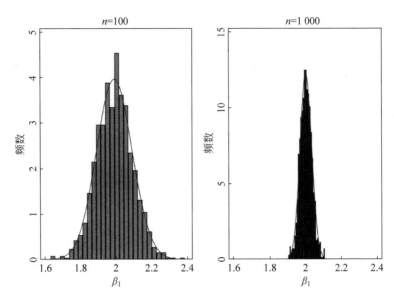

图 2.7 样本量对参数估计量方差的影响(真实值＝2)

$$\hat{\beta}_1 \sim N\left(\beta_1, \frac{\sigma^2}{\sum_{i=1}^{n}(x_i-\bar{x})^2}\right); \quad \hat{\beta}_0 \sim N\left(\beta_0, \frac{\sigma^2}{\sum_{i=1}^{n}(x_i-\bar{x})^2}\frac{\sum x_i^2}{n}\right) \quad (2.48)$$

当样本足够大时,由于中心极限定理,不需要假设正态分布,依然可以得到式(2.48)。从式(2.48)可以看出,参数估计量的抽样方差依赖于误差项方差 σ^2。在线性回归模型中,误差项 u 的方差 σ^2 也是需要估计的参数,可以基于残差 $\hat{u}_i$ 来估计误差项的方差。

定理 2.3 误差项方差的一个无偏估计为

$$\hat{\sigma}^2 = \frac{\sum_{i=1}^{n}\hat{u}_i}{n-2} = \text{SSR}/(n-2) \quad (2.49)$$

注意到未被观察到的误差项 u_i 与残差 $\hat{u}_i$ 之间存在如下关系:

$$\begin{aligned}\hat{u}_i &= y_i - \hat{\beta}_0 - \hat{\beta}_1 x_i \\ &= (\beta_0 + \beta_1 x_i + u_i) - \hat{\beta}_0 - \hat{\beta}_1 x_i \\ &= u_i - (\hat{\beta}_0 - \beta_0) - (\hat{\beta}_1 - \beta_1)x_i\end{aligned} \quad (2.50)$$

从式(2.50)可以看出,残差 $\hat{u}_i$ 可以理解为误差项 u_i 的无偏估计。因此,很自然地,可以用残差 $\hat{u}_i$ 代替误差项 u_i 估计 σ^2,可以证明 $E(\hat{\sigma}^2)=\sigma^2$。基于该估计,定义 $\hat{\sigma}=\sqrt{\hat{\sigma}^2}$ 为回归的标准误差(standard error, SE)。在定理 2.2 参数估计的抽样方差中,用 $\hat{\sigma}$ 替换 σ,可以得到参数估计 $\hat{\beta}_0$ 和 $\hat{\beta}_1$ 的标准误差。其中,$\hat{\beta}_1$ 的标准误差为

$$\text{se}(\hat{\beta}_1) = \hat{\sigma}/\left(\sum(x_i-\bar{x})^2\right)^{\frac{1}{2}} \quad (2.51)$$

参数估计的标准误差用于衡量参数估计的精度。标准误差对于后续章节进行统计推断

具有重要意义,是我们构造检验统计量和置信区间(confidence interval)的基础。

2.8 过原点回归模型

过原点回归模型通常也称为零截距回归模型。在有些应用中,当解释变量 x 为 0 时,被解释变量 y 的期望值也为 0。同时,在计量建模中,可以通过转换模型使截距项变为零。常见的过原点回归模型包括:金融学中的证券市场线 $R_i - r_f = \beta_1(R_m - r_f) + u_i$;宏观经济学中的永久收入假说:consumption $= \beta_1$ income $+ u$;微观经济学中的生产成本理论,即产出与可变生产成本成正比:output $= \beta_1 c + u$ 等。

记过原点回归模型的估计为

$$y^* = \hat{\beta}_1^* x \tag{2.52}$$

通过最小化残差平方和原理估计斜率参数,即 $\min_{\hat{\beta}_1^*} \sum_{i=1}^{n}(y_i - \hat{\beta}_1^* x_i)^2$,其一阶条件为

$$\sum_{i=1}^{n} x_i (y_i - \hat{\beta}_1^* x_i) = 0 \tag{2.53}$$

根据一阶条件,得到参数估计:

$$\hat{\beta}_1^* = \frac{\sum_{i=1}^{n} x_i y_i}{\sum_{i=1}^{n} x_i^2} \tag{2.54}$$

从式(2.54)可以看出,过原点回归模型的估计要求解释变量 x_i 不能全为 0。对比式(2.54)与 $\hat{\beta}_1$ 的估计式(2.16),发现:只有当 $\bar{x} = 0$ 时,$\hat{\beta}_1^* = \hat{\beta}_1$。

对于过原点回归模型的估计,其残差之和不一定为 0,同时,R^2 可能出现负值。例如,观察到 (x, y) 两个样本点 $(1, 3)$ 和 $(2, 4)$,则根据式(2.54)可以计算得到 $\hat{\beta}_1^* = 2.2$,拟合值 $y^* = (2.2, 4.4)'$,残差为 $\hat{e} = (0.8, -0.4)'$,容易验证残差和不等于零,且 $R^2 = -0.6$。

Stata 中过原点回归所汇报的 R^2 为 $1 - \dfrac{\sum_{i=1}^{n} \hat{e}_i^2}{\sum_{i=1}^{n} y_i^2}$,与拟合优度的定义(2.32)对比,这里对 y_i 没有进行去均值。

2.9 无偏性:基于 Stata 的蒙特卡洛模拟

当一元线性回归模型满足假设 2.1~假设 2.5 时,最小二乘估计量是最优线性无偏估计量。最优线性无偏性,指的是一个估计量具有以下性质:①线性性,即估计量 $\hat{\beta}_0$ 和 $\hat{\beta}_1$ 是被解释变量 y 的线性组合;②无偏性,即估计量的期望等于真实值;③有效性,即在所有线

性无偏估计量中,最小二乘估计量具有最小方差。要使最小二乘估计量具有 BLUE 的性质,模型需要满足假设 2.1~假设 2.5。

本节使用蒙特卡洛模拟方法,在满足经典假设的条件下,通过 Stata 生成随机数,可视化地展示 OLS 估计量的优良性质,同时进一步熟悉 Stata 软件的操作,并初步接触 Stata 命令的写作。

实验步骤如下:从总体模型 $y=1+2x+u$ 中抽取随机样本 $\{(x_i,y_i),i=1,\cdots,100\}$,其中,$x$ 和 u 服从正态分布 $N(0,1)$,然后,以此样本估计模型 $y=\beta_0+\beta_1 x+u$ 的参数,得到一组估计值 $(\hat{\beta}_0,\hat{\beta}_1)$。重复上述估计 1 000 次,得到 1 000 组参数估计值,并绘制这些参数估计的直方图。实现这一模拟的 Stata 代码如下:

```
clear
capture program drop spreg        /*防止重名*/
program spreg, rclass             /*定义命令名 spreg*/
drop _all
set obs 200                       /*设置样本数*/
g x = rnormal()                   /*生成服从标准正态分布的随机数作为解释变量*/
g u = rnormal()                   /*生成服从标准正态分布的随机数作为误差项*/
g y = 1 + 2 * x + u               /*生成被解释变量*/
drop if _n < 101                  /* 去掉前 100 个随机数*/
reg y x
return scalar b0 = _coef[_cons]   /*返回常数项的估计值*/
return scalar b1 = _coef[x]       /*返回斜率参数估计值*/
end
simulate b0 = r(b0) b1 = r(b1), reps(1000): spreg    /*将 spreg 重复 1000 次*/
sum                               /*生成描述性统计量*/
hist b0, normal                   /*绘制常数项估计的直方图*/
hist b1, normal                   /*绘制斜率参数估计的直方图*/
```

表 2.3 给出了上述蒙特卡洛模拟结果的描述性统计,从中可以看到重复 1 000 次最小二乘估计,参数估计的均值等于真实值。其中,斜率参数估计的均值为 2,截距项估计的均值为 1,均等于真实值。这验证了 OLS 估计的无偏性,即这个估计量的均值或者期望值等于真实值。

表 2.3 描述性统计

变量	样本数	均值	标准差	最小值	最大值
$\hat{\beta}_0$	1 000	1.000	0.099	0.680	1.280
$\hat{\beta}_1$	1 000	2.000	0.100	1.629	2.300

图 2.8 为回归系数直方图。从图 2.8 所示的两个直方图可以看出:线性回归模型的最小二乘估计,是以真实值为中心的分布,分布的特征十分接近正态分布。可以验证:随着样本容量和模拟重复次数的增加,直方图越来越接近正态分布。

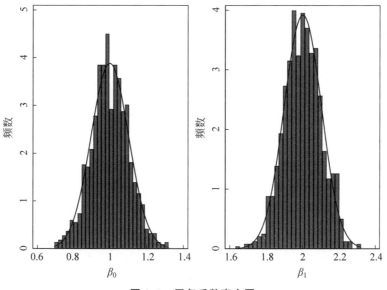

图 2.8 回归系数直方图

2.10 基于简单回归的中美两国 GDP 对比分析(1978—2021 年)

实际 GDP 是指用从前某一年作为基期的价格计算出来的全部最终产品的市场价值。本书使用的是以 1978 年为基期(1978 年＝100)核算的实际 GDP。它的变动仅仅是由实际产量的变动所引起的。这也就是说,实际 GDP 的变动仅仅反映了实际产量变动的情况。为对比中美两国经济发展情况,表 2.4~表 2.7 提供了不同标准下中美两国 GDP 的对比数据,可以看出,我国 GDP 自 1978 年以来增长迅速。

表 2.4 中美实际 GDP

年 份	中国	美国
	实际 GDP/百亿人民币	实际 GDP/百亿美元
1978	3 678.702 52	23 515.99
1979	3 957.964 772	24 260.540 41
1980	4 268.037 472	24 198.251 56
1981	4 169.720 816	24 812.335 26
1982	4 890.782 487	24 364.996 79
1983	5 417.529 665	25 481.867 13
1984	6 240.535 852	27 325.896 38
1985	7 078.682 098	28 465.292 31
1986	7 712.221 44	29 450.944 61
1987	7 339.205 13	30 469.727
1988	9 577.675 825	31 742.466 17
1989	9 980.544 894	32 908.255 27
1990	10 371.807 34	33 528.893 43
1991	11 332.525 67	33 492.593 44
1992	12 944.524 14	34 672.350 13

续表

年 份	中国 实际 GDP/百亿人民币	美国 实际 GDP/百亿美元
1993	11 237.945 03	35 626.457 29
1994	16 663.554 64	37 061.773 6
1995	18 488.872 81	38 056.592 13
1996	20 323.441 7	39 492.301 99
1997	22 200.673 28	41 248.593 75
1998	23 942.527 4	43 097.105 93
1999	24 248.804 09	45 163.396 27
2000	27 965.405 03	47 004.779 96
2001	30 296.526 66	47 453.364 78
2002	33 063.699 55	48 258.146 76
2003	36 382.643 79	49 607.545 45
2004	40 062.246 63	51 518.702 23
2005	38 557.076 95	53 313.212 14
2006	50 304.179 39	54 796.817 87
2007	57 462.897 2	55 898.512 03
2008	63 008.456 91	55 966.813 55
2009	68 930.448 9	54 511.738 89
2010	76 261.802 57	55 988.383 78
2011	70 563.330 64	56 856.144 91
2012	90 115.232 51	58 152.855 96
2013	97 113.716 73	59 223.959 1
2014	104 325.151 8	60 578.870 59
2015	111 671.028 9	62 218.358 71
2016	119 319.112 1	63 255.832 47
2017	114 473.800 2	64 673.978 4
2018	136 221.732 2	66 578.875 95
2019	144 327.607 4	68 106.487 7
2020	147 560.115 5	66 221.434 62
2021	159 526.934 8	70 158.619 92

资料来源：世界银行数据库-世界发展指标（WDI）。

表 2.5 中美名义 GDP

年 份	中国 名义 GDP/百亿人民币	美国 名义 GDP/百亿美元
1978	3 678.702 52	23 515.99
1979	4 100.453 672	26 273.33
1980	4 587.581 078	28 573.07
1981	4 935.832 837	32 070.41
1982	5 373.350 136	33 437.89
1983	6 020.924 101	36 340.38
1984	7 278.502 307	40 376.13
1985	9 098.948 027	43 389.79
1986	10 376.154 45	45 796.31
1987	12 174.594 67	48 552.15

续表

年 份	中国 名义 GDP/百亿人民币	美国 名义 GDP/百亿美元
1988	15 180.386 48	52 364.38
1989	17 179.741 73	56 415.8
1990	18 872.868 83	59 631.44
1991	22 005.628 46	61 581.29
1992	27 194.530 9	65 203.27
1993	35 673.230 36	68 585.59
1994	48 637.450 33	72 872.36
1995	61 339.891 34	76 397.49
1996	71 813.629 59	80 731.22
1997	79 715.044 49	85 775.544 57
1998	85 195.507 09	90 628.182 02
1999	90 564.375 78	96 311.744 89
2000	100 280.139 3	102 509.48
2001	110 863.123	105 819.297 7
2002	121 717.424 7	109 291.129 6
2003	137 422.034 9	114 564.420 4
2004	161 840.160 9	122 171.932
2005	187 318.903 1	130 391.991 9
2006	219 438.474 8	138 155.869 5
2007	270 092.323 7	144 742.269 1
2008	319 244.612 8	147 698.579 1
2009	348 517.743 7	144 780.649 3
2010	412 119.255 8	150 489.644 4
2011	487 940.180 5	155 997.281 2
2012	538 579.953 5	162 539.722 3
2013	592 963.229 5	168 431.909 9
2014	643 563.104 5	175 506.801 7
2015	688 858.218	182 060.207 4
2016	746 395.059 5	186 951.108 4
2017	832 035.948 6	194 773.365 5
2018	919 281.129 1	205 330.573 1
2019	986 515.202 3	213 809.761 2
2020	1 013 567	210 604.736 1
2021	1 143 669.7	233 150.805 6

资料来源：世界银行数据库-世界发展指标（WDI）。

表 2.6　当前美元价格对比的中美两国 GDP　　　　　　百亿美元

年 份	中国 名义 GDP	美国 名义 GDP
1978	1 495.407 528	23 515.99
1979	1 720.854 249	26 273.33
1980	1 778.348 947	28 573.07
1981	1 780.258 742	32 070.41
1982	1 866.710 873	33 437.89

续表

年 份	中国 名义 GDP	美国 名义 GDP
1983	2 075.681 864	36 340.38
1984	2 228.762 804	40 376.13
1985	2 407.714 999	43 389.79
1986	2 235.426 504	45 796.31
1987	1 930.777 598	48 552.15
1988	1 970.715 19	52 364.38
1989	2 020.353 217	56 415.8
1990	1 983.137 159	59 631.44
1991	1 974.307 608	61 581.29
1992	2 032.107 4	65 203.27
1993	1 837.820 157	68 585.59
1994	1 933.418 571	72 872.36
1995	2 214.050 655	76 397.49
1996	2 444.425 405	80 731.22
1997	2 678.071 037	85 775.544 57
1998	2 891.923 929	90 628.182 02
1999	3 113.793 945	96 311.744 89
2000	3 378.117 152	102 509.48
2001	3 660.282 788	105 819.297 7
2002	3 994.647 765	109 291.129 6
2003	4 395.631 725	114 564.420 4
2004	4 840.306 233	122 171.932
2005	5 446.124 27	130 391.991 9
2006	6 308.999 848	138 155.869 5
2007	7 553.453 461	144 742.269 1
2008	9 067.661 132	147 698.579 1
2009	10 090.237 56	144 780.649 3
2010	11 264.168 88	150 489.644 4
2011	12 929.728 29	155 997.281 2
2012	14 276.132 71	162 539.722 3
2013	15 674.120 65	168 431.909 9
2014	16 981.663 54	175 506.801 7
2015	17 931.919 53	182 060.207 4
2016	17 957.575 75	186 951.108 4
2017	18 880.341 24	194 773.365 5
2018	20 589.741 86	205 330.573 1
2019	20 891.611 28	213 809.761 2
2020	21 383.044 79	210 604.736 1
2021	24 736.693 25	233 150.805 6

资料来源：世界银行数据库-世界发展指标（WDI）。

表 2.7　中美 GDP-PPP 对比　　　　　　　　百亿美元

年　份	中国 GDP-PPP	美国 GDP-PPP
1990	111.409	596.314
1991	125.845	615.813
1992	147.022	652.033
1993	171.403	685.856
1994	197.886	728.724
1995	224.166	763.975
1996	250.921	807.312
1997	278.825	857.755
1998	304.086	906.282
1999	331.997	963.117
2000	368.344	1 025.09
2001	408.039	1 058.19
2002	452.248	1 092.91
2003	507.466	1 145.64
2004	573.789	1 221.72
2005	659.214	1 303.92
2006	766	1 381.56
2007	898.656	1 447.42
2008	1 004.28	1 476.99
2009	1 105.71	1 447.81
2010	1 238.02	1 504.9
2011	1 384.44	1 559.97
2012	1 512.45	1 625.4
2013	1 618.51	1 684.32
2014	1 712.13	1 755.07
2015	1 779.67	1 820.6
2016	1 871.21	1 869.51
2017	1 988.7	1 947.96
2018	2 173.65	2 052.72
2019	2 344.19	2 137.26
2020	2 425.58	2 089.37
2021	2 731.25	2 299.61

资料来源：世界银行数据库-世界发展指标(WDI)。

名义 GDP,是用生产物品和劳务的当年价格计算的全部最终产品的市场价值。名义 GDP 的变动可以有两种原因：一种是实际产量的变动,另一种是价格的变动。这也就是说,名义 GDP 的变动既反映了实际产量变动的情况,又反映了价格变动的情况。

购买力平价(PPP)是根据各国不同的价格水平计算出来的货币之间的等值系数。其目的是对各国的 GDP 进行合理比较。

2016 年,中国名义购买力平价 GDP 超越美国。2021 年,中国名义 GDP 总量已是美国的 1.20 倍。

为进一步量化中美两国经济增长的差异,参考本章模型(2.44),将 GDP 取对数并与年份回归后,得到的系数 β_1 实际上可以解释为"保持其他因素不变的情况下,每增长一年,GDP 的年平均增长率为 $100\times\beta_1\%$"。依据表 2.4~表 2.7 中的数据,取中美两国有关 GDP 数据的对数,将对数 GDP 与年份进行回归,得到的结果见表 2.8 和表 2.9。根据表 2.8 中第一列的结果,可得

$$\hat{\ln} \text{GDP} = -272.805 + 0.142 \text{year} \tag{2.55}$$

即年份每增长一年,中国名义 GDP 的年平均增长率为 14.2%,如图 2.9 所示。

表 2.8 中美名义 GDP 及实际 GDP 回归结果

变 量	(1) 中国名义 GDP	(2) 美国名义 GDP	(3) 中国实际 GDP	(4) 美国实际 GDP
year	0.142***	0.050***	0.092***	0.027***
	(63.471)	(43.891)	(94.119)	(44.969)
_cons	−272.805***	−89.041***	−173.925***	−42.377***
	(−60.945)	(−38.909)	(−88.921)	(−35.931)
N	44.000	44.000	44.000	44.000
R^2	0.990	0.979	0.995	0.980
Adj_R^2	0.989	0.978	0.995	0.979

注:*** 代表 1% 的显著性水平。

表 2.9 中美名义 GDP(美元)及购买力平价 GDP 回归结果

变 量	(1) lnCHNcurrentdollar	(2) lnUSAcurrentdollar	(3) lnCHNPPP	(4) lnUSAPPP
year	0.069***	0.050***	0.104***	0.043***
	(19.760)	(43.891)	(49.439)	(45.627)
_cons	−130.205***	−89.041***	−202.832***	−78.695***
	(−18.557)	(−38.909)	(−47.905)	(−41.843)
N	44.000	44.000	32.000	32.000
R^2	0.903	0.979	0.988	0.986
Adj_R^2	0.901	0.978	0.987	0.985

注:*** 代表 1% 的显著性水平。

从表 2.8 的回归结果可以看到,我国名义 GDP 的年平均增长率为 14.2%,美国的则为 5%;我国实际 GDP 的年平均增长率为 9.2%,美国为 2.7%。

表 2.9 的回归结果所对应的是表 2.6 和表 2.7 中的数据。其中,lnCHNcurrentdollar 指的是以现在流通的美元汇率计算的中国名义 GDP 对数值,lnUSAcurrentdollar 指的是以现在流通的美元计算的美国名义 GDP 对数值,lnCHNPPP 指的是中国购买力平价 GDP 的对数,lnUSAPPP 指的是美国购买力平价 GDP 的对数。它们的回归系数的含义都是相同的,回归系数代表着各项 GDP 的年平均增长率。

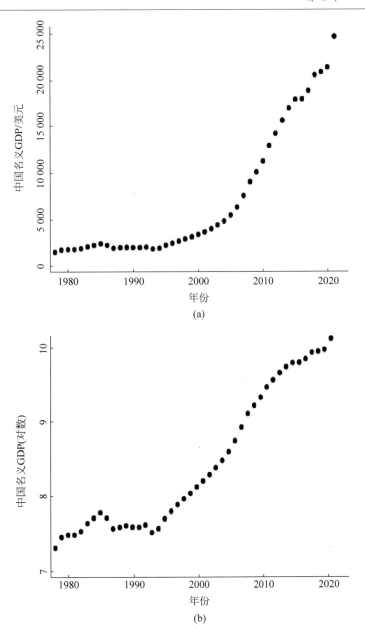

图 2.9 中国名义 GDP(美元)序列和对数序列图
(a) 名义 GDP(美元)序列；(b) 对数序列图

40多年来，受益于改革开放，中国经济社会发展取得举世瞩目的成就，占全球经济份额超17%，从低收入国家迈入中等偏上收入国家行列，与美国的差距不断缩小，在产业结构、贸易、企业竞争力以及城镇化进程方面发展迅速。

中国对全球经济增长的贡献从1978年的3%上升至2019年的32.4%，成为全球经济增长的最大贡献者。中国2020年经济增量0.4万亿美元，是全球唯一实现经济正增长的主要经济体。

本 章 习 题

一、概念题

1. 判断此描述是否正确并说明理由：在回归模型中，可以使用拟合优度（R^2）判断模型好坏，R^2 越大说明模型越好。

2. 判断此描述是否正确并说明理由：在线性回归模型 $y_i = \beta_0 + \beta_1 x_i + u_i (i=1,2,\cdots,n)$ 中，解释变量 x_i 必须是非零常数。

3. 判断此描述是否正确并说明理由：在回归模型 $y = \beta_0 + \beta_1 x + u$ 中，如果使用最小二乘法估计出的 β_1 的值是统计显著的，则说明 x 对 y 的影响很大。

4. 判断此描述是否正确并说明理由：在回归模型 $y = \beta_0 + \beta_1 x + u$ 中，如果使用最小二乘法估计出的 β_1 的值是统计显著的，则说明模型设定是正确的。

5. 判断此描述是否正确并说明理由：在模型 $y = \beta_0 + \beta_1 x_1 + u$ 中，如果 OLS 估计得到的 $\hat{\beta}_1$ 的绝对值非常小（如 $\hat{\beta}_1 = 0.001$），则即使该参数是显著的，x_1 对 y 的影响可忽略不计。

6. 判断此描述是否正确并说明理由：如果真实模型为 $y = \beta x + u$，估计两个回归模型：$\hat{y} = \hat{\beta} x, \hat{x} = \hat{\gamma} y$，那么：$\hat{\beta} = 1/\hat{\gamma}$。

7. 最小二乘法是估计模型参数的最常用方法。给出参数的最小二乘估计无偏的条件。

二、应用题

1. 使用数据集 case2-1.dta，profit 表示企业利润，RD 表示企业研发。企业利润和企业研发的简单回归模型为

$$\text{profit} = \beta_0 + \beta_1 \text{RD} + u$$

问：简单回归分析可以揭示在其他情况不变的条件下，企业研发对利润的影响吗？如果不能，应该如何在此公式的基础上进行改进？作出初步的猜测。如果从甘肃省随机挑选 10 家企业，调查每家企业研发与利润之间的关系，可以达到预期目的吗？如果可以，简述理由；如果不能，指出该研究可能的问题，并给出改进方案。

2. 现研究企业利润（profit）和企业投资（investment）之间的关系，设定类似于 $y = \beta_0 + \beta_1 x + u$ 的回归模型，自行使用 Stata 软件完成简单回归。数据采用 case2-2.dta。问：该模型的残差平方和（SSR）、总平方和（SST）、解释平方和（SSE）分别是多少？

3. 本题使用数据集 case2-1.dta，其包含了企业利润的数据，现准备研究企业研发投入和企业利润之间的关系。

（1）求出样本中的企业平均研发投入和企业平均利润。

（2）估计简单回归模型：$\text{profit} = \beta_0 + \beta_1 \text{RD} + u$，得出结果并进行简单分析。

多元线性回归模型

在实际经济问题中,一个变量往往受到多个变量影响,这使一元线性回归模型在应用中可能会面临遗漏变量问题。多元线性回归模型是对一元线性回归模型的直接推广,通过将解释变量由一个增加到多个使模型更能刻画现实问题。多元线性回归模型的参数估计原理与一元线性回归模型相同,但参数估计所需要的假设和参数的解释等有所不同。

本章介绍多元线性回归模型的定义、假设条件、参数估计方法和参数估计量的理论性质等内容。

3.1 二元线性回归

第 2 章我们主要学习了一元线性回归模型,但是在实际研究中,一元线性回归很可能遗漏了其他影响因素。比如,在关于教育投资回报率的研究中,一元线性回归模型将工资的对数对教育年限进行了回归。但是工资还依赖于个人能力,而个人能力未包括在解释变量中,而是被纳入误差项。显然,如果个人能力与教育相关,则工资的对数与教育年限之间的一元线性回归模型不满足零条件期望假设,因此,参数估计是有偏的。同时,其他变量如年龄、工龄等也可能影响工资,因此,将这些变量纳入模型,形成多元线性回归模型,在实际应用中十分必要。

在学习多元线性回归模型之前,先考察二元线性回归模型:

$$y_i = \beta_0 + \beta_1 x_{1i} + \beta_2 x_{2i} + u_i \quad (i=1,\cdots,n) \tag{3.1}$$

其中,x_{1i} 与 x_{2i} 为解释变量;β_0 为截距项;β_1 和 β_2 为斜率参数。β_1 解释为,保持其他因素不变,在给定 x_{2i} 的条件下,x_{1i} 对 y 的边际效应;β_2 解释为,保持其他因素不变,在给定 x_{1i} 的条件下,x_{2i} 对 y 的边际效应。

记未知参数 β_0、β_1 和 β_2 的估计为 $\hat{\beta}_0$、$\hat{\beta}_1$ 和 $\hat{\beta}_2$;记误差项 u 的估计,即残差为 $\hat{u}$;记 y 的拟合值为 $\hat{y}_i = \hat{\beta}_0 + \hat{\beta}_1 x_{1i} + \hat{\beta}_2 x_{2i}$。与简单一元线性回归模型一样,模型(3.1)依然使用最小化残差平方和来估计,即

$$\min_{\hat{\beta}_0,\hat{\beta}_1,\hat{\beta}_2} \sum_{i=1}^n \hat{u}_i^2 = \sum_{i=1}^n (y_i - \hat{\beta}_0 - \hat{\beta}_1 x_{1i} - \hat{\beta}_2 x_{2i})^2 \tag{3.2}$$

与第 2 章中的简单一元线性回归相似,通过式(3.2)求解最小二乘估计量,等价于多元函数求极值,分别对 $\hat{\beta}_0$、$\hat{\beta}_1$ 和 $\hat{\beta}_2$ 求偏导数,可得此最小化问题的三个一阶条件,求解可获得 $\hat{\beta}_0$、$\hat{\beta}_1$ 和 $\hat{\beta}_2$ 的 OLS 估计量。

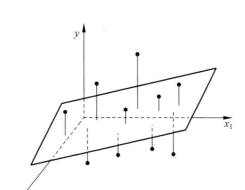

图 3.1　二元线性回归的示意图

值得注意的是,式(3.2)可以从几何解释为,寻找一个回归平面 $\hat{y}_i \equiv \hat{\beta}_0 + \hat{\beta}_1 x_{1i} + \hat{\beta}_2 x_{2i}$,使所有样本点 $\{(x_{1i}, x_{2i}, y_i)\}_{i=1}^{n}$ 离此回归平面最近,参见图 3.1。

二元线性回归模型不仅有直观的几何解释,而且与很多经济理论能很好地匹配。例如,生产理论中著名的生产函数,下面使用宏观经济数据估计柯布-道格拉斯(Cobb-Douglas)生产函数。

例 3.1(柯布-道格拉斯生产函数)　查尔斯·柯布(Charles Cobb)和保罗·道格拉斯(Paul Douglas)(1928)使用美国 1899—1922 年制造业产出(y)、资本(k)与劳动(l)的数据,估计如下生产函数:

$$y_t = \alpha k_t^{\beta} l_t^{\gamma} e^{\varepsilon_t} \tag{3.3}$$

其中,e^{ε_t} 为乘积形式的扰动项,下标 t 表示时间(年)。等式两边取对数,可转换为二元线性回归模型:

$$\ln y_t = \ln \alpha + \beta \ln k_t + \gamma \ln l_t + \varepsilon_t \tag{3.4}$$

基于柯布和道格拉斯(1928)提供的原始数据,对变量 k、l 与 y 进行标准化,以 1899 年指数为基期(将 1899 年的取值标准化为 100),$\ln k$、$\ln l$ 与 $\ln y$ 分别为其对数值。在 Stata 中执行二元回归的命令(reg lny lnk lnl),对模型(3.4)进行最小二乘估计,回归结果如图 3.2 所示。

```
      Source |       SS           df       MS      Number of obs   =        24
-------------+----------------------------------   F(2, 21)        =    236.12
       Model |  1.59622155         2  .798110773   Prob > F        =    0.0000
    Residual |  .070981736        21  .003380083   R-squared       =    0.9574
-------------+----------------------------------   Adj R-squared   =    0.9534
       Total |  1.66720328        23  .072487099   Root MSE        =    .05814

------------------------------------------------------------------------------
         lny | Coefficient  Std. err.      t    P>|t|     [95% conf. interval]
-------------+----------------------------------------------------------------
         lnk |   .2330537   .0635298     3.67   0.001     .1009363    .3651711
         lnl |    .807278   .1450762     5.56   0.000     .5055755    1.108981
       _cons |  -.1773099   .4342933    -0.41   0.687    -1.080472    .7258525
------------------------------------------------------------------------------
```

图 3.2　基于柯布和道格拉斯(1928)提供的原始数据的回归结果

从图 3.2 回归结果可以看出,$\ln k$(资本对数)与 $\ln l$(劳动对数)的系数分别为 0.233 与 0.807,且拟合优度 R^2 为 0.957。

根据回归结果,可得样本回归平面:

$$\ln \hat{y}_t = -0.177 + 0.233 \ln k_t + 0.807 \ln l_t \tag{3.5}$$

其中,$\ln \hat{y}_t$ 可解释为 $\ln y_t$ 的拟合值或预测值。

作为对比,基于我国 1978 年至 2014 年的宏观经济数据估计柯布-道格拉斯生产函数。数据来源于《中国统计年鉴》《中国人口统计年鉴》和中宏数据库。劳动投入采用《中国统计年鉴》历年就业人员数作为衡量指标。产出以不变价格的国内生产总值作为衡量指标,资本存量的计算使用永续盘存法,按照1978年不变价格换算产出和资本存量。数据由笔者整理,见数据文件case3-1.dta。

基于我国的宏观数据,估计模型(3.4)得到的回归结果如图3.3所示。从图3.3回归结果可以看出,$\ln k$(资本对数)与$\ln l$(劳动对数)的系数分别为0.946与0.361,且拟合优度R^2为0.958。

```
      Source |       SS       df       MS              Number of obs =      37
-------------+------------------------------           F(  2,    34) =  388.75
       Model |  11.3122932     2   5.6561466           Prob > F      =  0.0000
    Residual |  .494687327    34   .014549627          R-squared     =  0.9581
-------------+------------------------------           Adj R-squared =  0.9556
       Total |  11.8069805    36   .327971681          Root MSE      =  .12062

------------------------------------------------------------------------------
         lny |      Coef.   Std. Err.      t    P>|t|     [95% Conf. Interval]
-------------+----------------------------------------------------------------
         lnk |   .945568   .0513098    18.429   0.000     .841294    1.049842
         lnl |   .3605036  .087847      4.104   0.000     .1819771   .5390301
       _cons |  -2.306459  .6971214    -3.309   0.002    -3.72318   -.8897375
------------------------------------------------------------------------------
```

图3.3 基于我国宏观经济数据的生产函数估计结果

在Stata中,做完OLS回归后,可用命令predict来计算拟合值与残差,即predict lny1。此命令将$\ln y$的拟合值记为"lny1"。此外,如果要计算残差,并记为e,可输入命令:predict e,residual,其中,选择项"residual"表示计算残差(下画线表示命令可简写为r)。为直观地观察模型拟合"精度",将$\ln y$及其拟合值、残差同时放入列表,命令为:list lny lny1 e,结果如图3.4所示。

```
     |    lny       lny1          e
  1. | 3.5901911  3.301133    .28905807
  2. | 3.6446194  3.4360233   .20859607
  3. | 3.6478577  3.4831578   .16469987
  4. | 3.6747493  3.5804346   .09431474
  5. | 3.7415913  3.6984749   .0431164

  6. | 3.8250901  3.8244154   .00067474
  7. | 3.9393314  3.9514584  -.01212693
  8. | 3.9764028  4.0147574  -.03835463
  9. | 3.9985174  4.1009986  -.10248123
 10. | 4.0374928  4.1565381  -.11904529

 11. | 3.9723399  4.065413   -.09307302
 12. | 3.8467847  3.9347219  -.08793718
 13. | 3.8539062  4.0138106  -.15990436
 14. | 3.9082357  4.0504062  -.14217048
 15. | 3.9794265  4.0734809  -.09405445

 16. | 3.9688123  4.0198255  -.05101316
 17. | 3.8718829  3.8633214   .0085615
 18. | 3.8140926  3.7753348   .03875777
 19. | 3.8257701  3.7850979   .04067219
 20. | 3.8829509  3.858141    .0248099
```

图3.4 拟合值与残差

更直观地,将产出对数及其拟合值画在一起,命令为:line lny lny1 year。其结果如图 3.5 所示,从图中可以看出产出对数的拟合值与实际值相当吻合。

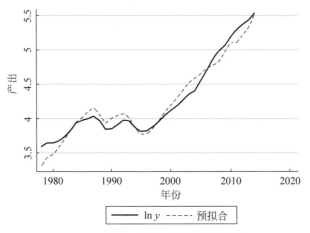

图 3.5　产出对数的实际值与预拟合

3.2　使用多元回归的动因

在介绍更一般的多元线性回归模型之前,我们先通过三个 Stata 模拟实验来解释为什么需要多元线性回归模型。模拟实验如下。

实验一:假如真实的数据生成过程是 $x=1+2y+u$,而我们错误地考虑了如下回归模型:$y=\beta_0+\beta_1 x+e$,此时我们能"正确地"估计出未知参数 β_0、β_1 吗?通过简单地对数据生成过程 $x=1+2y+u$ 移项变形,得到 $y=-0.5+0.5x-u$,那么,模型 $y=\beta_0+\beta_1 x+e$ 的最小二乘估计是否会接近 -0.5 和 0.5 呢?

为此,我们从数据生成过程 $x=1+2y+u$ 中抽取 100 个样本,并对 y 关于 x 回归(reg y x)得到参数估计,重复上述过程 1 000 次得到 1 000 个参数估计。将上述 Stata 模拟实验的结果绘制为直方图。图 3.6 为实验一的回归系数直方图。从图中可以发现:这些参数估计并非以 0.5 为中心,原因是此时的一元线性回归模型 $y=\beta_0+\beta_1 x+e$ 不满足零条件期望假设。这即是著名的内生性问题。由于实际应用问题中的被解释变量往往受多个变量影响,因此,一元线性回归模型的零条件期望假设常常不能满足,使参数估计有偏,从而难以得到正确的实证结论。多元线性回归模型是针对此问题的重要解决办法之一,即通过加入多个解释变量使零条件期望假设更容易满足。

实验二:假如真实模型是 $y=1+x_1+x_2+u$,我们"忽略"了一个解释变量,从而设定的回归模型如下:$y=\beta_0+\beta_1 x_1+e$。那么,在此条件下,最小二乘法估计参数能得到正确结果吗?下面就两种可能的情形分别进行模拟实验。在这些实验中,假设 u 与 x_1、x_2 均不相关。

情形 1:$\text{cov}(x_1,x_2)=0$。此时,$\text{cov}(x_1,x_2+u)=0$,因此,回归模型 $y=\beta_0+\beta_1 x_1+e$ 满足零条件期望假设,与实验一的做法相似,得到模拟结果如图 3.7 所示。从图中可以看出,此时参数估计是以真实值为中心的分布,即此时参数估计满足无偏性。

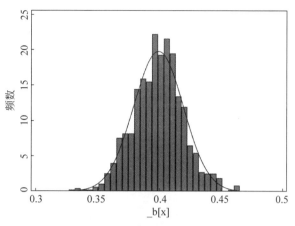

图 3.6　实验一的回归系数直方图

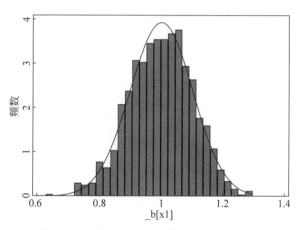

图 3.7　实验二中情形 1 的回归系数直方图

情形 2：$\text{cov}(x_1, x_2) \neq 0$。此时，$\text{cov}(x_1, x_2+u) \neq 0$，不满足零条件期望假设。与之前的做法相似，进行 Stata 模拟实验，结果如图 3.8 所示。从图中可以发现，参数估计不以真实值为中心，即参数估计有偏。

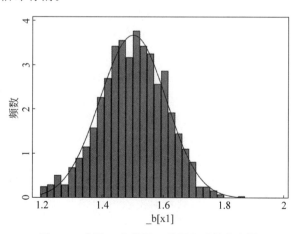

图 3.8　实验二中情形 2 的回归系数直方图

实验三：假如真实模型是 $y=1+x_1+x_2+u$，假设 u 与 x_1、x_2 均不相关，$\text{cov}(x_1,x_2)=0$。对比一元线性回归模型 $y=\beta_0+\beta_1 x_1+e$ 和二元线性回归模型 $y=\beta_0+\beta_1 x_1+\beta_2 x_2+e$ 的最小二乘估计。

相似地，Stata 模拟实验的结果如图 3.9 所示。从图中可以发现：一元线性回归模型和二元线性回归模型的估计都以真实值为中心，即都满足无偏性；但二元线性回归模型的估计具有更小的方差，即更有效。

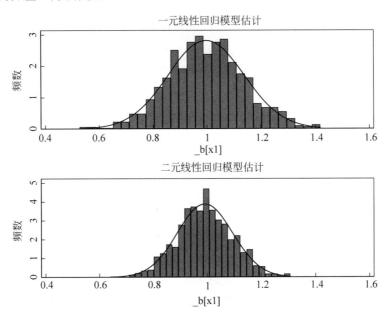

图 3.9 实验三中的回归系数直方图

从上述实验可以看出：多元回归有利于控制遗漏变量，进而得到无偏的参数估计；即使遗漏变量与关键解释变量不相关，不控制该遗漏变量虽然不影响无偏性，但影响参数估计的效率，即考虑多元回归模型有利于得到无偏的估计量和提高参数估计效率。

在实际应用中，多元回归分析更适合"其他条件不变情况下"的分析，因为多元回归分析允许我们明确地控制许多其他影响因变量的因素。多元回归模型可以包含很多解释变量，且这些变量可以是相关的。在使用非实验数据时，多元回归模型对推断因变量(y)与解释变量(x)之间的因果关系很重要，它可以解释更多的因变量变动、刻画更一般的函数形式。因此，多元回归模型是实证分析中最广泛使用的模型之一。

例 3.2 第 2 章考虑了如下模型，教育对工资影响可表示为

$$\text{wage} = \beta_0 + \beta_1 \text{educ} + u \qquad (3.6)$$

在一元线性回归模型中，除教育外，其他影响工资的因素被忽略并放入误差项，包括对个人工资影响较大的个人能力、工作经验等。

在模型(3.6)中，零均值条件 $E(u|\text{educ})=0$ 能满足吗？显然，在模型(3.6)中，零条件期望假设要求教育与个人能力、工作经验不相关，这在现实中并不容易满足。此外，模型中的 β_1 解释为"当保持其他因素不变时，教育对工资的影响"。那么，模型(3.6)中"其他因素不变"指的是什么？

在考虑工作经验的情况下，将模型(3.6)拓展为二元线性回归模型：

$$\text{wage} = \beta_0 + \beta_1 \text{educ} + \beta_2 \text{exper} + u \tag{3.7}$$

exper 表示工作经验,以参加工作的年数来衡量。在这个例子中,工作经验被明确地控制起来,这使我们可以考虑,在保持工作经验不变的情况下,教育对工资的影响。

值得特别指出的是,在多元线性回归模型框架下,即使我们的样本数据中不存在两个个体观察值满足工作经验相同但受教育程度相差一年,依然可以分析"在保持工作经验不变的情况下,多受一年教育收入会增加多少"这样的问题。基于随机实验的思路,要回答上述问题,可以将很多工作经验相同的个体,随机地选出一部分让其多受一年教育,从而观察多受一年教育对收入的影响。显然,这样的随机实验面临伦理问题,并不现实。因此,多元回归分析提供了一个解决此问题的可选办法。

例 3.3 如果我们要研究家庭收入对家庭消费的影响,可以考虑如下二元线性回归模型:

$$\text{consumption} = \beta_0 + \beta_1 \text{inc} + \beta_2 \text{inc}^2 + u \tag{3.8}$$

模型(3.8)中收入对消费的边际效应为

$$\text{MPC} = \beta_1 + 2\beta_2 \text{inc} \tag{3.9}$$

因此,只要参数满足合适的符号,即 $\beta_2 < 0$,就可以描述宏观经济学中著名的边际消费倾向递减。如果丢掉模型(3.8)中的二次项 $\beta_2 \text{inc}^2$,则原式变为 $\text{consumption} = \beta_0 + \beta_1 \text{inc} + u'$,其中,$u' = \beta_2 \text{inc}^2 + u$,那么,模型不能描述边际效用递减效应,且零条件期望假设 $E(u' | \text{inc}) = 0$ 不能满足。例 3.2 和例 3.3 说明,在实际应用中,考虑多元线性回归模型常常能提高模型的解释能力,更好地解决现实问题。

3.3 多元回归模型

一般的多元回归模型可以写为

$$y = \beta_0 + \beta_1 x_1 + \beta_2 x_2 + \cdots + \beta_k x_k + u \tag{3.10}$$

其中,β_0 为常数项;$\beta_1, \cdots, \beta_k$ 为斜率参数;u 为误差项(或干扰项)。模型的参数估计问题,依然基于最小化残差平方和,转化为多元函数求极值问题,通过求偏导得到 $k+1$ 个一阶条件,进而得到参数估计公式。

记未知参数 $\beta_0, \beta_1, \cdots, \beta_k$ 的估计为 $\hat{\beta}_0, \hat{\beta}_1, \cdots, \hat{\beta}_k$;记误差项 u 的估计,即残差为 $\hat{u}$;记 y 的拟合值为 $\hat{y} = \hat{\beta}_0 + \hat{\beta}_1 x_1 + \cdots + \hat{\beta}_k x_k$。使用最小残差平方和来估计参数:

$$\min_{\hat{\beta}_0, \hat{\beta}_1, \cdots, \hat{\beta}_k} \sum_{i=1}^{n} (y_i - \hat{\beta}_0 - \hat{\beta}_1 x_{1i} - \cdots - \hat{\beta}_k x_{ki})^2 \tag{3.11}$$

求偏导,得到 $k+1$ 个一阶条件:

$$\begin{cases} \sum_{i=1}^{n}(y_i - \hat{\beta}_0 - \hat{\beta}_1 x_{1i} - \cdots - \hat{\beta}_k x_{ki}) = 0 \\ \sum_{i=1}^{n} x_{1i}(y_i - \hat{\beta}_0 - \hat{\beta}_1 x_{1i} - \cdots - \hat{\beta}_k x_{ki}) = 0 \\ \cdots \\ \sum_{i=1}^{n} x_{ki}(y_i - \hat{\beta}_0 - \hat{\beta}_1 x_{1i} - \cdots - \hat{\beta}_k x_{ki}) = 0 \end{cases} \tag{3.12}$$

通过求解关于未知参数的联立方程(3.12)可以得到参数估计公式。基于参数估计 $\hat{\beta}_0$，$\hat{\beta}_1,\cdots,\hat{\beta}_k$，可以得到 OLS 回归超平面，或称样本回归方程(SRF)：

$$\hat{y}=\hat{\beta}_0+\hat{\beta}_1 x_1+\cdots+\hat{\beta}_k x_k \tag{3.13}$$

进而，在保持其他因素不变的情况下，得到

$$\Delta\hat{y}=\hat{\beta}_1\Delta x_1+\hat{\beta}_2\Delta x_2+\cdots+\hat{\beta}_k\Delta x_k \tag{3.14}$$

因此，多元线性回归模型中的 $\hat{\beta}_1$ 可解释为，在保持 $x_2,\cdots,x_k$ 不变的情况下，x_1 增加一个单位，因变量增加 $\hat{\beta}_1$ 个单位。类似地，每一个斜率参数估计都有一个"保持其他因素不变"情况下的局部效应解释。"保持其他因素不变"可以理解为多元回归分析的优势，即它能使我们在非实验环境中做自然科学家在受控实验中做的事情：控制其他因素，观察某个因素对被解释变量的影响。

3.4 多元回归的性质

3.1～3.3 节主要对多元回归模型具体内容以及使用多元回归模型的优点进行论述，本节主要了解多元回归的性质。

性质 1：OLS 残差和为零，OLS 的样本残差平均值也为零，即

$$\sum_{i=1}^{n}\hat{u}_i=0,\quad \bar{\hat{u}}=0 \tag{3.15}$$

性质 2：每个解释变量和 OLS 残差的样本协方差为零，即

$$\sum_{i=1}^{n}x_{ji}\hat{u}_i=0,\quad j=1,\cdots,k \tag{3.16}$$

性质 3：点 $(\bar{x}_1,\bar{x}_2,\cdots,\bar{x}_k,\bar{y})$ 总位于 OLS 回归线上，即

$$\bar{y}=\hat{\beta}_0+\hat{\beta}_1\bar{x}_1+\cdots+\hat{\beta}_k\bar{x}_k \tag{3.17}$$

性质 4：被解释变量的均值与拟合值的均值相等，即

$$\bar{y}=\bar{\hat{y}} \tag{3.18}$$

上述性质与一元线性回归模型中的性质相似。性质 1～性质 3 成立是因为一阶条件(3.12)满足最小二乘估计的一阶条件。由性质 1 可以得到性质 4。

下面介绍多元线性回归模型的最小二乘估计的"净效应"(net effect)解释。先以二元线性回归模型的估计为例：

$$\hat{y}_i=\hat{\beta}_0+\hat{\beta}_1 x_{1i}+\hat{\beta}_2 x_{2i} \tag{3.19}$$

一个自然的问题是：如果 x_1 和 x_2 相关且同时影响解释变量 y，那么，x_1 和 x_2 对 y 的影响是否能够"分离"呢？著名的弗里希-沃尔定理(Frisch-Waugh Theorem)表明：多元线性回归的最小二乘估计是"净效应"，也就是说，即使 x_1 和 x_2 相关，通过多元线性回归也可以将 x_1 和 x_2 对 y 的影响分离。

以二元线性回归模型估计(3.19)为例，其中的参数估计 $\hat{\beta}_1$ 等价于如下一元线性回归估计：

$$\hat{\beta}_1 = \frac{\sum_{i=1}^{n} \hat{r}_{1i} y_i}{\sum_{i=1}^{n} \hat{r}_{1i}^2} \tag{3.20}$$

其中,$\hat{r}_{1i}$ 为第一个解释变量对第二个解释变量进行回归得到的残差 $\hat{r}_1$,也就是说 $\hat{r}_1$ 是由回归 $\hat{x}_1 = \hat{\gamma}_0 + \hat{\gamma}_1 \hat{x}_2$ 得到的残差;然后,对 y 关于 $\hat{r}_1$ 进行简单一元线性回归得到的估计等于二元线性回归估计(3.19)中 x_1 的系数,即在二元线性回归模型 $y = \beta_0 + \beta_1 x_1 + \beta_2 x_2 + u$ 中,β_1 的估计可以通过如下两步得到:第一步,对 x_1 做关于 x_2 的回归,得到残差 $\hat{r}_1$;第二步,对 y 做关于 $\hat{r}_1$ 的回归,得到的系数即为 β_1 的估计。等价地,也可以先对 y 和 x_1 关于 x_2 做回归,得到残差 $\hat{r}_y$、$\hat{r}_1$,再对 $\hat{r}_y$ 做关于 $\hat{r}_1$ 的回归,也可得到 β_1 的估计。

根据一元线性回归的性质,第一步将 x_1 分解为两部分:与 x_2 相关的部分和与 x_2 不相关的部分($\hat{r}_1$);第二步是对 y 做关于 $\hat{r}_1$ 的回归,即对 x_1 中与 x_2 不相关的部分进行回归得到 $\hat{\beta}_1$,这一效应必然与 x_2 不相关。因此,二元线性回归模型的最小二乘估计有"净效应"解释。这也是为什么我们可以将 $\hat{\beta}_1$ 解释为,在保持 x_2 不变的情况下,x_1 对 y 的影响。事实上,在一个含有 k 个解释变量的多元线性回归模型(3.10)中,$\hat{\beta}_1$ 仍然可以表示为式(3.20),其中,残差 $\hat{r}_1$ 来自 x_1 对 $x_2,\cdots,x_k$ 的回归,因此,$\hat{\beta}_1$ 可以解释为,在排除 $x_2,\cdots,x_k$ 等变量的影响之后,x_1 对 y 的净效应。上述结果正是弗里希-沃尔定理的特殊形式。

为进一步理解上述性质,考虑如下 Stata 模拟实验。数据生成过程为 $y = 1 + x_1 + x_2 + u$,其中,$x_2 = x_1 + \varepsilon$,x_1、u 和 ε 为相互独立且服从标准正态分布的随机数,样本容量为 1 000。参数估计结果如表 3.1 所示,可以看到:基于前述两步法得到的参数估计与多元线性回归模型得到的系数相等。根据设定,x_1 和 x_2 相关,但并不会使 x_1 和 x_2 对被解释变量 y 的影响不能"分离"。

表 3.1 弗里希-沃尔定理的模拟

变 量	(1) 两步法	(2) 多元回归
$\hat{r}_1$	0.972	
x_1		0.972
x_2		0.998
_cons	1.046	0.966

3.5 简单一元线性回归与多元线性回归的比较

前面的章节介绍了简单一元线性回归和多元线性回归两种回归模型,本节我们将对这两种回归模型的估计进行对比:

$$\hat{y} = \hat{\beta}_0 + \hat{\beta}_1 x_1 + \hat{\beta}_2 x_2 \tag{3.21}$$

$$\tilde{y} = \tilde{\beta}_0 + \tilde{\beta}_1 x_1 \tag{3.22}$$

记多元线性回归的估计为

$$y = \hat{\beta}_0 + \hat{\beta}_1 x_1 + \hat{\beta}_2 x_2 + \hat{u} \tag{3.23}$$

可得

$$y - \bar{y} = \hat{\beta}_1 (x_1 - \bar{x}_1) + \hat{\beta}_2 (x_2 - \bar{x}_2) + \hat{u} \tag{3.24}$$

因此

$$\begin{aligned}
\tilde{\beta}_1 &= \frac{\sum (x_1 - \bar{x}_1)(y - \bar{y})}{\sum (x_1 - \bar{x}_1)^2} \\
&= \frac{\sum (x_1 - \bar{x}_1)[\hat{\beta}_1 (x_1 - \bar{x}_1) + \hat{\beta}_2 (x_2 - \bar{x}_2) + \hat{u}]}{\sum (x_1 - \bar{x}_1)^2} \\
&= \hat{\beta}_1 + \hat{\beta}_2 \frac{\sum (x_1 - \bar{x}_1)(x_2 - \bar{x}_2)}{\sum (x_1 - \bar{x}_1)^2} \\
&= \hat{\beta}_1 + \hat{\beta}_2 \tilde{\delta}_1
\end{aligned} \tag{3.25}$$

其中,$\tilde{\delta}_1$ 是 x_2 对 x_1 做简单回归得到的斜率参数。

根据 $\tilde{\beta}_1 = \hat{\beta}_1 + \hat{\beta}_2 \tilde{\delta}_1$ 可以得出,系数 $\tilde{\delta}_1 = 0$ 或 $\hat{\beta}_2 = 0$ 时,$\hat{\beta}_1 = \tilde{\beta}_1$。由于估计误差的存在,即使 x_1 与 x_2 不相关,$\hat{\beta}_1$ 也不会精确地等于 $\tilde{\beta}_1$,但两者会十分接近。同时,根据式(3.25)可以得到,当 x_2 的斜率参数 $\hat{\beta}_2$ 接近0,或者 x_1 与 x_2 的相关性很弱时,$\hat{\beta}_1 \approx \tilde{\beta}_1$。这一性质表明,在实际应用中,即使存在遗漏变量问题,如果该遗漏变量与关键解释变量相关性很弱,那么,实证结果的偏差很小。

此外,可以基于式(3.25)判断遗漏变量偏差的方向,如表3.2所示。

表 3.2 遗漏变量偏差

系 数	corr(x_1,x_2)>0	corr(x_1,x_2)<0
$\beta_2>0$	正向偏误	负向偏误
$\beta_2<0$	负向偏误	正向偏误

由表3.2可知,多元回归模型出现正向偏误还是负向偏误主要是由 β_2 以及 x_1 与 x_2 的相关性决定的,但是也存在以下两种情况,遗漏变量偏差可以近似看作零。

当 $\beta_2 = 0$ 时,这就意味着 x_2 不会对被解释变量产生影响,因而不应该放入模型。从式(3.25)看到,此时将 x_2 放入模型并不影响参数估计的无偏性。但这并不意味着,在实际应用中将不相干变量放入模型没有危害。将无关变量放入模型,通常称为"模型过度设定问题"。过度设定通常会使OLS估计量的方差变大,进而影响后续的假设检验。

3.6 多元回归模型拟合优度

拟合优度衡量了样本回归线对观测值的拟合程度,与简单一元线性回归模型的拟合优度一样,可以类似地定义多元线性回归模型的拟合优度。

首先,定义总平方和为

$$\text{SST} \equiv \sum_{i=1}^{n}(y_i - \bar{y})^2 \tag{3.26}$$

总平方和是对被解释变量在样本中变异程度的度量,即它度量了其在样本中的分散程度,将总平方和除以 $n-1$,我们得到 y 的样本方差。

其次,定义解释平方和为

$$\text{SSE} \equiv \sum_{i=1}^{n}(\hat{y}_i - \bar{y})^2 \tag{3.27}$$

解释平方和度量了拟合值在样本中的变异程度。由于最小二乘估计的性质 4,即 $\bar{y} = \bar{\hat{y}}$,式(3.27)中 $\hat{y}_i$ 减去 $\bar{y}$ 等价于 $\hat{y}_i$ 减去 $\bar{\hat{y}}$。

再次,定义残差平方和为

$$\text{SSR} \equiv \sum_{i=1}^{n}\hat{u}_i^2 \tag{3.28}$$

残差平方和度量了残差的样本变异程度。与一元线性回归模型类似,容易证明上述 3 个平方和满足如下关系:

$$\text{SST} = \text{SSE} + \text{SSR} \tag{3.29}$$

即被解释变量的总平方和总是可以分解为解释平方和与残差平方和两部分。则多元线性回归模型的拟合优度或可决系数可以定义为

$$R^2 = \frac{\text{SSE}}{\text{SST}} = 1 - \frac{\text{SSR}}{\text{SST}} \tag{3.30}$$

R^2 可以解释为 y 的样本变异被回归线解释的比例。使用与一元线性回归模型相似的逻辑,可以证明,R^2 是 y 和 $\hat{y}$ 相关系数的平方。

在模型中新增变量,R^2 不会变小。一般情况下,当在回归模型中新增解释变量时,R^2 会变大。这是因为,根据残差平方和的定义,当模型加入更多解释变量时,残差平方和绝不会变大。假设从包含一个解释变量的简单一元线性回归模型开始,然后加入第二个解释变量成为多元回归模型,如果第二个解释变量 OLS 估计系数恰好取零,那么,不管回归是否加入此解释变量,SSR 相同。如果 OLS 使此解释变量取任何非零系数,那么加入此变量之后,SSR 会降低。事实上,即使某个变量的真实系数为零,由于估计误差的存在,OLS 估计也往往并不精确为零。因此,即使在回归模型中加入无关变量,SSR 也往往会降低,根据平方和分解 SST=SSE+SSR,此时 R^2 变大。这一特征是 R^2 作为拟合优度衡量指标的一个弱点。

鉴于上述原因,引入调整的 R^2,调整的 R^2 是 R^2 的一个修正版本,当加入新的解释变量,调整过的 R^2 不一定变大,特别地,当新增解释变量的解释能力微小时,调整的 R^2 会变小。调整的 R^2 定义如下:

$$\bar{R}^2 = 1 - \frac{\text{SSR}/(n-k-1)}{\text{SST}/(n-1)} = 1 - \frac{n-1}{n-k-1}\frac{\text{SSR}}{\text{SST}} \tag{3.31}$$

调整的 R^2 是 1 减去 OLS 残差的样本方差(修正过自由度之后)与 y 的样本方差之比。调整的 R^2 存在三个有用性质。

(1) 因为 $(n-1)/(n-k-1)>1$,所以调整的 R^2 总比 R^2 小。

(2) 加入一个解释变量可能有两个相反的效果:SSR 降低导致调整的 R^2 变大,或者 $(n-1)/(n-k-1)$ 变大导致调整的 R^2 降低。

(3) 在通常的认知里,拟合优度代表回归直线对观测值的拟合程度,因此认为调整的 R^2 和 R^2 不会为负值,但是当所有解释变量使残差平方和下降得太少,不足以抵消因子 $(n-1)/(n-k-1)$ 时,调整的 R^2 可能是负的,而 R^2 在过原点回归中为负。

R^2 和调整的 R^2 可以直观地表现出回归模型是否能够很好地预测 y 或者解释 y 的样本变异。但是,它们也存在着不足,R^2 和调整的 R^2 不能表现出的信息有:第一,模型中包含的解释变量是否在统计上显著;第二,解释变量是否为因变量发生变化的真实原因,在著名的"虚假回归"(spurious regression)问题中,高的 R^2 并不代表模型中解释变量的变化与因变量的变化有联系;第三,是否存在遗漏变量,或者是否选择了最适合的回归模型。

因此基于上述不足,R^2 和调整的 R^2 都不是用来决定一个变量是否应该被加入模型的好工具。判断一个解释变量是否属于模型的理由应该是,在总体模型中,解释变量对因变量的局部效应参数非零。这将在后续章节的假设检验部分讨论。

3.7 OLS 估计量的统计性质

为考察参数估计量与真实值的关系,本节讨论 OLS 估计量的统计性质。统计性质可以直观地理解为,进行多次随机抽样,并用每个样本重复估计模型参数,得到的参数估计所表现出的统计性质,如均值、方差、经验分布等。

本节介绍的多元线性回归模型 OLS 估计量的统计性质依赖于如下假设。

假设 3.1 模型对参数是线性的,即在总体模型(或称真实模型)中,因变量与解释变量的关系可表示为如下形式:

$$y = \beta_0 + \beta_1 x_1 + \beta_2 x_2 + \cdots + \beta_k x_k + u \tag{3.32}$$

其中,$\beta_0, \beta_1, \cdots, \beta_k$ 为未知参数,u 为不可观测的随机误差项或随机干扰项。

假设 3.2 样本的随机抽样性,即假设样本 $\{(x_{1i}, x_{2i}, \cdots, x_{ki}; y_i): i=1, \cdots, n\}$ 为来自总体模型(3.32)的一个随机抽样。

假设 3.3 不存在完全共线性,即在样本中,没有一个解释变量是常数,解释变量之间也不存在严格的线性关系,或者一个解释变量不能表示为其他解释变量的线性组合。

完全共线性的例子,包括:

$$y = \beta_0 + \beta_1 x_1 + \beta_2 x_2 + \beta_3 x_3 + u$$

其中,$x_2 = 3x_3$。

$$y = \beta_0 + \beta_1 \ln(x) + \beta_2 \ln(x^2) + u$$
$$y = \beta_0 + \beta_1 x_1 + \beta_2 x_2 + \beta_3 x_3 + \beta_4 x_4 + u$$

其中,$x_1 + x_2 + x_3 + x_4 = 1$。

值得指出的是,当 $n < k+1$ 时,也会发生完全共线性的情况。在完全共线性情况下,OLS 估计量的分母为零,因此 OLS 估计量不能得到。

假设 3.4 零条件期望，即在给定解释变量的条件下，误差项的条件期望为零：
$$E(u \mid x_{1i}, x_{2i}, \cdots, x_{ki}) = 0 \tag{3.33}$$
当假设 3.4 成立时，通常称所有解释变量均为外生的；否则，称解释变量为内生的，此时模型参数的最小二乘估计量是有偏的。

定理 3.1（OLS 估计量的无偏性）

在假设 3.1～假设 3.4 下，OLS 估计量是总体参数的无偏估计量，即
$$E(\beta_j) = \beta_j, \quad j = 0, 1, \cdots, k \tag{3.34}$$

需要注意的是，估计量无偏性不代表每个估计值是无偏的（unbiased）。估计量是一个随样本变化的随机变量；而给定一个随机样本，就有一个参数估计值，这是一个具体的数值。OLS 估计量的无偏性可以理解为，进行 B 次随机抽样，用每个样本重复估计模型参数，得到 B 个参数估计值，这些参数估计的平均值趋近于参数真实值。实际上，当 B 趋于无穷大时，上述参数估计的平均值的极限为参数真实值。但是，如果只进行一次估计，那么估计值不一定等于真实值。

本节使用一个模拟实验来直观地解释 OLS 估计量的无偏性。

例 3.4 在总体模型 $y = 1 + x_1 + x_2 + u$ 中，x_1、x_2 和 u 相互独立且服从标准正态分布。从总体模型中，随机地抽取 1 000 个样本 $\{(x_{1i}, x_{2i}, y_i): i = 1, \cdots, 1\,000\}$，使用 OLS 估计参数，重复 1 000 次并将得到的 OLS 估计绘制为直方图（图 3.10）。

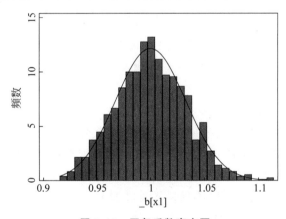

图 3.10 回归系数直方图

从图 3.10 可以看出，重复 1 000 次得到的参数估计值是以真实值为中心的分布，即参数估计的平均值等于真实值，这支持了 OLS 估计量的无偏性。

在给出 OLS 估计量的无偏性后，下面讨论参数估计的精度，这需要考察 OLS 估计量的方差。如果有两个估计量，在均值相同的情况下，估计量的方差越小，参数估计的精度越高，或者说，参数估计越有效。

为讨论多元线性回归模型 OLS 估计量的方差，还需要做如下假设。

假设 3.5 独立同方差性，即误差项 u 的不同观测相互独立且满足条件同方差：
$$\text{var}(u \mid x_1, x_2, \cdots, x_k) = \sigma^2 \tag{3.35}$$
假设 3.5 的含义是，无论解释变量出现怎样的组合，误差项 u 的条件方差都相同。如果该假设不成立，则表明该模型存在异方差问题。假设 3.1～假设 3.5 通常被称为**高斯-马**

尔科夫假设。

定理 3.2（OLS 斜率估计量的抽样方差）

给定高斯-马尔科夫假设，记 OLS 估计量的抽样方差为

$$\mathrm{var}(\hat{\beta}_j) = \frac{\sigma^2}{\mathrm{SST}_j(1-R_j^2)} \tag{3.36}$$

其中，$j=0,1,\cdots,k$，$\mathrm{SST}_j = \sum(x_{ij}-\bar{x}_j)^2$，$R_j^2$ 是 x_j 向其他所有解释变量（包括截距）回归得到的 R^2。

参数估计的方差大小不仅代表估计的精度，而且与后续章节中的假设检验密切相关。通过定理 3.2 可以看出，估计斜率参数的方差大小受到三个因素的影响：误差项方差，解释变量的总样本变异（SST_j），多重共线性。下面对这三个因素的影响原理进行简单解释。

（1）误差项方差。大的 σ^2 通常意味着模型中有大量的"噪声"，这些噪声使参数估计变得不准确，进而表现为大的 OLS 估计量方差。σ^2 是总体模型的一个特征，也是需要估计的一个参数。从式 (3.36) 可以看出：虽然 $\mathrm{var}(\hat{\beta}_j)$ 的分母可以使用样本直接计算，但由于式 (3.36) 中 σ^2 未知，因此 $\mathrm{var}(\hat{\beta}_j)$ 的计算还需要估计 σ^2，误差项方差的估计将在后续给出。

（2）解释变量的总样本变异。更大的 SST_j 意味着更小的估计量方差；反之亦然。在其他条件不变的情况下，解释变量的样本方差越大，越有利于提高参数估计的精度。此外，增加样本容量通常也会使 SST_j 变大，进而提高参数估计精度。

（3）多重共线性。更大的 R_j^2 意味着更大的估计量方差。如果 R_j^2 较大，就说明其他解释变量可以解释较大部分的被解释变量 x_j。当 R_j^2 非常接近 1 时，x_j 与其他解释变量高度相关，称为多重共线性。线性回归模型中的解释变量之间如果存在精确相关关系，会使模型估计的方差变为无穷大，而严重的多重共线性则意味着被估计参数的方差将非常大，进而参数估计十分不准确。多重共线性是一个数据问题，在实际应用中，处理方法主要包括：适当地舍弃某些变量，收集更多数据，对数据标准化，对变量取对数。这里需要注意的是，虽然某些解释变量之间可能高度相关，但与模型中其他参数的估计好坏无关。

从图 3.10 可以看到，参数估计不仅以真实值为中心，而且其经验分布与正态分布十分吻合。事实上，如果再增加一条假设，则多元线性回归模型的 OLS 估计服从正态分布。

假设 3.6 正态分布假设，即误差项 u 独立于解释变量 $x_1, x_2, \cdots, x_k$ 且服从均值为零、方差为 σ^2 的正态分布，$u \sim N(0, \sigma^2)$。

在假设 3.1～假设 3.6 下，有 $y|x_1, x_2, \cdots, x_k \sim N(\beta_0 + \beta_1 x_1 + \beta_2 x_2 + \cdots + \beta_k x_k, \sigma^2)$。由于误差项是很多未被观察到的 y 的影响因素的和，根据中心极限定理，误差项 u 近似服从正态分布。

定理 3.3（OLS 估计量的抽样分布）

在假设 3.1～假设 3.6 下，多元线性回归模型的最小二乘估计量服从正态分布：

$$\hat{\beta}_j \sim N\left(\beta_j, \frac{\sigma^2}{\mathrm{SST}_j(1-R_j^2)}\right) \tag{3.37}$$

从式 (3.36)、式 (3.37) 可以看到，估计量的方差和分布依赖于误差项的方差，而误差项的方差也是未知参数。下面将介绍如何估计误差项的方差。

如果能有 u 的观察样本 $\{u_1, u_2, \cdots, u_n\}$,则可利用公式 $\sum_{i=1}^{n}(u_i-\bar{u})^2/n-1$ 计算 σ^2 的估计。但实际上,由于无法观察误差项,上述公式不可用。残差项 $\hat{u}_i$ 可以理解为误差项 u 的估计。在多元线性回归模型中,有 $u-\hat{u}=\beta_0-\hat{\beta}_0+(\beta_1-\hat{\beta}_1)x_1+\cdots+(\beta_k-\hat{\beta}_k)x_k$,在假设 3.1~假设 3.5 下,OLS 估计量是无偏估计,因此,容易发现残差可解释为误差项的无偏估计。基于残差项,可构造误差项方差的估计:

$$\hat{\sigma}^2 = \frac{\sum \hat{u}_i^2}{n-k-1} \equiv \frac{\text{SSR}}{\text{df}} \tag{3.38}$$

其中,自由度 $\text{df}=n-(k+1)$,自由度是样本个数减去待估参数个数。式(3.38)中除以 $n-k-1$ 是因为残差平方和的期望值是 $(n-k-1)\sigma^2$。之所以自由度是 $n-k-1$,是因为推导 OLS 估计时,加入 $k+1$ 个限制条件。这也就是说,给定 $n-k-1$ 个残差,剩余的 $k+1$ 个残差是可以推导出来的,因此自由度是 $n-k-1$。上述结果归纳为定理 3.4。

定理 3.4(σ^2 的无偏估计)

在高斯-马尔科夫假设 3.1~假设 3.5 下,有

$$E(\hat{\sigma}^2) = \sigma^2 \tag{3.39}$$

通常,σ^2 正的平方根称为**标准偏差**(standard deviation,SD;标准离差),$\hat{\sigma}^2$ 正的平方根称为**标准误差**(标准差)。特别地,多元线性回归模型的 OLS 估计 $\hat{\beta}_j$ 的标准误差是:$\text{se}(\hat{\beta}_j) = \dfrac{\hat{\sigma}}{[\text{SST}_j(1-R_j^2)]^{\frac{1}{2}}}$

3.8 OLS 的有效性:高斯-马尔科夫定理

实际上,线性回归模型的参数估计有很多方法,为什么选 OLS 估计量?这是因为在满足假设 3.1~假设 3.5 的情况下,OLS 估计量是"最好"的估计,即高斯-马尔科夫定理。

定理 3.5 在假设 3.1~假设 3.5 下,多元线性回归模型参数的最小二乘估计是最优线性无偏估计量。

与一元线性回归模型的最小二乘估计相似,最优线性无偏估计包含三层含义:最优指的是方差最小;线性指的是参数估计可表示为因变量的线性组合;无偏指的是参数估计量的期望等于参数的真实值。

高斯-马尔科夫定理的意义在于,当标准假设 3.1~假设 3.5 成立时,不需要再去找其他无偏估计量,因为此时 OLS 估计量就是最优的。如果有人提出一个新的线性无偏估计量,那可以推断出,此估计量的方差至少和 OLS 估计量的方差一样大,不会小于 OLS 估计量的方差。

3.9 弗里希-沃尔定理:基于 Stata 的蒙特卡洛模拟

本节基于模型 $y=\beta_0+\beta_1 x_1+\beta_2 x_2+u$,使用蒙特卡洛模拟验证 OLS 估计是"净效应"。部分回归的基本思想是,当引入控制变量 x_2 后,如果想探究解释变量 x_1 与被解释变

量 y 之间的关系,那么就先剔除控制变量 x_2 对被解释变量 y 的影响以及控制变量 x_2 对解释变量 x_1 的影响,让剩余部分的 y 对剩余部分的 x_1 做回归。多元线性回归模型的 OLS 估计是**净效应**,指 β_1 的 OLS 估计是排除变量 x_2 影响之后,x_1 对 y 的影响,因而衡量了 x_1 对 y 的"净"的影响,与 x_2 无关。

根据弗里希-沃尔定理,模型参数 β_1 的估计可以通过如下两种方法得到:方法一,先对 x_1 关于 x_2 做回归,得到残差 r_1,再对 y 关于 r_1 做回归,得到的系数即为 β_1 的估计;方法二,先对 y 和 x_1 关于 x_2 做回归,得到残差 r_y、r_1,再对 r_y 关于 r_1 做回归,也可得到 β_1 的估计。上述两种方法得到的估计与多元线性回归模型的 OLS 估计等价。

为验证上述理论,从总体模型 $y=1+2x_1+3x_2+u$ 中抽取随机样本 $\{(x_{1i},x_{2i},y_i)$,$i=1,\cdots,100\}$,然后,以此样本估计模型 $y=\beta_0+\beta_1 x+u$ 的参数,得到一组估计值 $(\hat{\beta}_0,\hat{\beta}_1)$。重复上述估计 1 000 次,得到 1 000 组参数估计值,并绘制这些参数估计的直方图。实现这一模拟的 Stata 代码如下:

```
clear
set obs 100                    /*设置样本数*/
set seed 123456                /*设置随机种子以保证研究的可重复性*/
g u = rnormal()                /*生成服从标准正态分布的随机数作为误差项*/
g x1 = rnormal()               /*生成服从标准正态分布的随机数作为解释变量 x1*/
g x2 = 0.2 * x1 + rnormal()    /*生成与 x1 相关的解释变量 x2*/
g y = 1 + 2 * x1 + 3 * x2 + u  /*生成被解释变量*/
reg y x1 x2                    /*做多元回归*/
eststo mreg                    /*存储结果*/
reg x1 x2
predict e1,r                   /*将剩余部分的残差添加至变量表*/
reg y e1                       /*y 对剩余部分的 x1 做回归*/
eststo sreg                    /*存储结果*/
reg y x2
predict ey,r
reg ey e1                      /*部分回归*/
eststo stepreg
local a "mreg sreg stepreg"    /*将回归的结果整理成表,进行对比*/
esttab 'a', mtitle('a') b(%6.3f) t(%6.3f)
esttab 'a', mtitle('a') b(%6.3f) t(%6.3f) ///
    s(N r2 r2_a) nogap compress, using mytable.rtf, replace  /*将结果表输出到 word,命名为 mytable*/
```

为便于对比,将上述蒙特卡洛模拟的结果整理成表 3.3。对比 3 列回归结果,第 1 列是 y 对 x_1 和 x_2 同时进行回归的结果;第 2 列是消除控制变量 x_2 对 x_1 的影响后,y 对剩余部分 x_1 进行回归的结果;第 3 列是从 y 和 x_1 中分别消除 x_1 的影响后,对两个残差进行回归的结果。可以看到:x_1 的系数与 e_1 的系数相等,即无论是直接进行多元回归,还是使用两种方法下的部分回归,所得到的解释变量对被解释变量的影响都是相同的。基于一元线性回归模型的性质,上述特征验证了多元线性回归模型的 OLS 估计是"净效应"。

表 3.3　部分回归

变　量	（1）多元回归	（2）方法一	（3）方法二
x_1	2.115***		
	(21.510)		
x_2	3.079***		
	(30.468)		
e1		2.115***	2.115***
		(5.605)	(21.620)
_cons	0.946***	1.459***	−0.000
	(8.882)	(3.608)	(−0.000)
N	100.000	100.000	100.000
R^2	0.949	0.243	0.827
Adj_R^2	0.948	0.235	0.825

注：*** 代表 1% 的显著性水平。

3.10　我国人均国民总收入和世界人均国民总收入增长率的对比分析

国民总收入（GNI）是指国内生产总值加上来自国外的要素收入再减去对国外的要素支出。国民总收入是衡量经济发展情况的重要综合指标之一。人均 GNI 是一个国家富裕程度的重要指标。图 3.11 为我国人均 GNI 和世界人均 GNI 的时间序列图。选取的窗口期是 1978—2021 年，数据来源于世界银行数据库。

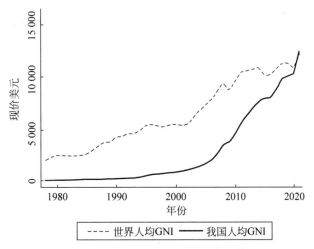

图 3.11　我国人均 GNI 和世界人均 GNI 的时间序列图

由图 3.11 可以看出，1978—2021 年，我国和世界的人均 GNI 都呈增长的趋势，但是我国人均 GNI 曲线的斜率在 2005—2021 年比世界人均 GNI 曲线斜率更大，这说明我国人均 GNI 增长比世界人均 GNI 增长更快。特别地，在 2010—2021 年，世界人均 GNI 保持平稳波动趋势,而我国人均 GNI 呈现快速增长;同时,在 2021 年末,我国人均 GNI 超过了世界人均 GNI。

通过图 3.12 可以看出,20 世纪 90 年代初期以来,我国人均 GNI 的增长率高于世界人均 GNI 的增长率。

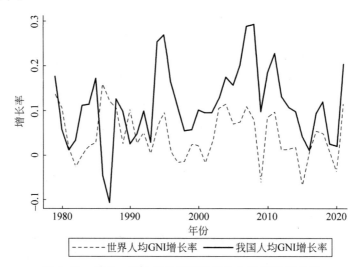

图 3.12 1978—2021 年世界和我国的人均 GNI 增长率

为剔除通货膨胀的影响,使用 CPI(消费者价格指数)对 GNI 进行调整,我国 CPI 和世界 CPI 数据来源于 Wind 数据库。以 1978 年为基期,我国人均实际 GNI 和世界人均实际 GNI 时间序列图如图 3.13 所示。从图 3.13 可以看出,我国人均实际 GNI 在 1978—2021 年整体上呈上升趋势,并且在 1978—2000 年,折线比较平缓,而从 2000 年开始,人均实际 GNI 的曲线斜率变大,说明人均实际 GNI 的增长变快。由于我国人均实际 GNI 稳步增长,2012 年,我国人均实际 GNI 开始实现对世界人均实际 GNI 的反超,直到 2021 年,我国人均实际 GNI 仍然高于世界人均实际 GNI。可以看出,近年来我国经济发展持续向好。

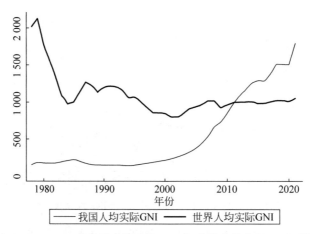

图 3.13 1978—2021 年我国人均实际 GNI 和世界人均实际 GNI 时间序列图

为进一步量化上述差异,通过多元回归模型,分析我国对世界 GNI 的贡献。具体的回归模型如下:

$$\text{WorldperGNI}_t = \alpha_0 + \alpha_1 \text{ChinaperGNI}_t + \alpha_2 \text{year} + \varepsilon_{1t} \tag{3.40}$$

$$\text{Worldgrowth}_t = \beta_0 + \beta_1 \text{Chinagrowth}_t + \beta_2 \text{year} + \varepsilon_{2t} \tag{3.41}$$

$$\text{Worldperreal}_t = \gamma_0 + \gamma_1 \text{Chinaperreal}_t + \gamma_2 \text{year} + \varepsilon_{3t} \tag{3.42}$$

模型(3.40)的被解释变量为世界人均 GNI,解释变量为我国人均 GNI 和时间;模型(3.41)的被解释变量为世界人均 GNI 增长率,解释变量为我国人均 GNI 增长率和时间;模型(3.42)的被解释变量为世界人均实际 GNI,解释变量为我国人均实际 GNI 和时间,以上三个多元回归模型的回归结果分别如表 3.4 第 1、2、3 列所示。

表 3.4 我国对世界 GNI 的贡献

变量	模型(3.40) WorldperGNI	模型(3.41) Worldgrowth	模型(3.42) Worldperreal
ChinaperGNI	0.212 7*** (4.42)		
Chinagrowth		0.223 3** (2.34)	
Chinaperreal			0.575 4*** (5.59)
year	191.467 3*** (14.27)	−0.001 2* (−1.81)	−33.202 3*** (−8.12)
_cons	−376 999.846 7*** (−14.12)	2.383 8* (1.82)	67 180.536 4*** (8.26)
N	44	43	44
R^2	0.971	0.156	0.642

注:***、**、* 分别代表 1%、5%、10%的显著性水平。

由表 3.4 第 1 列可以看出,ChinaperGNI 的回归系数为 0.212 7,并且在 1%的水平上显著,表明我国人均 GNI 与世界人均 GNI 显著正相关,即我国人均 GNI 的增长可以显著促进世界人均 GNI 的增长。模型(3.40)的 R^2 为 0.971,表明我国人均 GNI 可以解释世界人均 GNI 高达 97.1%的变动,表明在人均 GNI 上,我国的经济水平与世界平均水平的差距正在不断缩小。由表 3.4 第 2 列的回归结果可以看出,我国人均 GNI 增长率与世界人均 GNI 增长率显著正相关,表明我国人均 GNI 增长率的增加可以显著促进世界人均 GNI 增长率的增加,而且我国人均 GNI 增长率可以解释世界人均 GNI 增长率约 15.6%的增长,从增长率上来看,我国经济增速和收入增长与世界经济发展息息相关。由表 3.4 第 3 列的回归结果可以看出,我国人均实际 GNI 与世界人均实际 GNI 显著正相关,并且我国人均实际 GNI 可以解释世界人均实际 GNI 约 64.2%的变动。可想而知,在人均实际 GNI 上,我国的世界排名也会有明显提高。综合表 3.4 的回归结果可以看出,自 1978 年改革开放以来,我国对世界 GNI 的贡献显著,进而,我国经济的稳定增长对推动世界经济增长具有重要意义,同时也表明我国在世界经济中正扮演着越来越重要的角色。

本章习题

一、概念题

1. 判断此描述是否正确并说明理由：在模型 $y=\beta_0+\beta_1 x_1+\beta_2 x_2+u$ 中，x_1 与 x_2 的相关性越强，则使用最小二乘法估计模型 $y=\beta_0+\beta_1 x_1+u$ 的偏差越大。

2. 判断此描述是否正确并说明理由：模型 $y=\beta_0+\beta_1 x_1+\beta_2 x_2+u$ 一定比模型 $y=\beta_0+\beta_1 x_1+e$ 好。

3. 判断此描述是否正确并说明理由：在模型 $y=\beta_0+\beta_1 x_1+\beta_2 x_2+u$ 中，误差项的方差越小，参数的最小二乘估计越精确。

4. 列举高斯-马尔科夫假设的五个条件。

5. 在经典高斯-马尔科夫假设下，β_j 有许多的估计量，为什么选 OLS？

6. 下面哪些因素会导致 OLS 估计量出现偏误？
   A. 异方差性
   B. 遗漏一个重要变量
   C. 模型同时包含的两个自变量之间的样本相关系数达到 0.95。

7. 具有严重多重共线性的回归方程能不能用来做经济预测？

二、应用题

1. 本题使用的数据集为 case3-1.dta，在 Stata 中完成下列操作。

(1) 将 GDP 对劳动投入(labor)、资本投入(capital)进行多元回归，写出 Stata 输出结果对应的多元线性回归模型(保留两位小数)。

(2) 从回归结果看，哪些因素是影响 GDP 的重要因素？其因素的解释能力如何？

2. 本题使用数据集 case3-1.dta，在 Stata 中完成操作并回答下列问题。

(1) 将 $\ln l$ 对 $\ln k$ 进行简单回归，得到斜率参数 $\hat{\alpha}_1$。

(2) 将 $\ln y$ 对 $\ln l$ 进行简单回归，得到斜率参数 $\hat{\sigma}_1$。

(3) 将 $\ln y$ 对 $\ln l$ 和 $\ln k$ 进行多元回归，分别得到斜率参数 $\hat{\beta}_1$ 和 $\hat{\beta}_2$。

(4) 验证 $\hat{\sigma}_1 = \hat{\beta}_1 + \hat{\alpha}_1 \hat{\beta}_2$。

3. 本题使用数据集 case3-1.dta，被解释变量是 GDP。在 Stata 中完成操作并回答下列问题。

(1) 求出 labor 和 capital 的平均数与标准差，并比较它们的大小。

(2) 估计 GDP 对 labor、capital 的多元线性回归方程。

(3) 讨论回归方程的 R^2。

假设检验

第 2 章和第 3 章讨论了线性回归模型的最小二乘估计以及估计量的性质,本章将讨论在多元线性回归模型中,如何对总体回归模型中某个参数的假设进行检验。在实际经济问题的研究中,经济理论常常可以转化为计量模型中某个参数取值的信息。因此,基于经济数据验证经济理论是否成立,就被转化为检验计量模型中的参数是否与理论一致。当我们基于计量模型理解或解释经济现象时,问题也常常被转化为检验模型中某个参数是否等于零。根据参数估计理论,即使参数的真实值为零,参数估计也常常并不等于零。因此,除参数估计以外,我们还需要深入讨论假设检验的理论和方法。

4.1 假设检验的几个实例

计量经济学主张基于经济理论建立计量模型,而经济理论也常常会转化为总体参数取值的信息,判断关于这些总体参数取值的信息是否成立,即假设检验问题。为进一步理解上述逻辑,下面讨论几个相关的例子。

例 4.1 费雪效应(Fisher Effect)。利率作为资金市场借贷的价格,是一个重要的经济杠杆,不仅影响微观个体的消费、储蓄和投资决策,而且影响宏观经济政策的制定。费雪效应阐述了名义利率和通货膨胀之间的关系,即在一个信息充分且具有完美预见的市场,名义利率和通货膨胀预期的变动存在一一对应关系。因此,费雪效应成立时,实际利率与通货膨胀无关,政府不能通过货币政策来影响实际利率进而干预实体经济,即货币是中性的。费雪效应成立时的货币政策是无效的。为检验费雪效应是否成立,可以根据费雪效应的含义建立如下回归模型:

$$i_t = \beta_0 + \beta_1 \pi_t + u_t \tag{4.1}$$

其中,i_t 为名义利率;π_t 为通货膨胀率。费雪效应成立意味着 $\beta_1 = 1$。如果 $0 < \beta_1 < 1$,则表明存在弱费雪效应,即货币非中性,货币政策是有效的。

例 4.2 有效市场理论(Efficient Markets Hypothesis,EMH)。有效市场理论,始于 1965 年美国芝加哥大学著名教授尤金·法玛(Eugene Fama)发表的题为《证券市场价格行为》的论文。按照证券价格反映信息的程度,有效市场理论将金融市场分为强式有效市场、半强式有效市场和弱式有效市场。其中,弱式有效市场是指证券价格能够充分反映价格历史序列包含的所有信息的市场。因此,历史价格信息对证券价格变动不会产生任何影响。为检验弱式有效市场假说,可以考虑如下多元线性回归模型:

$$r_t = \beta_0 + \beta_1 r_{t-1} + \cdots + \beta_k r_{t-k} + u_t \tag{4.2}$$

其中，r_t 为证券价格 t 期的收益率。弱式有效市场假说意味着：$\beta_1 = \cdots = \beta_k = 0$。

例 4.3 股权激励问题。 上市公司常常通过附加条件给予员工部分股权，使其个人利益与企业利益更一致，从而使员工更具主人翁意识，帮助企业实现稳定高效发展。那么，股权激励是否能提高企业的效率？为回答此问题，可以考虑扩展生产函数、建立计量模型，即在柯布-道格拉斯生产函数中加入股权激励变量，得到扩展的生产函数 $Y = AK^{\beta_1} L^{\beta_2} O^{\beta_3} e^u$，对该生产函数两边取对数，得到

$$\ln Y = \ln A + \beta_1 \ln K + \beta_2 \ln L + \beta_3 \ln O + u \tag{4.3}$$

其中，Y 为产出；K 为资本投入；L 为劳动投入；O 为股权激励。股权激励是否有效的问题可转化为 $\beta_3 = 0$ 是否成立的问题。

在前述三个例子中，计量模型的建立都基于经济理论，且将检验经济理论是否成立的问题转化为模型中参数取值是否与理论一致的问题，即假设检验问题。假设检验的基本思想是：先根据样本信息，构造检验统计量；再依据小概率事件原理，判断关于总体参数取值的假设是否成立。

4.2 统计量的定义及常用统计量

在实际应用中，当我们从总体中抽取一些样本后，并不能直接用它们去对总体的有关性质和特征进行推断。这是因为样本所包含的总体信息较为分散，所以我们需要将其中感兴趣的信息集中起来，针对不同的研究目的，构造不同的样本函数，这种函数在统计学中称为统计量。

定义 4.1 设 $x_1, x_2, \cdots, x_n$ 是随机变量 X 的容量为 n 的样本，如果基于此样本构造一个函数 $T(x_1, x_2, \cdots, x_n)$，不依赖于任何未知参数，则称 $T(x_1, x_2, \cdots, x_n)$ 是一个统计量；通常，又称 $T(x_1, x_2, \cdots, x_n)$ 为样本统计量。

常用的统计量如下。

(1) 样本均值：$\bar{x} = \dfrac{1}{n} \sum_{i=1}^{n} x_i$，反映随机变量 X 数学期望的信息。

(2) 样本方差：$s^2 = \dfrac{1}{n-1} \sum_{i=1}^{n} (x_i - \bar{x})^2$，反映总体 X 方差的信息。

(3) 样本变异系数：$V = \dfrac{s}{\bar{x}}$，反映总体变异系数的信息。此统计量消除均值对不同总体离散程度的影响，在投资项目的风险分析、不同群体或行业的收入差距描述中有着广泛的应用。

(4) 样本 k 阶矩：$m_k = \dfrac{1}{n} \sum_{i=1}^{n} x_i^k$，反映总体 k 阶矩的信息。

(5) 样本 k 阶中心矩：$v_k = \dfrac{1}{n-1} \sum_{i=1}^{n} (x_i - \bar{x})^2$，反映总体 k 阶中心矩的信息。

(6) 样本偏度：$\alpha_3 = \sqrt{n-1} \sum_{i=1}^{n} (x_i - \bar{x})^3 \Big/ \Big(\sum_{i=1}^{n} (x_i - \bar{x})^2 \Big)^{3/2}$，反映总体偏度的信息。

(7) 样本峰度：$\alpha_4 = n - 1 \sum_{i=1}^{n}(x_i - \bar{x})^4 \big/ \big(\sum_{i=1}^{n}(x_i - \bar{x})^2\big)^2 - 3$，反映总体峰度的信息。

4.3 单个参数的检验：t 检验

关于单个总体参数的检验称为 t 检验，例 4.1 和例 4.3 即为典型的 t 检验问题。为讨论单个参数的假设检验问题，考虑如下多元线性回归模型：

$$y = \beta_0 + \beta_1 x_1 + \beta_2 x_2 + \cdots + \beta_k x_k + u \tag{4.4}$$

通过第 3 章的结果，如果模型(4.4)满足适当的假设，则最小二乘估计量 $\hat{\beta}_j$ 是总体参数 β_j 的无偏估计。需要强调的是，β_j 是总体模型的未知特征，现实中无法确切地知道 β_j。假设检验通过对 β_j 的取值形成假设，进而对该假设进行统计推断，形成关于总体参数取值的知识。

根据定理 3.3，在假设 3.1～假设 3.6 下，多元线性回归模型的最小二乘估计量服从正态分布：

$$\hat{\beta}_j \sim N(\beta_j, \mathrm{var}(\hat{\beta}_j)) \tag{4.5}$$

其中，$\mathrm{var}(\hat{\beta}_j) = \dfrac{\sigma^2}{\mathrm{SST}_j (1 - R_j^2)}$，$\sigma^2$ 的无偏估计为 $\hat{\sigma}^2 = \dfrac{\sum \hat{u}_i^2}{n - k - 1}$。

特别地，即使假设 3.6，即误差项服从正态分布的假设不成立，根据中心极限定理，在大样本情况下，式(4.4)中的正态分布假设依然近似成立。为了构造假设检验统计量，对式(4.5)中的正态分布进行标准化。

定理 4.1（标准化估计量的 t 分布）

对于多元线性回归模型(4.4)，在假设 3.1～假设 3.6 下，有

$$\frac{(\hat{\beta}_j - \beta_j)}{\mathrm{se}(\hat{\beta}_j)} \sim t(n - k - 1) \tag{4.6}$$

其中，n 为样本容量；$k + 1$ 为模型(4.4)中未知参数的个数（k 个斜率参数和截距 β_0）。式(4.6)中的分布不依赖于任何未知参数，而式(4.5)中的正态分布依赖于未知参数 β_j，其中，β_j 是总体的未知特征，我们不可能确切地知道 β_j 的值，但是可以对 β_j 的值作出合理的假设，然后通过统计推断来检验我们的假设。式(4.6)是假设检验的基础。在样本较大的情况下，t 分布与标准正态分布高度重合，参见图 4.1。

在多数应用中，如例 4.3，研究问题常常可以转化为如下原假设（null hypothesis）：

$$H_0: \beta_j = 0 \tag{4.7}$$

其中，j 对应于模型(4.4)中 k 个自变量中的任何一个。在零期望假设下，模型(4.4)意味着 $E(y | x_1, \cdots, x_k) = \beta_0 + \beta_1 x_1 + \beta_2 x_2 + \cdots + \beta_k x_k$。因此，$\beta_j$ 描述了模型(4.4)中控制了其他变量之后，x_j 对被解释变量 y 的期望值的影响，而式(4.7)中的原假设意味着在控制其他变量之后 x_j 对 y 的期望值没有影响。

与原假设对应，如果式(4.7)不成立，则通常用如下备择假设：

$$H_1: \beta_j \neq 0 \tag{4.8}$$

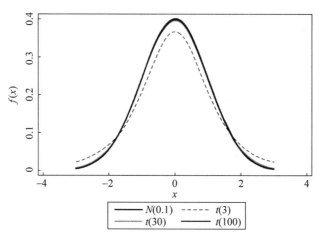

图 4.1　标准正态分布与 t 分布

在原假设 $H_0: \beta_j = 0$ 与备择假设 $H_1: \beta_j \neq 0$ 下进行的假设检验称为双边检验。在大部分应用中，并没有充足的理由支持 β_j 非负或非正，在这种情况下，一般都应该使用双边检验。

假设检验的步骤通常可归纳如下：首先根据研究问题提出一个关于参数取值的原假设，然后根据样本提供的信息，对原假设的真伪作出统计推断，即作出拒绝或不拒绝原假设的决策。假设检验的基本思想是基于小概率事件原理的反证法。小概率事件原理认为，小概率事件在一次实验中几乎是不可能发生的。基于此原理，先假定原假设 $H_0: \beta_j = 0$ 成立，在此假定下构造一个小概率事件，然后，基于样本容量为 n 的随机样本进行上述小概率事件的实验，如果该小概率事件发生了，则与小概率事件原理矛盾，说明"假定原假设 $H_0: \beta_j = 0$ 成立"是错误的，因此拒绝原假设；相反，如果该小概率事件没有发生，则没有理由拒绝原假设，此时作出不拒绝原假设的决策。

根据定理 4.1，当原假设 $H_0: \beta_j = 0$ 成立时，有 $\hat{\beta}_j / \mathrm{se}(\hat{\beta}_j) \sim t(n-k-1)$。基于此特点，原假设 (4.7) 的检验通常基于 t 统计量（t statistic）或 t 比率（t ratio）：

$$t_{\hat{\beta}_j} = \frac{(\hat{\beta}_j - \beta_j)}{\mathrm{se}(\hat{\beta}_j)} \tag{4.9}$$

从式 (4.9) 可以看出，t 统计量 $t_{\hat{\beta}_j}$ 的计算只需要 $\hat{\beta}_j$ 及其标准误差 $\mathrm{se}(\hat{\beta}_j)$，且 $t_{\hat{\beta}_j}$ 服从不依赖于任何未知参数的 t 分布，即 $t_{\hat{\beta}_j} \sim t(n-k-1)$。

根据前述假设检验的基本思想，先基于 $t_{\hat{\beta}_j} \sim t(n-k-1)$ 构造一个小概率事件。图 4.2 中的黑色区域表示，当 H_0 正确时 $t_{\hat{\beta}_j}$ 落入黑色区域的概率为 5%。在 H_0 正确的情况下有 5% 的概率错误地拒绝 H_0，将 $t_{\hat{\beta}_j}$ 落入黑色区域定义为小概率事件。假定 H_0 正确，那么，基于样本容量为 n 的随机样本计算 $t_{\hat{\beta}_j}$，即进行一次实验，如果 $t_{\hat{\beta}_j}$ 落入黑色区域，这意味着小概率事件发生，与小概率事件原理矛盾，因此，"假定 H_0 正确"是错误的，作出拒绝原假设 H_0 的决策，这通常称在 5% 的显著性水平下拒绝原假设；相反，如果 $t_{\hat{\beta}_j}$ 落入非黑色区域，

则不能拒绝原假设 H_0,这通常称在 5%的显著性水平下不能拒绝原假设。

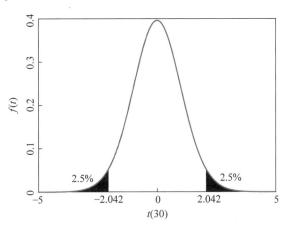

图 4.2 显著性水平为 5%时双边 t 检验的拒绝域

直观地看,如果原假设 $H_0: \beta_j = 0$ 成立,则参数估计 $\hat{\beta}_j$ 应该距离零"比较近";反之,$\hat{\beta}_j$ 应该距离零"比较远"。同时,由于数据的度量单位会影响点估计值 $\hat{\beta}_j$ 的绝对值大小,因此,单纯地看 $\hat{\beta}_j$ 的大小是不够的。式(4.9)中的 $t_{\hat{\beta}_j}$ 可以理解为一个消除了度量单位影响的 $\hat{\beta}_j$ 与零的距离,而距离"远近"的具体标准则由显著性水平决定。在 H_0 正确的情况下,由于估计误差,参数估计值 $\hat{\beta}_j$ 一般都并非正好等于 0。但 $t_{\hat{\beta}_j}$ 服从 t 分布(4.9),如果 $t_{\hat{\beta}_j}$ 为一个"足够大"的值,则是拒绝 H_0 的证据。什么叫足够大?首先,确定一个显著性水平,如选取 5%的显著性水平,在 5%的显著性水平上进行双边检验,用 c 表示 97.5%分位数的数值。"足够大"意味着在自由度为 $n-k-1$ 的 t 分布(4.9)中,满足由式(4.10)表示的拒绝法则:

$$|t_{\hat{\beta}_j}| > |c| \tag{4.10}$$

其中,c 为临界值(critical value)。根据式(4.9),要得到临界值 c,只需要确定显著性水平和自由度即可。如图 4.2 所示,在确定显著性水平和自由度后,双边检验的临界值为使 t 分布两个尾部的概率之和等于显著性水平边界时的值,如自由度为 30 的双边检验的临界值为 -2.042 和 2.042。由于 t 分布是对称分布,在确定显著性水平 α 和自由度后,临界值为使尾部概率等于 $\alpha/2$ 时的边界。随着显著性水平的降低(如 1%),临界值会变大,也就是说,拒绝原假设 H_0 需要更大的 $t_{\hat{\beta}_j}$。当式(4.10)成立时,原假设 $H_0: \beta_j = 0$ 在 5%的显著性水平上被拒绝,或者说样本提供的证据支持备择假设 $H_1: \beta_j \neq 0$。

在假设检验中,可能出现两种类型的错误:第一种错误是原假设为真时我们却拒绝它,犯这种错误的概率用 α 表示,也叫 α 错误或者弃真错误;第二种错误是原假设为假我们却接受它,犯这种错误的概率用 β 表示,也叫 β 错误或者取伪错误。假设检验中的显著性水平即为犯第一类错误的概率。正确决策和犯错误的概率可以归纳为表 4.1。

表 4.1　假设检验中的两类错误

真实情况	没有拒绝 H_0	拒绝 H_0
H_0 为真	$1-\alpha$（正确决策）	α（弃真错误）
H_0 为伪	β（取伪错误）	$1-\beta$（正确决策）

在同等条件下,出现两类错误的概率存在此消彼长的现象,即如果减少 α 错误,就会提高犯 β 错误的概率;相反,如果减少 β 错误,就会提高犯 α 错误的概率。因此,假设检验需要权衡两类错误,哪一类错误造成的后果严重,在假设检验中就把哪类错误作为首要控制目标。我们一般遵循首先控制弃真错误更小的原则,如选择显著性水平为 1%、5% 或 10%。通常,要想使犯两类错误的概率都很小,需要增大样本量。在计量经济学中,检验统计量的性能可以使用检验水平(size)和检验功效(power)来衡量。检验水平是指在给定的显著性水平下原假设正确时统计量拒绝原假设的概率,而检验功效是指当备择假设为真时拒绝原假设的概率。

在有些应用中,根据经济理论或常识可以确定模型中的某个总体参数是非负的,此时可以考虑单边备择假设:

$$H_1: \beta_j > 0 \tag{4.11}$$

相反,如果确定模型中的某个总体参数是非正的,此时可以考虑单边备择假设:

$$H_1: \beta_j < 0 \tag{4.12}$$

与双边检验略有不同,单边检验中的临界值只考虑 t 分布尾部的一侧。当备择假设为式(4.11)、自由度为 30 时,5% 的显著性水平下单边检验的临界值为 1.697;当备择假设为式(4.12)、自由度为 30 时,5% 的显著性水平下单边检验的临界值为 -1.697(图 4.3)。

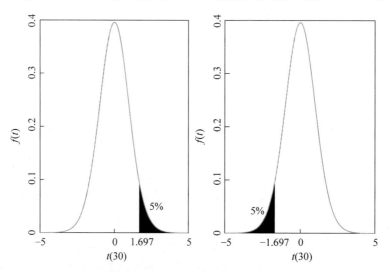

图 4.3　显著性水平为 5% 时单边 t 检验的拒绝域

与双边检验一样,如果 $t_{\hat{\beta}_j}$ 落入黑色区域,这意味着小概率事件发生,与小概率事件原理矛盾,因此,"假定 H_0 正确"是错误的,作出拒绝原假设 H_0 的决策,这通常称在 5% 的显著性水平下拒绝原假设;相反,如果 $t_{\hat{\beta}_j}$ 落入非黑色区域,则不能拒绝原假设 H_0,这通常称在 5% 的显著性水平下不能拒绝原假设。

当备择假设为式(4.11)时,临界值 c 来自 t 分布的右侧,拒绝法则可以表示为

$$t_{\hat{\beta}_j} > c \tag{4.13}$$

当备择假设为式(4.12)时,临界值 c 来自 t 分布的左侧,拒绝法则可以表示为

$$t_{\hat{\beta}_j} < -c \tag{4.14}$$

为了便于理解,我们总是假定 c 为正值,这样,临界值 $-c$ 就是一个负数。根据式(4.13)和式(4.14)给出的拒绝法则,我们就可以判断是否在单边检验中拒绝原假设。值得指出的是,单边检验的备择检验 $H_1:\beta_j>0$ 也可以理解为对应于原假设 $H_0:\beta_j\leqslant 0$;相应地,单边检验的备择检验 $H_1:\beta_j<0$ 也可以理解为对应于原假设 $H_0:\beta_j\geqslant 0$。在上述理解下,单边检验依然使用 $t_{\hat{\beta}_j}$ 统计量且拒绝法则不变。

虽然检验模型中假设某个总体参数是否等于零非常常见,但在有些应用中,经济理论会指出模型中某个参数等于非零常数,如例 4.1 等。更一般地,考虑检验模型中某个未知参数是否等于某个给定的非零常数,原假设为

$$H_0:\beta_j = a_j \tag{4.15}$$

其中,a_j 为设定的某个特定数值。以双边检验为例,备择假设为

$$H_1:\beta_j \neq a_j \tag{4.16}$$

为了检验线性回归模型 $y=\beta_0+\beta_1 x_1+\beta_2 x_2+\cdots+\beta_k x_k+u$ 中的某个参数是否满足如上原假设,建立如下统计量:

$$t = \frac{(\hat{\beta}_j - a_j)}{\mathrm{se}(\hat{\beta}_j)} \sim t(n-k-1) \tag{4.17}$$

与 t 统计量(4.9)相似,统计量(4.17)衡量了参数估计 $\hat{\beta}_j$ 与 a_j 的相对距离,即 $\hat{\beta}_j$ 相对于 a_j 偏离了多少个参数估计的标准误。如果原假设 $H_0:\beta_j=a_j$ 为真,则参数估计 $\hat{\beta}_j$ 与 a_j 的相对距离"很近"。注意到,式(4.17)右边仍然是不依赖于任何未知参数的 t 分布。因此,确定一个显著性水平,如在 5% 的显著性水平上进行双边检验,在自由度为 $n-k-1$ 的 t 分布中,处于百分位第 97.5 位的数值,用 c 表示,即为临界值。当式(4.17)中的 t 统计量满足 $|t|>|c|$ 时,拒绝原假设 $H_0:\beta_j=a_j$。

下面以数据集 case4-1 为例,数据取自笔者科研数据。名义利率选取一年期贷款利率的月度数据,通货膨胀选择月消费者价格指数(CPI)的变化率,样本区间选取 1991 年 1 月至 2016 年 12 月。基于上述名义利率(ir)与通货膨胀率(inflation)的数据,检验模型(4.1)中原假设 $H_0:\beta_1=1$ 是否成立。首先,打开数据集 case4-1.dta,并使用普通标准误对模型(4.1)进行最小二乘估计。

从图 4.4 所示的 Stata 估计的结果可知,$R^2=0.574$,表示通货膨胀率能解释利率样本变异中的 57.4%。参数 β_1 的估计 $\hat{\beta}_1=0.260$,$\hat{\beta}_1$ 的标准误 $\mathrm{se}(\hat{\beta}_1)=0.012$,但图 4.4 中的 t 值 20.873 对应原假设 $H_0:\beta_1=0$。要检验原假设 $H_0:\beta_1=1$,t 统计量的值为 $t=\frac{0.260-1}{0.012}\approx -61.667$。由图 4.4 可知,样本容量为 325,使用 Stata 命令 disp invttail(323,

0.025)可查得,自由度为 323 的 t 分布 5%的双边检验的临界值为 1.967,而 $t=\dfrac{0.260-1}{0.012}\approx$ $-61.667\ll-1.967$。因此,在 5%的显著性水平下可以拒绝原假设 $H_0:\beta_1=1$。

```
. use case4-1.dta,clear

. reg ir inflation
```

Source	SS	df	MS		
Model	764.01019	1	764.01019	Number of obs =	325
Residual	566.430026	323	1.75365333	F(1, 323) =	435.67
				Prob > F =	0.0000
				R-squared =	0.5743
				Adj R-squared =	0.5729
Total	1330.44022	324	4.10629696	Root MSE =	1.3243

ir	Coef.	Std. Err.	t	P>|t|	[95% Conf. Interval]
inflation	.2599814	.0124556	20.873	0.000	.2354771 .2844858
_cons	5.887143	.0904349	65.098	0.000	5.709227 6.065059

图 4.4　利率对通货膨胀率的回归结果

从上例可知,在实际应用中,假设检验可以按以下步骤:首先,根据实际问题陈述原假设和备择假设;然后,确定一个显著性水平并查看该显著性水平和 t 分布自由度下的临界值;最后,基于样本估计模型比较 t 统计量与临界值的大小,作出拒绝或不拒绝原假设的决策。如上例中 $t=\dfrac{0.260-1}{0.012}\approx-61.667\ll-1.967$,在 5%的显著性水平下可以拒绝原假设。假定在另一个样本下计算出 t 统计量的值为 -2,由于 $-2<-1.967$,因此,得到相同的结论,即在 5%的显著性水平下可以拒绝原假设。然而,很显然上述两种情况下,拒绝原假设的证据的强烈程度不同,但上述检验方法不能体现出这种差异。p 值可以弥补上述缺点。

假设检验的基本思想是基于小概率事件原理的反证法,即如果一次实验中得到几乎不可能发生的小概率事件,则拒绝原假设。因此,如果原假设为真,观察到样本的概率到底有多大,这可以用 p 值来衡量。严格来说,p 值是指当原假设为真时样本观察结果或更极端结果出现的概率,用数学语言可定义为

$$p=P(\mid T\mid>\mid t_j\mid) \tag{4.18}$$

其中,$T\sim t(n-k-1)$。直观来看,式(4.18)表示,p 值是以计算出的 t 统计量 t_j 为边界的尾部概率,参见图 4.5。

如果 p 值为 0.05,那么,正好可以在 5%的显著性水平下拒绝原假设,但不能在 4.9%的显著性水平下拒绝原假设。因此,p 值可理解为,能使原假设被拒绝的最小显著性水平。显然,作为概率值,p 值在 0 和 1 之间。如果 p 值为 0.2,则表示,如果重复抽样 1 000 次,计算得到的 t 值或更极端的 t 值出现的次数约为 200 次,因此,拒绝原假设的证据很弱。显然,p 值越小,则越倾向于拒绝原假设。如 p 值为 0.015,则可以在 5%的显著性水平下拒绝原假设,但不能在 1%的显著性水平下拒绝原假设。总体而言,使用 p 值进行检验比临界值信息量更大。使用 Stata 命令查看双边 t 检验 p 值的方法为:disp ttail(df,t-value) * 2,如上例中自由度为 323,t 统计量的绝对值为 83.073,则输入 Stata 命令 disp ttail(323, 83.073) * 2 可查看 p 值。

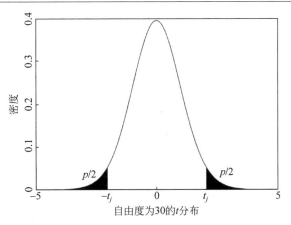

图 4.5 双边 t 检验的 p 值

4.4 参数的置信区间

在多元线性回归模型满足假设 3.1~假设 3.6 的条件下,可以构造一个总体参数 β_j 的置信区间,置信区间也常常称为区间估计。有时,置信区间也被不严格地解释为参数可能取值的一个区间。相应地,最小二乘估计可称为点估计。置信区间的最小值称为置信下限,区间的最大值称为置信上限。假设置信水平(confidence level)为 $1-\alpha$(通常 α 选取 1%、5% 或 10%),即要找到置信区间,使该区间覆盖真实参数的概率为 $1-\alpha$。

在多元线性回归模型满足假设 3.1~假设 3.6 条件下,构造总体参数 β_j 的置信区间的思路如下:由式(4.17)知:$(\hat{\beta}_j - \beta_j)/\text{se}(\hat{\beta}_j)$ 服从自由度为 $n-k-1$ 的 t 分布,故 t 统计量落入非拒绝域的概率为

$$P\left[-c_{\alpha/2} < \frac{(\hat{\beta}_j - \beta_j)}{\text{se}(\hat{\beta}_j)} < c_{\alpha/2}\right] = 1 - \alpha \tag{4.19}$$

其中,$c_{\alpha/2}$ 为显著性水平为 α 的临界值。将式(4.19)变形可得

$$P[\hat{\beta}_j - c_{\alpha/2}\text{se}(\hat{\beta}_j) < \beta_j < \hat{\beta}_j + c_{\alpha/2}\text{se}(\hat{\beta}_j)] = 1 - \alpha \tag{4.20}$$

由式(4.20)可知,置信区间的置信下限为 $\hat{\beta}_j - c_{\alpha/2}\text{se}(\hat{\beta}_j)$,置信上限为 $\hat{\beta}_j + c_{\alpha/2}\text{se}(\hat{\beta}_j)$。设 $\alpha = 5\%$,则得到置信度为 95% 的置信区间为 $[\hat{\beta}_j - c \cdot \text{se}(\hat{\beta}_j), \hat{\beta}_j + c \cdot \text{se}(\hat{\beta}_j)]$。其中,常数 c 是自由度为 $n-k-1$ 的 t 分布的 97.5 分位数。如果随机抽样 1 000 次,构造 1 000 个置信度为 95% 的置信区间,则大约为 950 个置信区间包含参数真实值。

双边假设检验也可以通过置信区间进行。设原假设为 $H_0: \beta_j = \alpha_j$,如果 β_j 不在置信水平为 95% 的置信区间内,则可以在 5% 的显著性水平拒绝原假设。特别地,如果 95% 的置信区间不包含零,则可以拒绝原假设 $H_0: \beta_j = 0$;相反,如果 95% 的置信区间包含零,则不能拒绝原假设 $H_0: \beta_j = 0$。

4.5 对多个线性约束的假设检验:F 检验

前面讨论的 t 检验只涉及某一个模型参数的假定。但有时,待检验的原假设是对多个

参数的假定，如例 4.2 中，弱式有效市场假说意味着待检验假定为 $\beta_1 = \cdots = \beta_k = 0$。更一般地，考虑如下原假设：

$$H_0: \beta_{k-q+1} = 0, \cdots, \beta_k = 0 \quad (4.21)$$

记多元线性回归模型为

$$y = \beta_0 + \beta_1 x_1 + \beta_2 x_2 + \cdots + \beta_k x_k + u \quad (4.22)$$

对模型(4.22)施加约束条件(4.21)，得到受约束的模型：

$$y = \beta_0 + \beta_1 x_1 + \beta_2 x_2 + \cdots + \beta_{k-q} x_{k-q} + u \quad (4.23)$$

假定原假设(4.21)是正确的，则受约束的模型(4.23)与原模型(4.22)两个模型的估计结果应该"很接近"；相反，如果原假设(4.21)不正确，则受约束的模型(4.23)与原模型(4.22)两个模型的估计结果应该"差别较大"。因此，可以通过比较受约束的模型(4.23)与原模型(4.22)的差异来检验原假设(4.21)。如果差异"足够大"，则有充足的理由拒绝原假设。与 t 检验一样，定义什么叫足够大：首先，需要构建一个分布不依赖于未知参数的统计量；然后，确定一个显著性水平，结合显著性水平与统计量的分布，找到临界值，比较统计量的值与临界值的大小，最终，作出是否拒绝原假设的决策。为此，基于残差平方和构建统计量检验原假设(4.21)。

假设 SSR_r 为受约束的模型(4.23)的残差平方和，SSR_{ur} 为原模型(4.22)的残差平方和。定义 F 统计量：

$$F = \frac{(\text{SSR}_r - \text{SSR}_{ur})/q}{\text{SSR}_{ur}/(n-k-1)} \sim F(q, n-k-1) \quad (4.24)$$

其中，q 为分子自由度，等于受约束模型自由度和不受约束模型自由度之差。F 统计量(4.24)服从自由度为 q 和 $n-k-1$ 的 F 分布。

从 F 统计量的定义来看，该统计量的值是非负的。F 统计量可以理解为经过标准化的两个残差平方和的"距离"。当原假设(4.21)为真时，F 统计量的值应该较小。因此，只有 F 充分大，是拒绝原假设 H_0 的证据，即 F 检验是单边检验。F 分布的拒绝法则可表示为

$$F > c \quad (4.25)$$

其中，c 为临界值，即当 $F>c$ 时，就在给定的显著性水平上拒绝原假设 H_0。

在 F 检验中，p 值定义为

$$p = p(\xi > F) \quad (4.26)$$

其中，ξ 为服从 $F(q, n-k-1)$ 分布的随机变量；F 为检验统计量的值。F 检验的 p 值与 t 检验的 p 值具有相同的解释：给定原假设是正确的，观察到的 F 值至少和所得到的 F 值有一样大的概率。因此，小的 p 值是拒绝 H_0 的证据。

一个特殊的 F 检验是回归模型的整体显著性。对多元线性回归模型(4.22)，其整体显著性检验的原假设表示为

$$H_0: \beta_1 = \beta_2 = \cdots = \beta_k = 0 \quad (4.27)$$

显然，原假设(4.27)可视为原假设(4.21)在 $q=k$ 时的特例，其对应的备择假设为至少有一个 β_j 不为 0。在原假设成立的情况下，对于原模型(4.22)施加约束(4.27)，得到受约束的模型：

$$y = \beta_0 + u \quad (4.28)$$

在模型(4.28)中，所有的解释变量都已经从模型中去除，即除常数项外没有任何其他解

释变量，因此，可以理解为模型(4.28)中 y 的样本变异没有得到解释。在原假设(4.27)正确的情况下，模型(4.22)与受约束的模型(4.27)的解释能力接近，为检验原假设，可基于 R^2 构建如下 F 统计量：

$$F = \frac{R^2/k}{(1-R^2)/(n-k-1)} \tag{4.29}$$

其中，R^2 为 y 对 $x_1, x_2, \cdots, x_k$ 回归的 R^2。如果不能拒绝原假设(4.27)，则表示解释变量 $x_1, x_2, \cdots, x_k$ 中的任何一个都对 y 没有解释能力。

下面以数据集 case4-2 为例，基于我国上证指数 1990—2011 年的日度数据估计例 4.2 中的弱式有效市场假说。为简单起见，将实证模型设定为 $r_t = \beta_0 + \beta_1 r_{t-1} + \beta_2 r_{t-2} + \beta_3 r_{t-3} + u_t$，即以前 3 日的收益率来预测当期的股市收益率，检验原假设 $H_0: \beta_1 = \beta_2 = \beta_3 = 0$。首先，打开数据集 case4-2.dta，并使用普通标准误对模型进行最小二乘估计。

从图 4.6 所示的 Stata 估计的结果可知，$R^2 = 0.0038$，检验原假设 $H_0: \beta_1 = \beta_2 = \beta_3 = 0$ 的 F 统计量的值为 $F(3,4986) = 6.410$，其 p 值为 0.0003。因此，在 1% 的显著性水平下，拒绝原假设，这是不支持弱式有效市场假说的证据。

```
. use case4-2.dta, clear

. reg rt rt1 rt2 rt3

      Source |       SS           df       MS      Number of obs   =      4,990
-------------+----------------------------------   F(3, 4986)      =       6.41
       Model |  .012653783         3   .004217928  Prob > F        =     0.0003
    Residual |  3.28294403     4,986   .000658432  R-squared       =     0.0038
-------------+----------------------------------   Adj R-squared   =     0.0032
       Total |  3.29559781     4,989   .000660573  Root MSE        =      .02566

------------------------------------------------------------------------------
          rt |      Coef.   Std. Err.      t    P>|t|     [95% Conf. Interval]
-------------+----------------------------------------------------------------
         rt1 |   .0375675   .0141548     2.654   0.008     .0098179    .0653171
         rt2 |   .0412408   .0141489     2.915   0.004     .0135027    .0689789
         rt3 |    .021293   .0141471     1.505   0.132    -.0064415    .0490276
       _cons |   .0005314   .0003635     1.462   0.144    -.0001812    .0012441
------------------------------------------------------------------------------
```

图 4.6　数据集 case4-2.dta 的回归结果

有些情况下待检验的假设更加一般化，如 $H_0: \beta_1 = 1, \beta_2 = 0, \beta_3 = 0$，检验该原假设的方法原理与检验原假设(4.21)一样，即对原模型施加约束 H_0，基于原模型与受约束模型的残差平方和构造形如式(4.24)的 F 统计量，其中，自由度 q 为原假设中约束条件的个数，如原假设 $H_0: \beta_1 = 1, \beta_2 = 0, \beta_3 = 0$ 中，$q = 3$。

此外，如果原假设 $H_0: \beta_{k-q+1} = 0, \cdots, \beta_k = 0$ 中 $q = k - 1$，则原假设退化为单一参数的假定。显然，此时，既可以使用 t 检验，也可以使用 F 检验。可以证明，检验单个变量的 F 统计量等于对应 t 统计量的平方，自由度为 $n-k-1$ 的 t 分布的平方 t_{n-k-1}^2 等于 F 分布 $F(1, n-k-1)$，所以在双边备择假设下，这两种方法得到完全一样的结果。但是 t 统计量可以用来检验单侧备择假设，所以它对于检验单个参数的假设更灵活。

4.6 检验统计量的性能：基于 Stata 的蒙特卡洛模拟

本节基于 Stata 进行蒙特卡洛模拟，通过计算 t 检验的检验水平和检验功效评估检验的性能，进而更深入地理解假设检验的原理。

检验水平模拟的具体做法如下：总体模型为 $y=\beta_0+\beta_1 x+u$，设定 $\beta_0=1, \beta_1=0, x$ 和 u 相互独立且都服从标准正态分布，在此设定下从总体模型中随机抽取 100 个样本 $\{x_i, y_i, i=1,2,\cdots,100\}$，估计模型并计算 $t=\hat{\beta}_1/\text{se}(\hat{\beta}_1)$，在 5% 的显著性水平下将上述 t 统计量的值与临界值对比，决定是否拒绝原假设 $H_0: \beta_1=0$，将上述检验过程重复 1 000 次，则根据假设检验的性质，原假设被拒绝的次数在 50 次左右，即拒绝的频率在 5% 左右，说明检验统计量能准确地控制第一类错误，检验水平较高。如果拒绝的频率远远高于 5%，则表示检验存在"虚假拒绝"问题，说明检验统计量的性质不好。实现上述模拟的 Stata 程序如下：

```
clear
set seed 12345
capture program drop test /*t-test-size*/
program test, rclass
drop _all
set obs 100
g u = rnormal()
g x = rnormal()
g y = 1 + 0*x + u
reg y x
end
simulate _b _se, reps(1000):test
sum
g t = _b_x/_se_x
g rej = (t > invttail(_N-2,0.025) | t < -invttail(_N-2,0.025))
sum rej if rej == 1
sum rej
*rejection frequency
dis r(mean)
```

上述基于 Stata 的蒙特卡洛模拟的结果如图 4.7 所示。

```
. sum rej if rej==1

    Variable |       Obs        Mean    Std. Dev.       Min        Max
-------------+--------------------------------------------------------
         rej |        51           1           0          1          1

. sum rej

    Variable |       Obs        Mean    Std. Dev.       Min        Max
-------------+--------------------------------------------------------
         rej |     1,000        .051    .2201078          0          1

. *rejection frequency
. dis r(mean)
.051
```

图 4.7　基于 Stata 的蒙特卡洛模拟的结果(1)

从模拟结果可以看出,重复 1 000 次,原假设 $H_0: \beta_1 = 0$ 被拒绝 51 次,拒绝频率为 5.1%,这与假设检验理论高度吻合。

检验功效模拟的具体做法如下:总体模型为 $y = \beta_0 + \beta_1 x + u$,设定 $\beta_0 = 1, \beta_1 = 1, x$ 和 u 相互独立且都服从标准正态分布,在此设定下 $H_0: \beta_1 = 0$ 是错误的,从总体模型中随机抽取 100 个样本 $\{x_i, y_i, i = 1, 2, \cdots, 100\}$,估计模型并计算 $t = \hat{\beta}_1 / \text{se}(\hat{\beta}_1)$,在 5% 的显著性水平下将上述 t 统计量的值与临界值对比,决定是否拒绝原假设 $H_0: \beta_1 = 0$,将上述检验过程重复 1 000 次,则根据假设检验的性质,原假设被拒绝的次数越接近 1 000 次,即拒绝的频率越接近 1,说明检验统计量能正确地拒绝错误的原假设,检验的功效越高。实现上述模拟的 Stata 程序如下:

```
clear
set seed 12345
capture program drop test /*t-test-power*/
program test, rclass
drop _all
set obs 100
g u = rnormal()
g x = rnormal()
g y = 1 + 1*x + u
reg y x
end
simulate _b _se, reps(1000):test
sum
g t = _b_x/_se_x
g rej = (t > invttail(_N-2,0.025) | t < -invttail(_N-2,0.025))
sum rej if rej == 1
sum rej
*rejection frequency
dis r(mean)
```

上述基于 Stata 的蒙特卡洛模拟的结果如图 4.8 所示。

```
. sum rej if rej==1

    Variable |        Obs        Mean    Std. Dev.       Min        Max
-------------+--------------------------------------------------------
         rej |      1,000           1           0          1          1

. sum rej

    Variable |        Obs        Mean    Std. Dev.       Min        Max
-------------+--------------------------------------------------------
         rej |      1,000           1           0          1          1

. *rejection frequency
. dis r(mean)
1
```

图 4.8 基于 Stata 的蒙特卡洛模拟的结果(2)

从模拟结果可以看出,重复 1 000 次,原假设 $H_0: \beta_1 = 0$ 被拒绝 1 000 次,拒绝频率为 100%,这与假设检验理论高度吻合,说明在上述设定下 t 检验的功效非常好。

上述模拟说明，在模型满足经典假设 3.1～假设 3.6 的情况下，使用 t 统计量进行假设检验具有十分优良的效果。

本 章 习 题

一、概念题

1. 简述假设检验的步骤。
2. 满足什么条件时，OLS 估计的结果是最优线性无偏估计？
3. 简述小概率事件的思想。
4. 解释模型 $y = \beta_0 + \beta_1 x_1 + \beta_2 x_2 + u$ 中 β_1 和 β_2 的含义。
5. 简述假设检验与区间估计的区别。
6. 什么是假设检验？
7. 什么是显著性水平？

二、应用题

1. 为研究名义利率(ir)与通货膨胀率(inflation)之间的关系，选取 1991 年 1 月至 2016 年 12 月的数据。其中，名义利率选取一年期贷款利率的月度数据，通货膨胀选择月消费者价格指数(CPI)的变化率。在 Stata 中完成操作并分析结果，数据集 case4-1。

根据 Stata 输出结果，回答如下问题并说明理由：

(1) 写出上述 Stata 输出结果对应的线性回归模型。

(2) 要检验"inflation 对 ir 没有影响"，原假设和备择假设分别是什么？在该例中能拒绝原假设吗？

(3) 解释此回归结果的意义。

2. $y = \beta_0 + \beta_1 x + u$ 的最小二乘估计 $y = \hat{\beta}_0 + \hat{\beta}_1 x + \hat{u}$ 中，$\hat{\beta}_1$ 解释为：x 变化一个单位，y 变化 $\hat{\beta}_1$ 个单位。设计模型考察教育的回报率（多接受一年教育，收入增加的百分比），指出模型中哪一个参数表示教育回报率。

3. 为研究弱式有效市场假说，基于我国上证指数 1990 年到 2011 年的日度数据，采取已有简单实证模型：$r_t = \beta_0 + \beta_1 r_{t-1} + \beta_2 r_{t-2} + \beta_3 r_{t-3} + u_t$。其中，$r_{t-1}$、$r_{t-2}$、$r_{t-3}$ 为前 3 日的收益率。在 Stata 中完成操作并分析结果，数据集 case4-2。

根据 Stata 输出结果，回答如下问题并说明理由：

(1) 写出上述 Stata 输出结果对应的线性回归模型。

(2) 要检验"前 1 日的收益率对当日没有影响"，原假设和备择假设分别是什么？在该例中能拒绝原假设吗？

(3) 要检验所有解释变量的联合显著性，原假设是什么？在该例中能拒绝原假设吗？

(4) 从回归结果看，是否前 3 日的收益率都是影响当日收益的重要因素？这些因素的解释能力怎么样？

违背经典假设的后果与处理

第3、4章介绍了多元线性回归模型的估计和检验等理论方法。在模型满足特定假设的条件下,用最小二乘法估计参数是最优线性无偏估计,t 检验、F 检验等检验关于模型参数的假定具有优良的性能。然而,在实际应用中,上述模型假设常常难以全部满足。当一个假设条件或多个假设条件不能成立时,最小二乘估计量将不再具有上述特征,检验统计量也不再具有优良的性能。

本章将讨论假设条件不成立对参数估计和假设检验的影响,即违背经典假设的后果,以及相应的处理方法。

5.1 线性回归模型的基本假设

为讨论违背基本假设的后果与处理方法,首先回顾多元线性回归模型的最小二乘估计和假设检验所依赖的基本假设。

假设 5.1 模型对参数是线性的,即在总体模型(或称真实模型)中,被解释变量与解释变量的关系可表示为如下形式:
$$y = \beta_0 + \beta_1 x_1 + \beta_2 x_2 + \cdots + \beta_k x_k + u \tag{5.1}$$
其中,$\beta_1, \beta_2, \cdots, \beta_k$ 为未知参数,u 为不可观测的随机误差项或随机干扰项。

假设 5.2 样本为随机抽样,即假设样本 $\{(x_{1i}, x_{2i}, \cdots, x_{ki}; y_i): i=1,\cdots,n\}$ 为来自总体模型(5.1)的一个随机抽样。

假设 5.3 不存在完全共线性,即在样本中,没有一个解释变量是常数,解释变量之间也不存在严格的线性关系,或者一个解释变量不能表示为其他解释变量的线性组合。

假设 5.4 零条件期望,即在给定解释变量的条件下,误差项的条件期望为零:
$$E(u \mid x_{1i}, x_{2i}, \cdots, x_{ki}) = 0 \tag{5.2}$$
当假设 5.3、假设 5.4 成立时,通常称所有解释变量均为外生的;否则,称解释变量为内生的,此时模型参数的最小二乘估计量是有偏的。

假设 5.5 独立同方差性,即误差项 u 的不同观测相互独立且满足条件同方差:
$$\mathrm{var}(u \mid x_1, x_2, \cdots, x_k) = \sigma^2 \tag{5.3}$$

假设 5.6 正态分布假设,即误差项 u 独立于解释变量 $x_1, x_2, \cdots, x_k$ 且服从均值为零、方差为 σ^2 的正态分布,$u \sim N(0, \sigma^2)$。

上述假设能够保证 OLS 估计量具有良好的性质,当多元线性回归模型(5.1)满足假设 5.1~假设 5.4 时,OLS 估计量是**无偏的**;当满足假设 5.1~假设 5.5 时,OLS 估计量是最优线性无偏估计；当满足假设 5.1~假设 5.6 时，OLS 估计量服从正态分布。相反，如果一个假设条件或多个假设条件不能成立，第 2、3 章介绍的参数估计和假设检验的性质可能受到影响。下面将逐一讨论违背每个假设的后果与补救方法。

5.2 违背假设 5.1 的情况

假设 5.1 要求回归模型对参数是线性的，然而，实际问题中经济变量之间常常是非线性回归关系。非线性回归模型可以分为两类：第一类是可转换为线性模型的情况，第二类是不可转换为线性模型的情况。对于可线性化的非线性模型，通过适当地变换，将其变为线性回归模型，然后利用第 2、3 章介绍的估计和检验方法进行处理即可。对于不可转换为线性模型的情况，通常需要发展新的计量方法，如门槛回归模型就是一种应用广泛的非线性模型。

本节重点介绍第一类情况，即可线性化的非线性模型。对于可以转化的函数通过变量替换、取对数等方式将模型转化为线性模型。下面讨论几种常见的可转换为线性模型的例子。

5.2.1 指数函数

变量之间的关系为如下非线性关系：

$$y = \beta_0 e^{\beta_1 x + u} \tag{5.4}$$

其中，y 为被解释变量；x 为解释变量；β_0 和 β_1 为常数。对式(5.4)两侧同取自然对数，得到

$$\ln(y) = \ln(\beta_0) + \beta_1 x + u \tag{5.5}$$

其中，$\ln(\cdot)$ 表示自然对数运算。令 $y' = \ln(y)$，$\beta_0' = \ln(\beta_0)$，则变换后的模型(5.5)可重写为经典线性回归模型：

$$y' = \beta_0' + \beta_1 x + u \tag{5.6}$$

模型(5.5)通常称为半对数回归模型。需要注意的是，模型(5.5)中的系数 β_1 的解释。由于

$$\Delta \ln y = \ln(y + \Delta y) - \ln y = \ln(1 + \Delta y/y) \approx \Delta y/y$$

因此，在 $\Delta u = 0$ 的情况下，有 $\beta_1 = \dfrac{\Delta \ln y}{\Delta x} \approx \dfrac{\Delta y/y}{\Delta x}$，即系数 β_1 可解释为"保持其他因素不变的情况下，x 变化一个单位，y 变化 $100\beta_1\%$"。比如，参数估计值为 0.12，则解释为 x 变化一个单位，y 变化 12%。这一模型常用于量化研究类似"教育回报率"等重要问题。此外，x 为时间变量 t 时，β_1 可解释为单位时间内的增长率。

5.2.2 幂函数

变量之间的关系为如下非线性关系：

$$y = \beta_0 x^{\beta_1} e^u \tag{5.7}$$

其中，y 为被解释变量；x 为解释变量；β_0 和 β_1 为常数。对式(5.7)两边取自然对数，得到

$$\ln(y) = \ln(\beta_0) + \beta_1 \ln(x) + u \tag{5.8}$$

其中，$\ln(\cdot)$ 表示自然对数运算。令 $y'=\ln(y)$，$\beta_0'=\ln(\beta_0)$，$x'=\ln(x)$，则模型(5.8)可重写为经典线性回归模型：

$$y' = \beta_0' + \beta_1 x' + u \tag{5.9}$$

模型(5.8)常称为双对数模型，在模型(5.8)中，系数 β_1 的解释为弹性，即"保持其他因素不变的情况下，x 变化 1%，y 变化 β_1%"。

一个典型的例子是，柯布-道格拉斯生产函数在形式上属于幂函数：

$$Q = AL^{\beta_1} K^{\beta_2} e^u \tag{5.10}$$

其中，Q 为产量；A 为技术水平；L 为劳动投入；K 为资本投入；β_1、β_2 分别为劳动和资本的产出弹性系数；u 为随机因素的影响。对式(5.10)进行对数变换，得到

$$\ln(Q) = \ln(A) + \beta_1 \ln(L) + \beta_2 \ln(K) + u \tag{5.11}$$

再进行变量替换，令 $y=\ln(Q)$，$\beta_0=\ln(A)$，$x_1=\ln(L)$，$x_2=\ln(K)$，得到线性形式的经典多元线性回归模型(5.12)：

$$y = \beta_0 + \beta_1 x_1 + \beta_2 x_2 + u \tag{5.12}$$

根据经济增长理论，在上述模型中，斜率参数之和 $\beta_1+\beta_2$ 与 1 的关系度量了不同的规模报酬。具体而言，$\beta_1+\beta_2=1$，表示规模报酬不变；$\beta_1+\beta_2<1$，表示规模报酬递减；$\beta_1+\beta_2>1$，表示规模报酬递增。

例 5.1 利用数据集 case5-1.dta，基于我国 1978 年至 2014 年的宏观经济数据估计柯布-道格拉斯生产函数，考察我国经济的规模报酬情况。使用 Stata 估计模型，并使用 test 命令检验原假设 $\beta_1+\beta_2=1$，得到图 5.1 所示结果。

```
. use case5-1.dta,clear

. reg lny lnk lnl
```

Source	SS	df	MS		
Model	11.3122932	2	5.6561466	Number of obs =	37
Residual	.494687327	34	.014549627	F(2, 34) =	388.75
				Prob > F =	0.0000
				R-squared =	0.9581
				Adj R-squared =	0.9556
Total	11.8069805	36	.327971681	Root MSE =	.12062

lny	Coef.	Std. Err.	t	P>|t|	[95% Conf. Interval]
lnk	.945568	.0513098	18.429	0.000	.841294 1.049842
lnl	.3605036	.087847	4.104	0.000	.1819771 .5390301
_cons	-2.306459	.6971214	-3.309	0.002	-3.72318 -.8897375

```
. test lnk+lnl=1

 ( 1)  lnk + lnl = 1

       F(  1,    34) =    5.23
            Prob > F =    0.0286
```

图 5.1 数据集 case5-1.dta 的回归结果

从图 5.1 所示 Stata 估计的结果可以看到，$\hat{\beta}_1+\hat{\beta}_2=0.946+0.361=1.307>1$，这说明

我国经济存在规模报酬递增。从检验的结果可以看出，F 统计量的值为 5.230，p 值为 0.029，说明在 5% 的显著性水平下可以拒绝 $\beta_1+\beta_2=1$ 的原假设。因此，上述结果支持我国存在规模经济。

5.3 违背假设 5.2 的情况

样本的随机性是计量经济学参数估计的重要基础。直观地看，随机样本能更好地代表总体的特征，而非随机样本则不能充分反映总体的特征。然而，在有些情况下，实际应用中的样本是非随机的。常见的非随机样本有两类：一类是被解释变量的取值范围受到限制；另一类是部分数据缺失。非随机样本一般会导致参数估计有偏。第一类非随机样本一般需要发展新的计量方法，如采取断尾回归（truncated regression）模型、归并回归（censored regression）模型、赫克曼（Heckman）两阶段模型等；而第二类非随机样本则要视具体情况而定，常见的补救措施包括删除缺失值样本和缺失值插补等。

5.3.1 断尾回归模型

断尾回归模型主要用于部分被解释变量的观测值由于某些原因未被观测到，而只观测到总体的一个子集，即无法得到全部的观测数据的情况。因此，断尾回归是对总体的一部分进行研究。

针对模型：

$$y=\beta_0+\beta_1 x+u, \quad u \mid x \sim N(0,\sigma^2) \tag{5.13}$$

如果只有当 $y \geq c$ 时，才能得到观测值，那么，估计模型 (5.13) 需要得到观测到的样本的概率密度函数。可以推导得到该密度函数为

$$f(y)=\frac{\frac{1}{\sigma}\phi((y-\beta_0-\beta_1 x)/\sigma)}{1-\Phi((c-\beta_0-\beta_1 x)/\sigma)} \tag{5.14}$$

其中，$\phi(\cdot)$ 为标准正态分布的概率密度函数；$\Phi(\cdot)$ 为标准正态分布的概率分布函数。基于式 (5.14)，可以使用最大似然估计法得到参数估计。

为什么在断尾数据的情况下，OLS 估计量有偏呢？由于只有当 $y \geq c$ 时，才能得到观测值，而当 $y < c$ 时无法得到观测值，因此，观测值的条件期望为

$$\begin{aligned}
&E(y \mid y>c)\\
&=\int_c^\infty y\phi(y \mid y>c)\mathrm{d}y\\
&=\beta_0+\beta_1 x+\sigma\frac{\phi((c-\beta_0-\beta_1 x)/\sigma)}{1-\Phi((c-\beta_0-\beta_1 x)/\sigma)}
\end{aligned} \tag{5.15}$$

将式 (5.15) 记为

$$E(y \mid y>c)=\beta_0+\beta_1 x+\sigma\lambda(z) \tag{5.16}$$

其中，$z=(c-\beta_0-\beta_1 x)/\sigma$。因此，有

$$\begin{aligned}
\frac{\partial E(y \mid y>c)}{\partial x}&=\beta_1+\sigma\left(\frac{\partial \lambda}{\partial z}\frac{\partial z}{\partial x}\right)=\beta_1+\sigma(\lambda^2-z\lambda)\left(\frac{-\beta_1}{\sigma}\right)\\
&=\beta_1[1-\lambda^2+z\lambda]
\end{aligned} \tag{5.17}$$

从式(5.17)看出,断尾回归中 x 对 y 的偏效应并非 β_1,这与线性回归模型中 OLS 估计的解释不同。式(5.16)意味着,忽略截断特征直接回归等价于遗漏非线性项 $\sigma\lambda[(c-\alpha-\beta x)/\sigma]$,即产生遗漏变量偏差,导致 OLS 估计量有偏。这种偏差来自我们只观测到总体的一个子集,即存在样本选择问题。一个常见的例子是基于上市公司数据的研究,人们常常利用上市公司的数据作为样本研究全部企业的行为,这时很显然存在样本选择问题,因为上市公司只是全部企业的一个子集。但需要注意的是,上述断尾回归的估计依赖于截断分布(5.14),且需要"截断点"的信息。这些条件经常不能满足,此时可使用赫克曼两阶段模型。

5.3.2 归并回归模型

归并回归模型假设原始被解释变量满足模型(5.18):

$$y^* = \beta_0 + \beta_1 x + u, \quad u \mid x \sim N(0, \sigma^2) \tag{5.18}$$

观察到的被解释变量为

$$y = \begin{cases} c, & y^* > c \\ y^*, & y^* \leqslant c \end{cases} \tag{5.19}$$

即实际观测到的被解释变量为 y 而非 y^*。当 $y^* > c$(或者 $y^* \leqslant c$)时,所有的观测值都被归并为 c,即当被解释变量大于等于(或小于等于)某一阈值 c 时,出现归并,观测值被压缩到某一点,这种数据被称为"归并数据",虽然具有全部的观测数据,但是有些观测数据的被解释变量被压缩在一个点上。如在调查人们的收入情况时,可能设计的问卷为:月薪 2 000 元以下、5 000、8 000、11 000 元以上。"2 000 元以下"和"11 000 元以上"无法区分不同个体的收入,因而,造成参数估计的"扭曲"。

解决这一问题的思路是,设法得到 y 的概率密度函数,然后使用最大似然估计法得到参数估计。

由式(5.18)和式(5.19)可知,当 $y^* \leqslant c$ 时,y 服从正态分布;当 $y^* > c$ 时,y 的分布为

$$P(y = c \mid x) = P(y^* \geqslant c \mid x) = P(u \geqslant c - \beta_0 - \beta_1 x \mid x)$$

$$= 1 - \Phi\left(\frac{c - \beta_0 - \beta_1 x}{\sigma}\right) \tag{5.20}$$

其中,$\Phi(\cdot)$ 为标准正态分布的概率分布函数。基于式(5.20)的概率密度函数,可得到模型的对数似然函数,进而得到参数估计。需要注意的是,这一似然估计有一个基本的假设前提,即归并数据中不可观测的部分和可观测的部分服从同一个分布,这里假设为正态分布。如果这一假设不成立,那么可以使用赫克曼两阶段模型。式(5.19)是右端归并,左端归并可以进行相似的分析。在 Stata 中,可使用 tobit 命令估计归并回归模型。需要注意的是,得到的斜率参数估计的解释和 OLS 估计不同,此时 x 对 y 的偏效应为 β_1 的非线性函数,而非 β_1。为了符号简洁,对前述断尾回归和归并回归在一元线性回归模型框架下展开讨论,相同的原理可以很容易地推广到多元线性回归模型框架且主要结果不变。

5.3.3 赫克曼两阶段模型

断尾回归是非随机样本选择的一种特殊情况。更一般的样本选择情况是,被解释变量 y 的断尾与另一变量 z 有关。比如,研究教育对收入的影响,只能观测到参加工作的个体的

教育、收入数据，未参加工作的个体则无法观察到收入数据，通常一个人选择工作或不工作并非随机的，人们会根据潜在的收入水平、自身条件、家庭情况等因素来综合决定是否参加工作。因此，观察到的样本不是随机的，即存在样本选择，由此引起的参数估计偏差称为样本选择偏差。为了校正选择偏差，可使用赫克曼两阶段模型。

赫克曼两阶段模型包括总体模型：

$$y = x\beta + u, \quad E(u \mid x) = 0 \tag{5.21}$$

选择模型：

$$s = \begin{cases} 1, & z\gamma + v \geqslant 0 \\ 0, & z\gamma + v < 0 \end{cases} \tag{5.22}$$

其中，$x\beta = \beta_0 + \beta_1 x_1 + \cdots + \beta_k x_k$，$z\gamma = \gamma_0 + \gamma_1 z_1 + \cdots + \gamma_m z_m$。当 $s=1$ 时，可以观测到样本；当 $s=0$，无法观测到样本。显然，如果有随机样本，那么可以使用 OLS 估计模型(5.21)。选择模型(5.22)意味着，是否观测到样本依赖于变量 z 和 v，其中，v 可解释为观测误差或其他随机因素。在赫克曼两阶段模型中，一般假设 z 是外生的，$E(u \mid x, z) = 0$。通常还假设 x 是 z 的子集，但 z 中至少有一个变量不在 x 中。此外，还假设选择模型中的误差项 v 独立于 x 和 z。由此，可以得到

$$E(y \mid z, v) = x\beta + E(u \mid z, v) = x\beta + E(u \mid v) \tag{5.23}$$

如果 u 和 v 服从联合正态分布，则 $E(u \mid v) = \rho v$，其中，ρ 为参数，因此 $E(y \mid z, v) = x\beta + \rho v$，但由于 v 不能观测，故无法基于此估计参数，除非 $\rho = 0$，此时 OLS 估计是无偏的。基于选择模型(5.22)，有

$$E(y \mid z, s) = x\beta + \rho E(v \mid z, s) \tag{5.24}$$

在正态分布假设下，有

$$E(y \mid z, s=1) = x\beta + \rho \lambda(z\gamma) \tag{5.25}$$

其中，$\lambda(z\gamma) = \dfrac{\phi(z\gamma)}{\Phi(z\gamma)}$ 称为逆米尔斯比率(inverse Mills ratio)，$\phi(\cdot)$ 为标准正态分布的概率密度函数，$\Phi(\cdot)$ 为标准正态分布的概率分布函数。

因此，参数估计可归纳为如下赫克曼两步法：第一步，使用 probit 概率模型 $P(s=1) = \Phi(z\gamma)$ 估计 γ，并计算逆米尔斯比率 $\hat{\lambda} = \lambda(z\hat{\gamma})$；第二步，使用 y 关于 z 和 $\hat{\lambda}$ 的回归估计 β，得到 OLS 估计 $\hat{\beta}$。此外，基于第二步的估计，可以通过检验原假设 $H_0: \rho = 0$ 推断是否存在样本选择问题。在原假设 $H_0: \rho = 0$ 下，不存在样本选择偏差。通过 Stata 中的 heckman 命令可实现赫克曼两步法估计。

5.3.4 部分数据缺失

数据缺失产生的原因有很多，如数据录入时遗漏了部分数据、信息获取不及时、在调查中被调查者故意隐瞒等。如果样本的丢失是随机的，则 OLS 估计依然是无偏的，只是样本有所减少；如果丢失的数据是非随机的，则通常会影响 OLS 估计的无偏性。

常见的数据缺失包括：第一，全随机缺失，指的是数据的缺失是随机的，数据的缺失与已观察到和未观察到的数据无关，不会对结果造成很大影响。第二，随机缺失，指的是数据的缺失不是完全随机的，即该类数据的缺失与已观察到的数据有关，而与未观察到的数据无

关。第三，完全非随机缺失，指的是数据的缺失倾向性地与未观察到的数据有关。例如，问卷调查中缺失的数据可能是被调查者有意回避的问题。

常见的数据缺失的处理方式可以分为删除缺失值样本和缺失值插补两种：第一，删除缺失值样本。其主要采取简单删除法和权重法。简单删除法是直接对存在缺失值的样本进行删除；当缺失值的类型为非完全随机缺失时，可以通过对完整的数据加权来减小偏差。把数据不完全的样本标记后，将完整的数据样本赋予不同的权重，样本的权重可以通过概率模型得到（如 logit 回归和 probit 回归）。如果解释变量中存在对权重估计起决定因素的变量，那么这种方法可以有效减小偏差；如果解释变量和权重并不相关，它一般并不能减小偏差。第二，缺失值插补。缺失值插补常用的方法有均值插补、同类均值插补、极大似然估计以及多重插补。对于定距型缺失值，可以使用该属性存在值的平均值进行插补；对于非定距型缺失值，可以使用该属性存在值的众数进行插补。同类均值插补通常的做法是先对样本进行聚类，再按照均值插补法进行插补。在大样本情况下，可以采用极大似然估计，极大似然的参数估计实际常采用的计算方法是期望值最大化。多重插补的思想来源于贝叶斯估计，认为待插补的值是随机的，它的值来自已观测到的值，具体实践上通常是估计出待插补的值，然后加上不同的噪声，形成多组可选插补值，再以某种选择依据，选取最合适的插补值。

5.4 违背假设 5.3 的情况

如果在多元线性回归模型 $y=\beta_0+\beta_1 x_1+\beta_2 x_2+\cdots+\beta_k x_k+u$ 中，一个解释变量可以用其他解释变量的线性组合表示，则称解释变量之间存在完全共线性。如果一个解释变量可以用其他解释变量的线性组合近似表示，则称解释变量之间存在近似共线性。出现上述问题即违背假设 5.3。完全共线性的最简单的例子是一个变量是另一个变量的常数倍，如将同一个变量在不同的度量单位下的两个变量同时放入模型。

多元线性回归模型中如果存在完全多重共线性，则 OLS 估计公式的分母会出现零，参数的最小二乘估计量是不存在的。当存在近似多重共线性，虽然参数的最小二乘估计量是存在的，而且具有无偏性，但是参数估计量的方差会非常大，产生的后果主要有：第一，参数估计值不精确、不稳定，样本观测值稍有变动、增大或减小解释变量等都可能使参数估计值发生较大变化，甚至出现符号变化，从而不能正确反映解释变量对被解释变量的影响；第二，参数估计量的标准差较大，这使参数的显著性 t 检验增加了不能拒绝原假设的可能，影响检验的准确性。

在实际应用中，通常采用解释变量之间的相关系数、方差膨胀因子等判断是否存在共线性问题。另外，如果在多元线性回归模型中，通过 F 检验发现解释变量联合显著，但解释变量的 t 统计量值很小，一般也说明存在多重共线性问题。

解决多重共线性问题的主要方法包括：第一，增加样本。在样本较少时，发生共线性的可能性会提升。特别地，如果样本容量小于参数个数，则存在完全共线性，此时，此类问题可通过增加样本解决。第二，剔除导致严重多重共线性的变量。多重共线性意味着部分解释变量能被其他解释变量表示，即部分变量中的信息能被其他变量中的信息代替，因此，从模型中略去部分解释变量可以有效消除多重共线性问题。需要注意的是，删除解释变量等价于将其归入误差项，进而可能使零条件期望假设不满足，使参数估计有偏。第三，对变量进行变换,如取对数、进行中心化处理等,这通常可以减弱多重共线性问题。第四,使用岭回归、LASSO(最小绝对值收敛和选择算子)等估计模型,此时得到的参数估计是有偏的,但如果以预测为目的,则这些方法常常具有良好的效果。

5.5 违背假设 5.4 的情况

违背假设 5.4 是实际应用中很常见的问题。回归模型 $y = \beta_0 + \beta_1 x_1 + \beta_2 x_2 + \cdots + \beta_k x_k + u$ 违背零条件期望假设,即 $E(u|x_1, x_2, \cdots, x_k) \neq 0$。此时,存在解释变量与误差项相关,这通常称为内生性问题。与误差项相关的解释变量称为内生变量。导致内生性问题的常见原因包括:被解释变量和解释变量之间存在双向因果关系或联立因果关系;遗漏了重要的解释变量;测量误差。违背假设 5.4 会导致 OLS 估计量有偏。

解决内生性问题的一个重要方法是工具变量法。为了简单、不失一般性,以一元线性回归模型 $y = \beta_0 + \beta_1 x + u$ 为例,设多元线性回归模型中解释变量 x 是内生变量。假定有一个可观测到的变量 z,它满足两个条件。

(1) z 和 u 不相关,即

$$\text{cov}(z, u) = 0 \tag{5.26}$$

(2) z 和 x 相关,即

$$\text{cov}(z, x) \neq 0 \tag{5.27}$$

如果变量 z 满足上述两个条件,称 z 是 x 的工具变量(instrumental variable)。下面来解释式(5.26)和式(5.27)克服内生性问题的原理。由于 z 与 y 的协方差为

$$\text{cov}(z, y) = \beta_1 \text{cov}(z, x) + \text{cov}(z, u) \tag{5.28}$$

在式(5.26)中 $\text{cov}(z, u) = 0$ 与式(5.27)中 $\text{cov}(z, x) \neq 0$ 的假定下,可以解出:

$$\beta_1 = \frac{\text{cov}(z, y)}{\text{cov}(z, x)} \tag{5.29}$$

式(5.29)表明,β_1 是 z 和 y 的总体协方差除以 z 和 x 的总体协方差。给定一个随机样本,并用对应样本协方差来估计总体协方差,得到 β_1 的工具变量估计量:

$$\hat{\beta}_1 = \frac{\sum_{i=1}^{n}(z_i - \bar{z})(y_i - \bar{y})}{\sum_{i=1}^{n}(z_i - \bar{z})(x_i - \bar{x})} \tag{5.30}$$

基于式(5.30),β_0 的工具变量估计量为:$\hat{\beta}_0 = \bar{y} - \hat{\beta}_1 \bar{x}$。可以看出,当 $z = x$ 时,工具变量估计等于 OLS 估计,因此,工具变量估计可以理解为 OLS 估计的一个推广。可以证明:工具变量估计量是无偏估计量。工具变量估计可分解为两阶段普通最小二乘法。

第一阶段,用 OLS 进行 x 关于 z 的回归,得到:$\hat{x} = \hat{\alpha}_0 + \hat{\alpha}_1 z$。

第二阶段,用 OLS 进行 y 关于 $\hat{x}$ 的回归,得到 $\hat{x}$ 的回归系数即为 $\hat{\beta}_1$。

从两阶段最小二乘法可以看出,第一阶段基于工具变量 z 将内生解释变量 x 分解为与工具变量相关的部分以及与工具变量不相关的部分,第二阶段只取与工具变量相关的部分 $\hat{x}$ 进行 y 关于 $\hat{x}$ 的回归,因而消除了内生性问题。

5.6 违背假设 5.5 的情况

在多元线性回归模型 $y=\beta_0+\beta_1 x_1+\beta_2 x_2+\cdots+\beta_k x_k+u$ 中,假设 5.5 要求误差项独立同方差。违背假设 5.5 意味着,误差项相关或存在异方差,即对于 $i\neq j$,有 $\mathrm{cov}(u_i,u_j)\neq 0$,或 $\mathrm{var}(u_i)\neq \mathrm{var}(u_j)$。

违背假设 5.5 不影响 OLS 估计的无偏性,但影响参数估计的效率,第 3 章解释的估计参数、估计方差的方法将不再适用,即影响参数估计的标准误,进而影响 t 检验和 F 检验等假设检验方法。在横截面数据中,异方差比误差项相关更常见,可以使用如下方法检验是否存在异方差。

5.6.1 B-P 检验

由于假定 u 的条件期望为零,所以 $\mathrm{var}(u|x)=E(u^2|x)$,因此同方差性的假设可表示为

$$\mathrm{var}(u\mid x_1,x_2,\cdots,x_k)=E(u^2\mid x_1,x_2,\cdots,x_k)=\sigma^2 \tag{5.31}$$

因此,检验是否违背同方差假定,可以检验 u^2 是否与一个或多个解释变量相关,即考虑模型(5.32):

$$u^2=\delta_0+\delta_1 x_1+\delta_2 x_2+\cdots+\delta_k x_k+v \tag{5.32}$$

式(5.32)中,同方差假设表示为

$$H_0:\delta_1=\delta_2=\cdots=\delta_k=0 \tag{5.33}$$

由于 u^2 不能观测,因此,使用残差平方 $\hat{u}^2$ 代替 u^2,进而估计模型(5.32)。显然,可用 F 统计量来检验原假设(5.33)。

5.6.2 怀特检验

如果误差平方 u^2 与所有解释变量 x_j、解释变量的平方 x_j^2 和交乘项相关,在 B-P (Breusch-Pagan,布罗施-培甘)检验中加入上述高阶项,可能面临共线性、过拟合等问题。因此,怀特(White)提出一种对异方差的改进的检验方法。由于拟合值 $\hat{y}$ 为所有解释变量线性组合,因此,$\hat{y}^2$ 包含了解释变量的二次项和交乘项。异方差的检验可以基于如下回归:

$$\hat{u}^2=\delta_0+\delta_1 \hat{y}+\delta_2 \hat{y}^2+e \tag{5.34}$$

其中,同方差的原假设为 $H_0:\delta_1=\delta_2=0$,可以使用 F 统计量来检验上述原假设。

5.6.3 加权最小二乘估计

虽然异方差不影响 OLS 估计量的无偏性,但会影响参数估计的效率,加权最小二乘 (weighted least squares,WLS)估计可解决此问题。

令 $\boldsymbol{x}$ 表示方程 $y=\beta_0+\beta_1 x_1+\beta_2 x_2+\cdots+\beta_k x_k+u$ 中所有解释变量,并假定

$$\mathrm{var}(u\mid \boldsymbol{x})=\sigma^2 h(\boldsymbol{x}) \tag{5.35}$$

其中,$h(\boldsymbol{x})$ 为解释变量的函数,用以刻画异方差与解释变量之间的依赖关系。由于方差必须为正值,所以对所有可能的解释变量值都有 $h(\boldsymbol{x})>0$。

本节假定函数 $h(x)$ 已知。由于 h 仅是 x 的函数,根据式(5.35)得,$u/\sqrt{h}$ 方差为 σ^2。原模型两边同时除以 $\sqrt{h}$,得到

$$y^* = \beta_0 x_0^* + \beta_1 x_1^* + \cdots + \beta_k x_k^* + u^* \tag{5.36}$$

其中,$y^* = y/\sqrt{h}$,$x^* = x/\sqrt{h}$。可以看到,模型(5.36)满足经典假设,因此,其 OLS 估计量是最优线性无偏估计。

加权最小二乘估计的思想是对误差方差越大的观测赋予越小的权数,OLS 则对每个观测都赋予相同的权数。WLS 估计量最小化如下加权残差平方和:

$$\sum_{i=1}^{n}(y_i - b_0 - b_1 x_{i1} - b_2 x_{i2} - \cdots - b_k x_{ik})^2 / h_i \tag{5.37}$$

将 $1/h_i$ 的平方根放进残差平方的表达式中,则加权后的残差平方和等于变换后变量的残差平方和:

$$\sum_{i=1}^{n}(y_i^* - b_0 x_{i0}^* - b_1 x_{i1}^* - b_2 x_{i2}^* - \cdots - b_k x_{ik}^*)^2 \tag{5.38}$$

实际上,加权最小二乘估计是广义最小二乘(generalized least squares,GLS)估计的特例。广义最小二乘估计能同时解决误差项相关和异方差引起的参数估计效率问题。

记 $u = (u_1, u_2, \cdots, u_n)$,在假设 5.5 成立时,误差项的方差矩阵为

$$\text{var}(u) = \begin{bmatrix} \sigma^2 & 0 & \cdots & 0 \\ 0 & \sigma^2 & \cdots & 0 \\ \cdots & \cdots & \ddots & \cdots \\ 0 & 0 & \cdots & \sigma^2 \end{bmatrix} \equiv \sigma^2 I \tag{5.39}$$

在违背假设 5.5 时,误差项的方差矩阵为

$$\text{var}(u) = \begin{bmatrix} \sigma_1^2 & \sigma_{12} & \cdots & \sigma_{1n} \\ \sigma_{21} & \sigma_2^2 & \cdots & \sigma_{2n} \\ \cdots & \cdots & \ddots & \cdots \\ \sigma_{n1} & \sigma_{n2} & \cdots & \sigma_n^2 \end{bmatrix} \equiv \Omega \tag{5.40}$$

即残差向量为 $\hat{u} = (\hat{u}_1, \hat{u}_2, \cdots, \hat{u}_n)$,广义最小二乘估计最小化如下目标函数:

$$\min_{\beta_0, \beta_1, \cdots, \beta_k} \hat{u}' \Omega^{-1} \hat{u} \tag{5.41}$$

当 $\Omega = \sigma^2 I$ 时,广义最小二乘估计(5.41)等价于最小二乘估计,即 GLS 估计量退化为 OLS 估计量。在实际问题中,由于 Ω 常常是未知的,因此,可使用两步法:第一步,估计 Ω,记为 $\hat{\Omega}$;第二步,$\min_{\beta_0, \beta_1, \cdots, \beta_k} \hat{u}' \hat{\Omega}^{-1} \hat{u}$。实际应用中,可重复上述过程直到参数估计收敛。这称为可行广义最小二乘(feasible generalized least squares,FGLS)估计。

在实际应用中,违背假设 5.5 不影响参数估计的无偏性,但影响假设检验。对于违背假设 5.5 引起的假设检验问题,通常使用稳健标准误来解决。常用的稳健标准误包括异方差稳健标准误和聚类标准误,前者主要调整异方差引起的问题,后者主要调整误差项相关引起的问题。在 Stata 的回归命令 reg 的选择项中,可以通过设定 robust 或 cluster 来实现异方差稳健标准误或聚类标准误的估计。

5.6.4 自助法

自助法(Bootstrap Method)的基本思想是对原始样本进行可重复抽样,得到自助样本,进而基于自助样本估计模型。重复 B 次上述过程,可以得到一系列基于自助样本的参数估计 $\{\hat{\beta}^{(b)}, b=1,2,\cdots,B\}$,利用这些参数估计可以计算统计量的标准误:

$$\text{se}_{bs} = \sqrt{\frac{1}{B-1}\sum_{b=1}^{B}(\hat{\beta}^{(b)} - \bar{\hat{\beta}}^{(b)})^2} \tag{5.42}$$

可以证明,当 $B \to \infty$,上述标准误是一致估计。自助法的主要优点在于无须对统计量的分布特征作出假设,因而更加灵活。大部分 Stata 命令都提供了选择项以实现基于自助法计算的稳健标准误,具体细节可以查看 Stata 的帮助文档。

下面通过 Stata 模拟解释自助法的原理,并对自助标准误与经典回归理论给出的标准误进行对比。其主要步骤如下:首先,设总体模型为 $y = \beta_0 + \beta_1 x + u$,设定 $\beta_0 = 1, \beta_1 = 2, x$ 服从正态分布 $N(3,4)$,u 服从标准正态分布 $N(0,1)$,从总体模型中随机抽取样本 $\{(x_i, y_i), i=1,\cdots,100\}$,以此样本估计模型 $y = \beta_0 + \beta_1 x + u$ 的参数,得到一组估计值 $(\hat{\beta}_0, \hat{\beta}_1)$、拟合值和残差;其次,用独立同分布且服从正态分布的随机数乘以残差,得到自助残差,将自助残差与拟合值相加形成自助因变量 y_i^*;再次,基于自助样本 $\{(x_i, y_i^*), i=1,\cdots,100\}$ 重新估计回归模型,得到自助估计;最后,重复上述过程 B 次,得到 B 个估计,并基于此计算自助标准误。实现上述模拟的 Stata 代码如下:

```
clear
set seed 123456
mat B = J(100,1,0)              /* 定义一个100乘1的矩阵,初值为0 */
set obs 100                     /* = sample size of y and x */
g x = rnormal(3,4)
g u = rnormal()
g y = 1 + 2 * x + u
reg y x
predict y1
predict e, r
forvalues i = 1(1)100{
g yb = y1 + e * rnormal()
reg yb x
mat B['i',1] = _b[x]
drop yb
}
mat list B
svmat B                         /* 将矩阵中的值变成一个变量的观察值 */
* hist B1                       /* 因为svmat创造的变量名只能叫B1 */
su B1
display "SE:"
di r(sd)
reg y x
```

上述模拟使用的自助法是对异方差稳健的,得到的自助标准误为 0.027,而基于经典回归理论得到的标准误为 0.026,两者十分接近。这是因为上述模拟中的模型满足经典回归模型的所有假设,因此,基于第 2、3 章介绍的稳健性计算方法能得到稳健标准误的无偏估计。

5.7 违背假设 5.6 的情况

在第 3、4 章中,为得到 OLS 估计量的分布,增加了假设 5.6,即假设误差项服从正态分布。这使 OLS 估计量服从正态分布的性质不依赖于样本,特别地,即使在小样本情况下也服从正态分布。在小样本情况下,违背假设 5.6 会导致相关假设检验失效;但根据中心极限定理,当样本量足够大时,假设 5.6 的违背不影响 OLS 估计量的性质及其假设检验的性质。

5.8 异常值问题

异常值可定义为明显偏离其他样本点的数据观测点。线性回归分析对异常值比较敏感,极端情况下,一个异常观测数据点就能极大地改变最小二乘估计的结果,参见图 5.2。违背经典假设是异常值的重要成因之一,如遗漏变量、存在异方差等。除此之外,造成异常值的原因还包括数据录入错误、数据测量错误等。

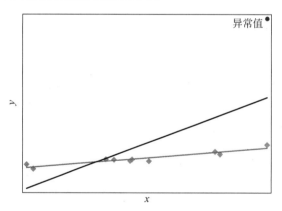

图 5.2 异常值对线性回归模型 OLS 估计的影响

本节介绍一种常见的处理异常值问题的方法,即缩尾处理。将异常值压缩到某一个分位点上,如将超过 5% 分位数的值都压缩为 5% 分位数,这称为 5% 缩尾处理。以数据集 case5-2 为例,该数据集是来自总体模型 $y=1+2x+u$ 的随机抽样,但是存在一个录入错误导致的异常值。对比忽略异常值直接进行 OLS 估计和对数据进行 2.5% 缩尾处理后的回归结果。在 Stata 中,可以使用 winsor 命令来实现缩尾,如对变量 x 的 2.5% 缩尾处理命令为 winsor x,gen(xw) p(0.025),缩尾处理后的数据存为新变量 xw。表 5.1 是上述估计结果。

表 5.1 异常值与缩尾

变量	含异常值的回归	缩尾处理后的回归
x	2.388*** (0.527)	

续表

变量	含异常值的回归	缩尾处理后的回归
xw		2.070***
		(0.113)
_cons	1.426**	0.984***
	(0.512)	(0.107)
N	100	100
R^2	0.173	0.774
Adj_R^2	0.165	0.772

注：***、**分别代表1%、5%的显著性水平。

从表5.1可以看出，如果不处理异常值，参数估计值为2.388，与真实值2相比有很大的偏差；进行缩尾处理后的参数估计值为2.070，与真实值很接近。显然，在不处理异常值的情况下，模型的拟合优度远远小于缩尾处理后模型的拟合优度。

5.9 违背零条件期望假设时的参数估计：基于 Stata 的蒙特卡洛模拟

本节使用蒙特卡洛模拟方法，通过 Stata 生成随机数，可视化地展示 OLS 估计量在违背零条件期望假设时出现的后果。

实验步骤如下：在总体模型 $y=1+2x+u$ 中，设 $\text{cov}(x,u)\neq 0$，抽取随机样本 $\{(x_i, y_i), i=1,\cdots,100\}$，然后，以此样本估计模型 $y=\beta_0+\beta_1 x+u$ 的参数，得到一组估计值 $(\hat{\beta}_0, \hat{\beta}_1)$。重复上述估计1000次，得到1000组参数估计值，并绘制这些参数估计的直方图。实现这一模拟的 Stata 代码如下：

```
clear
set seed 123                            /*设置随机数种子,保证模拟结果可重复性*/
capture program drop spreg              /*防止重名*/
program spreg, rclass                   /*定义命令名 spreg*/
drop _all
set obs 200                             /*设置样本数*/
g u = rnormal()                         /*生成服从标准正态分布的随机数作为误差项*/
g x = rnormal() + 0.5 * u               /*生成与误差项相关的解释变量*/
g y = 1 + 2 * x + u                     /*生成被解释变量*/
drop if _n < 101                        /* 去掉前100个随机数*/
reg y x
return scalar b0 = _coef[_cons]         /*返回常数项的估计值*/
return scalar b1 = _coef[x]             /*返回斜率参数估计值*/
end
simulate b0 = r(b0) b1 = r(b1), reps(1000): spreg   /*将 spreg 重复1000次*/
sum                                     /*生成描述性统计量*/
hist b0, normal                         /*绘制常数项估计的直方图*/
hist b1, normal                         /*绘制斜率参数估计的直方图*/
```

表5.2给出了上述蒙特卡洛模拟结果的描述性统计，从中可以看到重复1000次最小

二乘估计,β_1 估计的均值不等于真实值。图 5.3 为回归系数直方图。从图 5.3 所示的两个直方图可以看出：线性回归模型的最小二乘估计 $\hat{\beta}_1$,不再是以真实值为中心的分布。这验证了违背零条件期望假设导致有偏的估计。

表 5.2 描述性统计

变量	样本数	均值	标准差	最小值	最大值
$\hat{\beta}_0$	1 000	1.000	0.093	0.694	1.245
$\hat{\beta}_1$	1 000	2.399	0.084	2.114	2.628

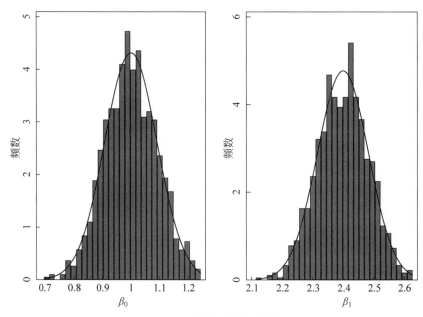

图 5.3 回归系数直方图

5.10 违背同方差假设时的 t 检验：基于 Stata 的蒙特卡洛模拟

根据第 4 章的介绍,在计量经济学中,检验统计量的性能可以使用检验水平和检验功效来衡量。

本节基于 Stata 进行蒙特卡洛模拟,在异方差条件下通过计算 t 检验的检验水平和检验功效评估检验的性能,进而更深入地理解异方差对假设检验的影响。

检验水平模拟的具体做法与第 4 章相似,但本节假定模型中存在异方差,即 $\mathrm{var}(xu|x) = x^2$,实现上述模拟的 Stata 程序如下：

```
clear
set seed 12345
capture program drop test          /*t-test-size*/
program test, rclass
```

```
drop _all
set obs 100
g x = rnormal()
g u = x * rnormal()                /* 表示为异方差 */
g y = 1 + 0 * x + u
reg y x
end
simulate _b _se, reps(1000):test
sum
g t = _b_x/_se_x
g rej = (t > invttail(_N - 2,0.025) | t < - invttail(_N - 2,0.025))
sum rej if rej == 1
sum rej
* rejection frequency
dis r(mean)
```

上述基于 Stata 的蒙特卡洛模拟的结果如图 5.4 所示。

```
. sum rej if rej==1

    Variable |      Obs        Mean    Std. Dev.       Min        Max
-------------+--------------------------------------------------------
         rej |      258           1           0          1          1

. sum rej

    Variable |      Obs        Mean    Std. Dev.       Min        Max
-------------+--------------------------------------------------------
         rej |    1,000        .258    .4377529          0          1

. *rejection frequency
. dis r(mean)
.258
```

图 5.4 基于 Stata 的蒙特卡洛模拟的结果(1)

从模拟结果可以看出，重复 1 000 次，原假设 $H_0: \beta_1 = 0$ 被拒绝 258 次，拒绝频率为 25.8%，说明发生了虚假拒绝问题，过度地拒绝了正确的原假设，这与假设检验理论十分不吻合。

为进一步演示异方差对检验功效的影响，检验功效模拟的具体做法如下：总体模型为 $y = \beta_0 + \beta_1 x + u$，设定 $\beta_0 = 1$，$\beta_1 = 1$，x 服从标准正态分布，u 服从正态分布但其方差依赖于 x，$\sigma^2(x) = \begin{cases} 1, & x \leqslant 0 \\ 10, & x > 0 \end{cases}$，在此设定下 $H_0: \beta_1 = 0$ 是错误的，使用与第 4 章相似的做法，计算 t 统计量拒绝原假设 $H_0: \beta_1 = 0$ 的频率，该结果越接近 1，说明检验统计量能正确地拒绝错误的原假设，检验的功效越高。实现上述异方差条件下检验功效模拟的 Stata 程序如下：

```
clear
set seed 12345
capture program drop hert
program hert, rclass
drop _all
set obs 100
```

```
g uy = rnormal()
g uu = 10 * uy          /* 表示为异方差 */
g x = rnormal()
replace uy = uu if x > 0
g y = 1 + 1 * x + uy
reg y x
end
simulate _b _se, reps(1000):hert
sum
g t = _b_x/_se_x
g rej = (t > invttail(_N-2,0.025) | t < - invttail(_N-2,0.025))
sum rej
* rejection frequency
dis r(mean)
```

上述基于 Stata 的蒙特卡洛模拟的结果如图 5.5 所示。

```
. sum rej

    Variable |       Obs        Mean    Std. Dev.       Min        Max
-------------+--------------------------------------------------------
         rej |     1,000        .286    .4521155          0          1

. *rejection frequency
. dis r(mean)
.286
```

图 5.5 基于 Stata 的蒙特卡洛模拟的结果(2)

从模拟结果可以看出,重复 1 000 次,原假设 $H_0:\beta_1=0$ 被拒绝 286 次,拒绝频率为 28.6%,由于 $\beta_1=1$,因此拒绝 $H_0:\beta_1=0$ 的频率越高越好,28.6% 的拒绝频率说明,在上述设定下 t 检验的功效非常差,这是由于假设检验受到了异方差的影响。

上述模拟说明,异方差既可能影响 t 检验的检验水平又可能影响检验功效,因此,处理异方差对假设检验非常重要。

本 章 习 题

一、概念题

1. 什么是内生性问题?产生的原因是什么?怎么解决?
2. 什么是异方差问题?产生的原因什么?会导致怎样的结果?
3. 最小二乘法是估计模型参数的最常用方法。
(1) 给出参数的最小二乘估计最优线性无偏的条件;
(2) 解释最优线性无偏估计的含义。
4. 简述工具变量法的思想和两个必需的条件。
5. 简述两阶段最小二乘法的步骤。
6. 简述自相关的含义。
7. 简述自相关产生的原因以及产生的后果。

8. 简述消除选择性偏差的方法。

二、应用题

1. 某研究者为了考察高中平均成绩(hsGPA)对大学平均成绩(colGPA)的影响,从兰州大学选取 141 名学生,调查他们高中平均成绩和大学平均成绩的数据,并设计了如下模型:
$$\mathrm{colGPA} = \beta_0 + \beta_1 \mathrm{hsGPA} + \beta_2 \mathrm{ACT} + u$$
问:该研究者可以达到其研究目的吗? 如果可以达到研究目的,简述理由;如果不能,指出该研究可能的问题,并给出改进方案。

2. 对于简单回归模型 $y = \beta_0 + \beta_1 x + u$,除 x 外,其他影响因变量 y 的因素都被放入干扰项,这可能造成遗漏变量问题。遗漏变量问题会影响参数估计的无偏性和一致性。在计量经济学中,多元回归引入更多的解释变量有助于控制遗漏变量。此外,至少还有两种方法来解决遗漏变量问题,即工具变量法和面板模型。

(1) 结合题目中给出的模型,具体阐释工具变量法的思想和工具变量必需的两个条件,以及做两阶段最小二乘法的步骤。

(2) 简述面板模型 $y_{it} = \beta_0 + \beta_1 x_{it} + a_i + u_{it}$ 的特点。

面板数据与一阶差分模型

前面的章节讨论了横截面数据下多元线性回归模型的参数估计、假设检验,以及违背经典假设的后果与补救方法,本章将回归分析拓展到面板数据。所谓面板数据,是指对不同观测对象在不同时间段或时间点上所收集的数据。面板数据的计量经济模型是计量经济学中最活跃的领域之一,同时面板数据模型也是应用最广的模型之一。

本章主要介绍面板数据的定义和面板数据模型的优点,并讨论一个经典的面板数据模型,即一阶差分模型。

6.1 面板数据的定义

面板数据是横截面上的个体在不同时点的重复观测数据。面板数据是横截面数据和时间序列数据的混合,是对一组个体(如个人、公司、国家等)连续追踪观察多期得到的数据,它既有横截面的维度(n 个个体),又有时间维度(T 个时期)。例如,在 2010 年随机抽取 1 000 人调查其教育、收入、年龄、工作经验等数据,在 2013 年抽取相同的 1 000 人并重复调查其教育、收入、年龄、工作经验等数据,得到的数据集即为面板数据。包含 n 个个体的 2 期的面板数据见表 6.1。

表 6.1 包含 n 个个体的 2 期的面板数据

个体	时间	y	x
个体 1	$t=1$	y_{11}	x_{11}
个体 1	$t=2$	y_{12}	x_{12}
个体 2	$t=1$	y_{21}	x_{21}
个体 2	$t=2$	y_{22}	x_{22}
...	...	...	...
个体 n	$t=1$	y_{n1}	x_{n1}
个体 n	$t=2$	y_{n2}	x_{n2}

按照不同的分类标准,面板数据通常可分为以下两种。

(1) 如果 n 比较大,T 比较小,这种面板数据称为"短面板",如 3 000 家上市公司 5 年的数据组成的数据集;相反,如果 T 比较大,而 n 较小,就称为"长面板",如中美两国股票市场指数的日度数据组成的数据集。

(2) 如果面板数据中,每个时期在样本中的个体完全一样,则称为"平衡面板"。然而,有时某些个体的数据可能缺失,或者新的个体后来才加入调查,在这种情况下,每个时期观测到的个体不完全相同,则称为"非平衡面板"。

此外,如果面板数据模型中解释变量包含了被解释变量的滞后项,则称为动态面板模型;否则称为静态面板模型。

使用面板数据进行分析有如下优点。

(1) 面板数据兼有横截面维度与时间维度,因此,提供了更多的可利用的数据,增大了样本容量,降低了解释变量之间共线性的可能性,增加了自由度,提升了估计的有效性。

(2) 面板数据模型有助于控制个体异质性(heterogeneity),解决遗漏变量问题。在一些实际问题中,部分解释变量由于不能观测而不能不放入误差项。此时,如果不能观察的变量与其他解释变量有相关性,则参数估计将出现偏差;如果不能观察的变量会引起异方差,则假设检验将出现问题。这些遗漏变量经常由不可观测的个体差异或异质性造成,由此引起的参数估计偏差通常称为异质性偏差。如果这些个体差异不随时间变化,则可使用面板数据模型控制个体异质性,解决遗漏变量问题。

(3) 面板数据提供个体动态行为的信息,有助于分析动态问题。例如,考虑区分规模效应与技术进步对企业生产效率的影响。对于横截面数据,没有时间维度,所以我们无法观测到技术的进步;对于时间序列,将无法区分生产效率的提升究竟有多少归因于规模扩大、有多少是由于技术进步。使用面板数据有助于研究企业的动态行为。

6.2 虚 拟 变 量

一些定性的变量,如性别、职业、党派等可以使用虚拟变量来描述。比如,对性别进行量化,可以使用如下虚拟变量:

$$D = \begin{cases} 1, & 女性 \\ 0, & 男性 \end{cases} \tag{6.1}$$

即当性别为女时,虚拟变量取值为 1,当性别为男时,虚拟变量取值为 0。如果一个因素的属性有 M 种特征,只需定义 $M-1$ 个虚拟变量,否则会出现完全共线性,这叫作"虚拟变量陷阱"。比如,同时定义关于性别的两个虚拟变量:

$$D_1 = \begin{cases} 1, & 女性 \\ 0, & 男性 \end{cases} \tag{6.2}$$

$$D_2 = \begin{cases} 0, & 女性 \\ 1, & 男性 \end{cases} \tag{6.3}$$

显然,$D_1 + D_2 = 1$,即存在完全共线性。在教育与收入关系的回归模型中引入性别的虚拟变量,考虑如下模型:

$$y = \beta_0 + \alpha D + \beta_1 x + u \tag{6.4}$$

其中,y 为收入;x 为受教育年数;D 为式(6.1)中定义的性别的虚拟变量。设零条件期望假设成立,则在这个模型中女性与男性的平均工资分别为

$$E[y \mid x, D=1] = \beta_0 + \alpha + \beta_1 x \tag{6.5}$$

$$E[y \mid x, D=0] = \beta_0 + \beta_1 x \tag{6.6}$$

从式(6.5)和式(6.6)可以看出,如果 $\alpha \neq 0$,则模型(6.4)中的回归函数刻画了有相同斜率但截距不同的一组平行线,如图 6.1 所示。

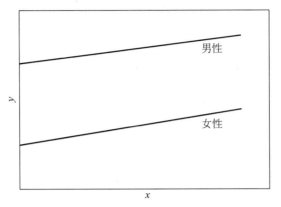

图 6.1　模型(6.4)几何意义示意图

此外,可以根据性别虚拟变量的系数 α 在统计上是否显著,来判断男性与女性工资是否有显著差异,即男性与女性工资差距是否显著异于 0,如果 α 显著,表明男性与女性的工资有显著差异;反之,则没有显著差异。

类似地,也可以在模型中引入虚拟变量与解释变量的交乘项,考虑如下模型:

$$y = \beta_0 + \beta_1 x + \beta_2 Dx + u \tag{6.7}$$

与模型(6.4)一样,y 为收入,x 为受教育年数,D 为式(6.1)中定义的性别的虚拟变量。设零条件期望假设成立,则在这个模型中女性与男性的平均工资分别为

$$E[y \mid x, D=1] = \beta_0 + (\beta_1 + \beta_2)x \tag{6.8}$$

$$E[y \mid x, D=0] = \beta_0 + \beta_1 x \tag{6.9}$$

从式(6.8)和式(6.9)可以看出,模型(6.7)中的回归函数刻画了教育对男性和女性收入影响的差异,其几何意义为,男性与女性的工资是截距项相同、斜率不同的两条直线,如图 6.2 所示。

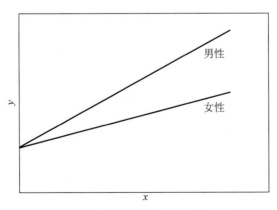

图 6.2　模型(6.7)几何意义示意图

最后,通过综合模型(6.4)和模型(6.7)的主要特征,考虑如下模型:

$$y = \beta_0 + \alpha D + \beta_1 x + \beta_2 Dx + u \tag{6.10}$$

在模型(6.10)中,男性与女性的平均工资不一样,并且男性与女性的平均工资对教育的反应也不一样,其几何意义如图 6.3 所示。

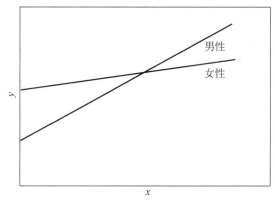

图 6.3 模型(6.10)几何意义示意图

例 6.1 以数据集 case6-1 为例,其中收集了我国各省份 2000 年和 2010 年的地区生产总值、劳动投入、资本投入、专利数、价格指数等变量的省际面板数据。为研究地区资本的使用效率与专利数的关系,以及专利数的动态效应,引入年份的虚拟变量,以 2000 年为基期定义虚拟变量 $D=\begin{cases}0, & t=2000 \\ 1, & t=2010\end{cases}$。回归模型为 $y_{it}=\beta_0+\alpha D+\beta_1 x_{it}+u_{it}$,其中,$y_{it}$ 为专利数,β_1 为资本系数,x_{it} 为地区生产总值与资本存量的比值,资本系数衡量了资本的使用效率。模型中虚拟变量的系数 α 可解释为在给定资本使用效率的条件下,专利数随时间的变化。使用 Stata 估计上述线性回归模型,如图 6.4 所示。

```
. gen x=rgdp/rcapital*100

. gen D=1

. replace D=0 if t==2000
(31 real changes made)

. reg patent D x
```

Source	SS	df	MS
Model	1.3453e+10	2	6.7264e+09
Residual	3.2581e+10	59	552222481
Total	4.6034e+10	61	754653093

Number of obs	= 62
F(2, 59)	= 12.18
Prob > F	= 0.0000
R-squared	= 0.2922
Adj R-squared	= 0.2682
Root MSE	= 23499

patent	Coef.	Std. Err.	t	P>|t|	[95% Conf. Interval]
D	48173.45	9824.25	4.904	0.000	28515.17 67831.73
x	199.3946	56.12114	3.553	0.001	87.0964 311.6927
_cons	-57071.54	17360.14	-3.288	0.002	-91809.09 -22333.99

图 6.4 线性回归模型估计结果

在图 6.4 所示 Stata 操作中，也可以直接使用 "i.t" 代替回归命令中的虚拟变量 D。从 Stata 输出的结果可以看出，在给定资本使用效率的条件下，2010 年专利数比 2000 年增加了 48 173.45，其对应的 p 值为 0.000，表示虚拟变量在 1% 的显著性水平下是统计显著的。另一种探究此问题的思路是，对 2000 年和 2010 年的数据分别进行回归估计，然后比较截距项系数的差异。但这种做法不容易检验这种差异的显著性，同时分别回归估计会减少每次估计模型时的样本数，进而影响参数估计效率。

6.3 混合面板数据模型

定义如下面板数据模型：

$$y_{it} = \beta_0 + \beta_1 x_{it} + u_{it}, \quad i=1,2,\cdots,n; \quad t=1,2,\cdots,T \tag{6.11}$$

其中，y_{it} 为被解释变量；x_{it} 为解释变量；β_0 和 β_1 为参数；u_{it} 为误差项；n 为个体数；T 为面板数据的时间长度。混合面板数据模型的特点是，对于任何个体和时间点，回归系数 β_0 和 β_1 都是相同的。

使用最小二乘法估计模型(6.11)，称为混合最小二乘(pooled OLS)估计。混合最小二乘估计是无偏有效估计的前提是，模型(6.11)满足类似第 2、3 章的经典假设，其中零条件期望假设与独立同方差分别为：①零条件期望，$E(u_{it}|x_{it})=0, i=1,2,\cdots,n; t=1,2,\cdots,T$。②独立同方差，$\mathrm{var}(u_{it})=\sigma^2$，$\mathrm{cov}(u_{it},u_{js})=0, i=1,2,\cdots,n; t=1,2,\cdots,T$，表示不同个体不同时点对应的误差项 u_{it} 相互独立且具有相同的方差。

在实际应用问题中，上述假设往往难以成立，因此，对面板数据建立混合模型进行分析很少见。混合最小二乘估计多作为面板数据分析的一个基准回归。

例 6.2 使用数据集 case6-1，以该数据集中我国各省份 2000 年和 2010 年的地区生产总值、劳动投入、资本投入、专利数、价格指数等变量的省际面板数据，分析地区资本使用效率(x_{it}) 与专利数(y_{it}) 的关系。使用 Stata 估计混合面板数据模型，如图 6.5 所示。

```
. reg patent x
```

Source	SS	df	MS		
Model	174769300	1	174769300	Number of obs =	62
Residual	4.5859e+10	60	764317823	F(1, 60) =	0.23
				Prob > F =	0.6343
				R-squared =	0.0038
				Adj R-squared =	-0.0128
Total	4.6034e+10	61	754653093	Root MSE =	27646

patent	Coef.	Std. Err.	t	P>|t|	[95% Conf. Interval]
x	-19.182	40.11421	-0.478	0.634	-99.42237 61.05837
_cons	17404.01	9891.702	1.759	0.084	-2382.34 37190.36

图 6.5 混合面板数据模型估计结果

从 Stata 估计的结果可以看出，解释变量 x_{it} 的回归系数估计为 -19.182，这意味着地区资本使用效率提升一个单位，专利数平均减少 19.182，这不符合经济常识。

通过前面章节的知识我们知道，上述回归结果可能受到遗漏变量偏差的影响，即还存在其他因素影响一个地区的专利数,如地域文化差异、地理位置等。因此,一个可能的解决办法是,加入更多的解释变量,但是,如果这些因素无法观测,不能获得数据,则无法直接对其进行回归。本章提到的面板数据可以控制上述"遗漏变量偏差"。

6.4 一阶差分模型

定义如下两期的面板数据模型:

$$y_{it} = \beta_0 + \delta D + \beta_1 x_{it} + \alpha_i + u_{it}, \quad i=1,2,\cdots,n;\, t=1,2 \tag{6.12}$$

其中,y_{it} 为被解释变量;x_{it} 为解释变量;$D = \begin{cases} 0, & t=1 \\ 1, & t=2 \end{cases}$;$\beta_0$、$\delta$ 和 β_1 为参数;n 为个体数;α_i 为随个体变化的随机变量,但 α_i 不随时间变化,α_i 与 x_{it} 相关。α_i 通常称为"不可观察效应""固定效应""个体异质性"等。u_{it} 叫作特异性误差(idiosyncratic error)或时变误差(time varying error),上述模型叫作"固定效应模型"。α_i 与 u_{it} 互不相关,$\alpha_i + u_{it}$ 称为"复合扰动项",模型(6.12)也称为复合扰动模型。

由于在模型(6.12)中,α_i 与 x_{it} 相关,当对模型(6.12)进行混合最小二乘估计时,模型误差项 $\alpha_i + u_{it}$ 与解释变量 x_{it} 相关,因而混合最小二乘估计是有偏的,这通常称为异质性偏差,该偏差是由于模型(6.12)遗漏了不随时间变化的变量。

在面板数据模型中,即使 α_i 不能观测,仍然可以使用 α_i 不随时间变化的特征,将其影响消除。模型(6.12)可以重写为

$$y_{i1} = \beta_0 + \beta_1 x_{i1} + \alpha_i + u_{i1}, \quad t=1 \tag{6.13}$$

$$y_{i2} = \beta_0 + \delta + \beta_1 x_{i2} + \alpha_i + u_{i2}, \quad t=2 \tag{6.14}$$

注意到,式(6.13)和式(6.14)中有共同的变量 α_i,因此,用式(6.14)减去式(6.13),得到

$$y_{i2} - y_{i1} = \delta + \beta_1(x_{i2} - x_{i1}) + (u_{i2} - u_{i1}) \tag{6.15}$$

用 Δ 表示差分,则模型(6.15)可表示为

$$\Delta y_i = \delta + \beta_1 \Delta x_i + \Delta u_i \tag{6.16}$$

注意到,模型(6.16)中已经消除了 α_i。此外,截距参数 β_0 也被消除,但截距随时间的变化,即时间虚拟变量 D 的系数 δ 可通过模型(6.16)估计。如果模型(6.16)满足第2、3章中多元线性回归模型的假设,那么模型(6.16)的 OLS 估计是无偏估计。估计量无偏性的核心假设为 Δu_i 与 Δx_i 不相关,$\text{cov}(\Delta u_i, \Delta x_i) = 0$。当严外生性(strict exogeneity)成立时,$\text{cov}(\Delta u_i, \Delta x_i) = 0$。严外生性即 $E(u_{it} | (x_{is}, \alpha_i: 1 \leqslant s \leqslant T)) = 0$,严外生性意味着每一期的随机误差 u_{it} 与任意一期的解释变量 x_{is} 不相关。特别地,当解释变量为 y_{it} 的滞后项 $y_{i,t-1}$ 时,严外生性不成立。与严外生性相对,同期外生性为 $E(u_{it} | x_{it}, \alpha_i) = 0$。需要注意的是,即使同期外生性成立,严外生性也可能不成立。例如,当被解释变量会影响未来期的解释变量 x_{is},或者前期的被解释变量 y_{it} 和未来期的解释变量 x_{is} 会对同一冲击作出反应时,严外生性不满足。

违背严外生性会导致参数估计偏差。例如,在模型(6.12)中设 $\beta_1 = 0$,即 x_{is} 对 y_{it} 没有影响,但外生冲击 u_{i1} 同时影响 y_{i1} 和未来期 x_{i2},则 $E(u_{i1} x_{i2} | \alpha_i) > 0$,严外生性假设不成立。此时,若外生冲击为正(负),则 y_{i1} 和 x_{i2} 都更大(小),因此,一阶差分 $\Delta y_i = y_{i2} -$

y_{i1} 与 $\Delta x_i = x_{i2} - x_{i1}$ 负相关，会导致一阶差分估计（first difference estimator）得到 $\hat{\beta}_1 < 0$，即有偏估计。

为便于表述，模型（6.12）中只放入一个解释变量，并且设定 $T=2$，但一阶差分模型可以推广到多期多个解释变量的情况，上述主要原理不变。当 $T>2$，差分项依赖于时间 t。

模型（6.16）的 OLS 估计是最优线性无偏估计的条件是满足如下假设：对参数线性，样本随机性，解释变量随时间有变异，严外生性成立，独立同方差 $\mathrm{var}(\Delta u_{it} \mid (x_{is}: 1 \leqslant s \leqslant T)) = \sigma^2 I, t=2,\cdots,T$。

以例 6.2 中的数据集和问题为例，使用一阶差分模型控制区域异质性因素的影响，使用 Stata 估计一阶差分模型，如图 6.6 所示。

```
. gen dy=d.patent
(31 missing values generated)

. gen dx=d.x
(31 missing values generated)

. reg dy dx
```

Source	SS	df	MS			Number of obs	=	31
						F(1, 29)	=	6.54
Model	6.2097e+09	1	6.2097e+09			Prob > F	=	0.0160
Residual	2.7524e+10	29	949108490			R-squared	=	0.1841
						Adj R-squared	=	0.1559
Total	3.3734e+10	30	1.1245e+09			Root MSE	=	30808

dy	Coef.	Std. Err.	t	P>|t|	[95% Conf. Interval]	
dx	175.0529	68.4374	2.558	0.016	35.08273	315.0231
_cons	44788.98	11007.39	4.069	0.000	22276.34	67301.61

图 6.6　一阶差分模型估计结果

将一阶差分模型与例 6.2 中的混合最小二乘估计对比，可以看出：一阶差分模型估计得到解释变量 x_{it} 的回归系数估计为 175.052 9，这意味着地区资本使用效率提升一个单位，专利数平均增加约 175，这符合经济预期；而混合最小二乘估计得到的解释变量 x_{it} 的回归系数估计为 -19.182，不符合经济常识。此外，一阶差分模型估计是统计显著的，而混合最小二乘估计不显著。

6.5　一阶差分模型：基于 Stata 的模拟解释

本节基于 Stata 进行蒙特卡洛模拟，通过比较混合最小二乘估计和一阶差分模型估计的差异，进而更深入地理解一阶差分模型的原理。

其具体做法如下：总体模型为 $y_{it} = \beta_1 x_{it} + \alpha_i + u_{it}$，设定 $\beta_1 = 2$，x_{it} 和 α_i 都与 u_{it} 独立，α_i 和 u_{it} 服从标准正态分布，$\mathrm{cov}(x_{it}, \alpha_i) \neq 0$。从总体模型中生成 100 个样本，分别进行混合最小二乘估计和一阶差分估计。实现上述模拟的 Stata 程序如下：

```
clear
set seed 123456
set obs 100
gen id = _n
gen a = 1 * rnormal()
expand 2 //T = 2
bysort id: gen t = _n
gen x = 0.5 * a + rnormal(1,1)
gen e = rnormal(0,1)
label var e "normal random variable"
gen y = 2 * x + a + e
sc y x
//pooled OLS
reg y x
eststo pooled
//FD
xtset id t
gen dy = d. y
gen dx = d. x
reg dy dx
eststo difreg
local m "pooled difreg"
esttab 'm', mtitle('m') b( % 6.3f) t( % 6.3f) ///
s( N r2 r2_a) nogap compress, using mytable.rtf, replace
```

上述 Stata 模拟结果见表 6.2，可以看出，一阶差分估计与真实值 $\beta_1=2$ 很接近，而混合最小二乘估计有明显的偏差。

表 6.2　混合最小二乘与一阶差分

变量	混合最小二乘估计	一阶差分估计
x	2.424***	
	(29.310)	
$\mathrm{d}x$		2.038***
		(20.154)
_cons	−0.461***	0.119
	(−3.405)	(0.745)
N	200.000	100.000
R^2	0.813	0.806
Adj_R^2	0.812	0.804

注：*** 代表 1% 的显著性水平。

在例 6.2 中，混合最小二乘估计系数为负值，而一阶差分估计系数为正值。为了更直观地了解两种模型之间的区别，在数据集 case6-2 中，包含了随机生成的 5 个个体的 2 期面板数据，生成数据的总体模型为 $y_{it}=2x_{it}+\alpha_i+u_{it}$，如果将 α_i 视为截距项，该模型实际上等价于变截距的回归模型，其回归函数是一组平行线，如图 6.7 所示。5 个个体的 2 期面板数据由 5 条平行线组成，每条线上有 2 个观测值。如果忽略个体异质性特征，直接进行混合最小二乘估计，样本回归线为一条负斜率的直线。考虑个体异质性，一阶差分估计则为一组平行线。

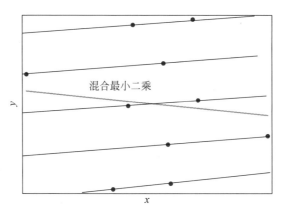

图 6.7　混合最小二乘估计与一阶差分估计的几何解释

表 6.3 给出了基于数据集 case6-2 的混合最小二乘估计与一阶差分估计结果。混合最小二乘估计的斜率参数为 -2.497，一阶差分估计的结果为 2.069。这些估计结果与图 6.7 一致，且一阶差分估计与真实值 2 非常接近。

表 6.3　基于数据集 case6-2 的估计结果

变量	混合最小二乘估计	一阶差分估计
x	-2.497	
	(-0.304)	
$\mathrm{d}x$		2.069^{***}
		(19.063)
_cons	25.527	0.013
	(2.269)	(0.130)
N	10.000	5.000
R^2	0.011	0.992
$\mathrm{Adj\_}R^2$	-0.112	0.989

注：*** 代表 1% 的显著性水平。

6.6　违背严外生性假设：基于 Stata 的模拟解释

违背严外生性的情况很常见，如在研究企业研发对企业绩效的影响时，当期的企业绩效可能对未来的企业研发形成正反馈。

本节使用蒙特卡洛模拟方法，通过 Stata 生成随机数，可视化地展示一阶差分估计量在违背严外生性假设时是有偏的。

实验步骤如下：从模型 $y_{it}=2x_{it}+\alpha_i+u_{it}$ 中抽取随机样本，其中，u_{it} 为服从标准正态分布且相互独立的随机数，但解释变量 x_{it} 与前一期被解释变量 $y_{i,t-1}$ 和前一期外生冲击 $u_{i,t-1}$ 相关，即 $x_{i2}=0.5\alpha_i+e_{i2}+y_{i1}+u_{i1}$，$x_{i1}=0.5\alpha_i+e_{i1}$，$e_{i1}$ 与 e_{i2} 为独立且服从标准正态分布的随机数。生成随机样本 $\{x_{it},y_{it},i=1,2,\cdots,100;t=1,2\}$，得到一阶差分估计。重复上述估计 1 000 次，得到 1 000 组参数估计值，并绘制这些参数估计的直方图。实现这一模拟的 Stata 代码如下：

```
clear
set seed 123456
capture program drop strex
program strex, rclass
drop _all
set obs 100
gen id = _n
gen a = rnormal() //individual effect
expand 2 //T = 2
bysort id: gen t = _n
gen xe = rnormal(1,1)
gen x = 0.5 * a + xe
gen u = rnormal(0,1)
gen y = 2 * x + a + u
xtset id t
gen u1 = l.u
gen y1 = l.y
replace x = 0.5 * a + xe + 1 * y1 + 1 * u1 if t == 2 //y1 & 1 严外生性
replace y = 2 * x + a + u
xtset id t
gen dy = d.y
gen dx = d.x
reg dy dx
end
simulate _b _se, reps(1000): strex
sum                              /*生成描述性统计量*/
hist _b_cons, normal             /*绘制常数项估计的直方图*/
graph save g1, replace
hist _b_dx, normal               /*绘制斜率参数估计的直方图*/
graph save g2, replace
gr combine g1.gph g2.gph, r(1)
graph save fig6 - 5, replace
```

表 6.4 为违背严外生性时一阶差分估计的描述性统计,从中可以看到重复 1 000 次最小二乘估计,斜率参数估计的均值为 1.799,截距项估计的均值为 0.401,均偏离真实值。图 6.8 为违背严外生性时的一阶差分估计。从图 6.8 所示的两个直方图可以看出,一阶差分估计不再是以真实值为中心的分布,几乎所有的估计都明显偏离真实值。上述结果验证了违背严外生性会导致一阶差分模型的参数估计有偏。

表 6.4 违背严外生性时一阶差分估计的描述性统计

模型系数	样 本 数	均 值	标 准 差	最 小 值	最 大 值
截距项	1 000	0.401	0.157	−0.084	0.942
斜率参数	1 000	1.799	0.041	1.656	1.924

如果将上述模拟中 $x_{i2} = 0.5\alpha_i + e_{i2} + y_{i1} + u_{i1}$ 改为 $x_{i2} = 0.5\alpha_i + e_{i2}$,则严外生性假设成立,因此,一阶差分估计是无偏估计。作为对比,图 6.9 给出了此时一阶差分模型参数估计的直方图。从图 6.9 所示的两个直方图可以看出,一阶差分估计是以真实值为中心的分布。上述结果验证了满足严外生性时一阶差分模型的参数估计无偏。

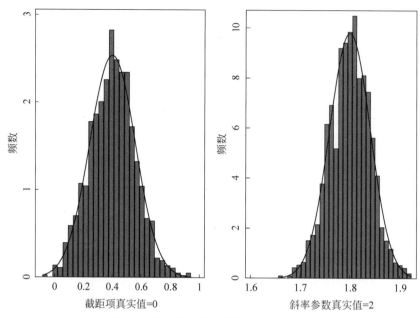

图 6.8 违背严外生性时的一阶差分估计

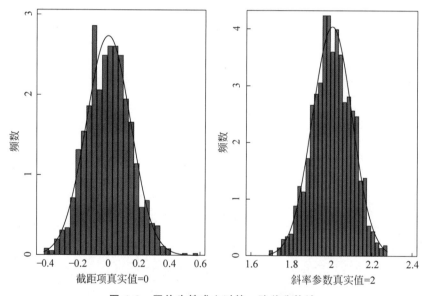

图 6.9 严外生性成立时的一阶差分估计

本 章 习 题

一、概念题

1. 什么是面板数据？面板数据如何分类？面板模型有何优点？
2. 什么是虚拟变量？什么是虚拟变量陷阱以及如何解决？

3. 混合面板数据模型的特点是什么？
4. 一阶差分模型有什么特点？
5. 一阶差分模型是如何解决不随时间变动变量带来的内生性问题的？
6. 一阶差分模型的最小二乘估计是无偏估计的核心假设是什么？

二、应用题

1. 数据集 case6-1.dta 包含了我国各省份 1997 年和 2007 年的地区生产总值（gdp）、劳动投入（labor）、资本投入（capital）、专利数（patent）、价格指数（ppi）等变量的省际面板数据。暂时不考虑控制变量，回答以下问题：

(1) 研究地区的劳动效率（地区生产总值与劳动投入的比值）与专利数的关系，设计模型进行混合回归，并分析解释变量的回归系数。

(2) 研究专利数的动态效应，即在给定劳动效率的条件下，专利数随时间的变化，引入一个时间虚拟变量，设计模型进行回归，解释回归系数。

(3) 为控制区域异质性因素的影响，对(1)设计的模型使用 Stata 估计一阶差分模型。

2. 假设我们想估计若干个变量对年收入的影响，并且我们拥有 2010 年和 2015 年所收集的关于个人的面板数据。如果引入一个 2010 年虚拟变量并做一阶差分，那么我们还能在原模型中包含年龄变量吗？试解释。

3. 两年的独立横截面数据（不是面板数据）为什么不能使用一阶差分法？

4. 考虑下面的模型：
$$Y_t = \beta_0 + \beta_1 X_t + \beta_2 D_{2t} + \beta_3 D_{3t} + \beta_4 D_{4t} + u_t$$

其中，Y 为大学教师的年薪；X 为工龄。为了研究大学教师的年薪是否受性别（男、女）、学历（本科、硕士、博士）的影响，按照下面的方式引入虚拟变量：

$$D_2 = \begin{cases} 1, & 男教师 \\ 0, & 女教师 \end{cases} \quad D_3 = \begin{cases} 1, & 硕士 \\ 0, & 其他 \end{cases} \quad D_4 = \begin{cases} 1, & 博士 \\ 0, & 其他 \end{cases}$$

回答如下问题：

(1) 虚拟变量的设置原则是什么？本题比较的基准类别是什么？

(2) 解释各系数所代表的含义，并预期各系数的符号。

(3) 若 $\beta_4 > \beta_3$，可以得出什么结论？

(4) 若将模型修改为 $Y_t = \lambda_0 + \lambda_1 X_t + \lambda_2 D_{2t} + \eta X_t \cdot D_{2t} + \lambda_3 D_{3t} + \lambda_4 D_{4t} + \mu_t$，回归结果显示 λ_1 的系数显著为正，交乘项的系数 η 显著大于 0，这表示什么含义？

经典静态面板模型

面板数据模型的一个重要优点是控制个体异质性,第6章通过差分消除固定效应,本章介绍其他面板数据模型估计方法。与一阶差分模型相似,在这些方法中,先使用其他方法消除个体异质性,再使用OLS估计模型参数。第一种方法是通过组内去均值来消除个体异质性,由于个体异质性不随时间变化,因此,也常称为个体固定效应。第二种方法是通过加入虚拟变量来控制个体异质性,再使用OLS估计模型,即最小二乘虚拟变量(least square dummy variable,LSDV)法。个体固定效应可以有效控制个体层面不随时间变化的影响因素。对于时间层面不随个体变化的影响因素,本章也将介绍时间固定效应。当个体固定效应与解释变量不相关时,固定效应估计和LSDV估计虽然都是无偏一致估计,但不是有效估计,为此,本章还将介绍随机效应模型。

7.1 固定效应模型:组内估计量

考虑以下面板固定效应模型:

$$y_{it} = \beta_1 x_{it} + \alpha_i + u_{it}, \quad i=1,2,\cdots,n; \ t=1,2,\cdots,T \tag{7.1}$$

其中,α_i 与解释变量 x_{it} 相关,故直接使用OLS估计模型得到的参数估计有偏。一种方法是通过差分消除固定效应,再使用OLS估计模型,即一阶差分估计,另外一种方法是通过组内去均值消除固定效应,再使用OLS估计模型,即固定效应估计(fixed effects estimator)。

在模型(7.1)中,给定个体 i,对模型关于时间 t 取平均,得到

$$\bar{y}_i = \beta_1 \bar{x}_i + \alpha_i + \bar{u}_i \tag{7.2}$$

其中,$\bar{y}_i = \frac{1}{T}\sum_{t=1}^{T} y_{it}, \bar{x}_i = \frac{1}{T}\sum_{t=1}^{T} x_{it}, \bar{u}_i = \frac{1}{T}\sum_{t=1}^{T} u_{it}$,由于 α_i 不随时间变化,故对时间平均后仍为 α_i。将模型(7.1)与模型(7.2)相减,可得到

$$y_{it} - \bar{y}_i = \beta_1(x_{it} - \bar{x}_i) + u_{it} - \bar{u}_i \tag{7.3}$$

其中,β_0 和固定效应 α_i 都被消除。由于上述去均值的转化叫作"组内转换",此模型称为组内模型。相应地,使用OLS估计模型(7.3)得到的估计,称为"组内估计"(within estimator),也叫"固定效应估计"。使用OLS估计模型(7.2)得到的估计,称为"组间估计"(between estimator)。如果使用OLS直接估计模型(7.1),称为总体估计(overall estimator)。显然,当 α_i 与 $\bar{x}_i$ 相关时,组间估计是有偏的。

上述固定效应模型可以很容易地推广到多个解释变量的情形。考虑如下包含 k 个解释变量的固定效应模型:

$$y_{it} = \beta_1 x_{1,it} + \beta_2 x_{2,it} + \cdots + \beta_k x_{k,it} + \alpha_i + u_{it} \tag{7.4}$$

利用相似的原理,对每个变量组内去均值,得到

$$y_{it} - \bar{y}_i = \beta_1(x_{1,it} - \bar{x}_{1i}) + \beta_2(x_{2,it} - \bar{x}_{2i}) + \cdots + \beta_k(x_{k,it} - \bar{x}_{ki}) + u_{it} - \bar{u}_i \tag{7.5}$$

与模型(7.3)一样,直接使用 OLS 估计模型(7.5),即固定效应估计。对每一个个体去均值都会损失一个自由度,因此,模型(7.5)OLS 估计的自由度是 $nT-n-k$。固定效应估计无偏的条件是模型满足如下假设:对参数线性;样本随机性;解释变量随时间有变异且无完全多重共线性;严外生性,即对每个 t,有 $E(u_{it}|(\alpha_i, x_{j,is}: 1 \leqslant j \leqslant k, 1 \leqslant s \leqslant T)) = 0$;独立同方差 $\mathrm{var}(u_{it}|(\alpha_i, x_{j,is}: 1 \leqslant j \leqslant k, 1 \leqslant s \leqslant T)) = \sigma_u^2 I, t = 1, 2, \cdots, T$。

与一阶差分模型一样,严外生性要求在控制固定效应后,随机扰动项与解释变量的前期观测值、当期观测值以及未来观测值均不相关。此时,解释变量称为严外生解释变量。在严外生假设下,可以得到 $E(y_{it}|(\alpha_i, x_{js}: 1 \leqslant j \leqslant k, 1 \leqslant s \leqslant T)) = \beta_1 x_{1,it} + \beta_2 x_{2,it} + \cdots + \beta_k x_{k,it}$,因此,对任意 $1 \leqslant j \leqslant k$,当 $t \neq s$ 时,$x_{j,is}$ 对 y_{it} 没有影响。当模型满足上述假设中的前四条假设,固定 T 且 $N \to \infty$ 时,固定效应估计收敛到真实值。在模型数据中,如果存在不随时间变化的变量,如 z_i,则在去均值过程中也会被消除,因此,固定效应模型不能估计 z_i 对被解释变量的影响,这是固定效应模型的一个缺点。

此外,在得到固定效应估计以后,可以使用组间模型(7.2)估计个体固定效应:

$$\hat{\alpha}_i = \bar{y}_i - \beta_1 \bar{x}_{1i} - \cdots - \beta_k \bar{x}_{ki} \tag{7.6}$$

在很多统计软件如 Stata 等中,固定效应估计也会报告一个截距项估计,但去均值后的模型(7.5)不包含截距。这是由于固定效应模型(7.1)可解释为变截距的模型,即将 α_i 视为随个体变化的截距项,将其作为待估参数,通常统计软件中汇报的截距项为个体固定效应 α_i 估计的平均值,即 $\frac{1}{n}\sum_{i=1}^{n}\hat{\alpha}_i$,这可以理解为对个体固定效应期望 $E(\alpha_i)$ 的估计。需要注意的是,式(7.6)中个体固定效应依赖于 $\frac{1}{T}\sum_{t=1}^{T}\hat{u}_{it}=0$,这需要 T 较大,而对于固定的 T 往往并不合适,因而,在固定 T 且 $N \to \infty$ 时,式(7.6)中的估计并不能收敛于 α_i,即 $\hat{\alpha}_i$ 是无偏估计,但并不一致。当 $T \to \infty$ 时,$\hat{\alpha}_i$ 是无偏、一致估计。

此外,可以证明:当 $T=2$ 时,固定效应估计等于一阶差分估计。当 $T>2$ 时,u_{it} 服从独立同分布,则固定效应估计比一阶差分估计更有效率。因此,实践中固定效应估计更为常用。在 Stata 中,可以使用命令"xtreg,fe"来估计固定效应模型。

7.2 固定效应模型:最小二乘虚拟变量估计

对于固定效应模型(7.1),除了一阶差分估计和固定效应估计外,还可以使用最小二乘虚拟变量法进行估计,本节将介绍该方法。

固定效应模型的个体固定效应 α_i,可以视为待估参数,即个体 i 的截距项。基于此,对于 n 个个体的 n 个不同截距项,可在模型中引入 $n-1$ 个虚拟变量来体现,由此得到以下模型:

$$y_{it} = \beta_0 + \beta_1 x_{1,it} + \cdots + \beta_k x_{k,it} + \sum_{i=2}^{n} \gamma_i D_i + u_{it} \tag{7.7}$$

其中,$i=1,2,\cdots,n$;$t=1,2,\cdots,T$;β_0 表示个体1的截距项;虚拟变量 $D_i = \begin{cases} 1, & \text{个体 } i \\ 0, & \text{其他} \end{cases}$,个体 $i>2$ 的截距项为 $\beta_0+\gamma_i$。用普通最小二乘法估计模型(7.7),称为"最小二乘虚拟变量估计"。LSDV 的一个优点是,当面板数据模型含有不随时间变化的变量时,如 z_i 等,LSDV 可以估计出其对被解释变量的影响,而组内去均值则会将这样的变量消除。然而,当个体数 n 很大时,则回归模型中引入的虚拟变量过多,计算量过大。

此外,可以证明:LSDV 估计与组内估计等价。但若使用 LSDV 法估计,发现某些个体的虚拟变量不显著而删去这些虚拟变量,则会使 LSDV 法的结果不再与组内估计完全相同。如果模型满足严外生性、独立同方差等假设,根据回归理论,LSDV 估计是最优线性无偏估计;由于 LSDV 估计与组内估计等价,因此,组内估计也是最优线性无偏估计。

7.3 双向固定效应模型

个体固定效应解决了个体异质偏差,即不随时间变化但随个体变化的遗漏变量问题。然而,还可能存在不随个体变化但随时间变化的遗漏变量,如全国性的政策、企业经营的宏观经济环境等。因此,在固定效应模型(7.4)中加入时间固定效应:

$$y_{it} = \beta_1 x_{1,it} + \beta_2 x_{2,it} + \cdots + \beta_k x_{k,it} + \lambda_t + \alpha_i + u_{it} \tag{7.8}$$

其中,$i=1,2,\cdots,n$;$t=1,2,\cdots,T$;λ_t 随时间变化,但不随个体变化,即具有时间固定效应。λ_t 可以理解为第 t 期的截距。α_i 为个体固定效应。由于模型(7.8)既有个体固定效应,又有时间固定效应,因此,通常称为"双向固定效应模型"。该模型的估计可使用 LSDV 法,通常可以使用虚拟变量来体现时间固定效应,即引入 $T-1$ 个时间的虚拟变量:

$$y_{it} = \beta_0 + \beta_1 x_{1,it} + \beta_2 x_{2,it} + \cdots + \beta_k x_{k,it} + \sum_{t=2}^{T} \gamma_t D_t + \alpha_i + u_{it} \tag{7.9}$$

其中,β_0 表示时期1的截距项;虚拟变量 $D_i = \begin{cases} 1, & \text{时期 } t \\ 0, & \text{其他} \end{cases}$,时期 $t>2$ 的截距项为 $\beta_0+\gamma_t$。

在引入时间的虚拟变量后,模型(7.9)变为一个固定效应模型。因此,可以通过组内去均值消除个体固定效应,得到组内估计量。有时,为了减少待估参数,会用 γt 代替时间固定效应 λ_t,其背后的隐含假设为,每个时间的固定效应相等,即每期都增加 γ,这一假设通常不成立。故实际应用中多使用时间的虚拟变量体现时间固定效应,从而将模型转化为固定效应模型,并使用 Stata 命令"xtreg,fe"来估计模型。在有些实际应用中,考虑三个以上的固定效应也是合理的,如在基于上市公司数据的实证研究中,除个体固定效应和时间固定效应外,常常控制行业固定效应,此时可以使用 Stata 命令"hdfe"。

例 7.1 使用数据集 case6-1,该数据集包含我国各省份 2000 年和 2010 年的地区生产总值、劳动投入、资本投入、专利数、价格指数等变量的省际面板数据,在第 6 章使用一阶差分模型分析了地区资本使用效率(x_{it})与专利数(y_{it})的关系,其中,一阶差分估计截距随时间变化,这相当于时间固定效应,因而,其实际上为双向固定效应模型。使用 Stata 估计双向固定效应模型时,首先使用"xtset i t"设置面板数据的个体维度与时间维度,然后使用

"xtreg y x,fe"命令估计模型,如图 7.1 所示。

```
. xtreg y x i.t, fe

Fixed-effects (within) regression              Number of obs      =        62
Group variable: i                              Number of groups   =        31

R-sq:                                          Obs per group:
     within  = 0.4106                                    min =         2
     between = 0.1767                                    avg =       2.0
     overall = 0.2910                                    max =         2

                                               F(2,29)            =     10.10
corr(u_i, Xb)  = 0.0499                        Prob > F           =    0.0005

------------------------------------------------------------------------------
           y |      Coef.   Std. Err.      t    P>|t|     [95% Conf. Interval]
-------------+----------------------------------------------------------------
           x |   175.0529    68.4374     2.558   0.016    35.08273    315.0231
         2.t |   44788.98    11007.39    4.069   0.000    22276.34    67301.61
       _cons |  -49767.79    20904.19   -2.381   0.024   -92521.66   -7013.91
-------------+----------------------------------------------------------------
     sigma_u |  17759.007
     sigma_e |  21784.266
         rho |   .3992502   (fraction of variance due to u_i)
------------------------------------------------------------------------------
F test that all u_i=0: F(30, 29) = 1.32                    Prob > F = 0.2274
```

图 7.1 双向固定效应模型估计结果

从上述估计结果可以看出:Stata 报告了 3 个 R^2,分别为组内估计、组间估计和总体估计的拟合优度。"_cons"的系数估计为个体固定效应 α_i 估计的平均值。"rho"为复合扰动项 $\alpha_i + u_{it}$ 的方差中个体效应方差的占比。"sigma_u"为个体效应的标准差,"sigma_e"为随机扰动项的标准差。最后一行的 F 检验对应的原假设为 $H_0: \alpha_i = 0, i = 1, \cdots, n$,在原假设下所有个体的截距都相等,即不存在固定效应。由于 p 值为 0.227 4,所以,不能拒绝原假设。

表 7.1 同时报告了双向固定效应估计与一阶差分估计,可以看出,两个估计得到的斜率参数相等,均为 175.053。一阶差分估计的常数项实际上为截距随时间的变化,等于双向固定效应模型中时间虚拟变量的系数估计,而双向固定效应估计中的常数项估计为个体固定效应 α_i 估计的平均值。

表 7.1 固定效应估计与一阶差分估计

变量	双向固定效应模型估计	混合最小二乘估计	一阶差分估计
x	175.053*	−19.182	
	(2.558)	(−0.478)	
1.t	0.000		
	(.)		
2.t	4.5e+04***		
	(4.069)		
dx			175.053*

续表

变量	双向固定效应模型估计	混合最小二乘估计	一阶差分估计
			(2.558)
_cons	−5.0e+04*	1.7e+04	4.5e+04***
	(−2.381)	(1.759)	(4.069)
N	62.000	62.000	31.000
R^2	0.411	0.004	0.184
Adj_R^2	−0.240	−0.013	0.156

注：***、*分别代表1%、10%的显著性水平。

7.4 固定效应模型的拟合优度和稳健标准误

如果对面板模型进行混合最小二乘估计，则模型的拟合优度 R^2 与经典多元线性回归模型的一样。但如果使用一阶差分估计、固定效应估计等方法，由于对模型进行了差分或去均值等变换，拟合优度的计算不同。根据经典线性回归模型中 R^2 的性质，R^2 等于 y 与 $\hat{y}$ 拟合值相关系数的平方。Stata 汇报的 3 个 R^2 正是由上述性质计算得到，即分别基于组内估计、组间估计和总体估计得到模型(7.3)、模型(7.2)和模型(7.1)中被解释变量的拟合值，并计算被解释变量与相应拟合值相关系数的平方作为拟合优度 R^2。

此外，在面板模型的实际应用中，误差项独立同方差常常不成立。更合理的假设是允许同一个体的误差项有相关性，而不同个体的误差项独立且有异方差。此时，固定效应估计仍然是无偏且一致估计，但标准误需要修正误差项的相关性，即计算稳健标准误。在上述设定下，存在明显按个体聚类的"组群结构"，使用聚类标准误同时调整组内自相关和组间异方差是合理的。在 Stata 中，输入命令"xtreg y x,fe cluster(i)"即可实现上述聚类标准误的估计。Stata 中的"robust"标准误其实就是同时调整了组内自相关和组间异方差。可以验证，"xtreg y x,fe robust"和"xtreg y x,fe cluster(i)"得到的标准误相同。

如果检验面板模型中不同个体的误差项是否存在横截面相关性，可以使用 Stata 命令"xtcsd"，在使用该命令前，需要安装命令"ssc install xtcsd"。检验面板模型中不同个体之间是否存在异方差，可以使用 Stata 命令"xttest3"。检验序列相关可以使用 Stata 命令"xtserial"。在使用上述 Stata 命令前，可通过"help"命令查看帮助文档。

7.5 固定效应模型违背严外生性假设：基于 Stata 模拟的解释

固定效应模型(7.1)的估计是无偏估计的核心假设为严外生性，即对每个 t，有 $E(u_{it} | (\alpha_i, x_{is}: 1 \leqslant s \leqslant T)) = 0$。当严外生性成立时，$\text{cov}(u_{it} - \bar{u}_i, x_{it} - \bar{x}_i) = 0$。违背严外生性的情况很常见，如在资本使用效率($x_{it}$)与专利数($y_{it}$)的例子中，当期的专利数可能对未来的资本使用效率形成正反馈。违背严外生性会导致固定效应估计偏差。

本节使用蒙特卡洛模拟方法，通过 Stata 生成随机数，可视化地展示固定效应估计量在违背严外生性假设时是有偏的。

实验步骤如下:从模型 $y_{it}=2x_{it}+\alpha_i+u_{it}$ 中抽取随机样本,其中,u_{it} 服从正态分布 $N(0,4)$,解释变量 x_{it} 与前一期被解释变量 $y_{i,t-1}$ 和前一期外生冲击 $u_{i,t-1}$ 相关,即 $x_{it}=0.5\alpha_i+e_{it}+0.2y_{i,t-1}+0.2u_{i,t-1}(t\geqslant 2)$,$x_{i1}=0.5\alpha_i+e_{i1}$,$e_{i1}$ 与 e_{it} 为独立且服从标准正态分布的随机数。生成随机样本 $\{x_{it},y_{it},i=1,2,\cdots,1\,000;t=1,2,\cdots,5\}$,得到固定效应估计。重复上述估计 1 000 次,得到 1 000 组参数估计值,并绘制这些参数估计的直方图。实现这一模拟的 Stata 代码如下:

```
clear
set seed 123456
capture program drop strex
program strex, rclass
drop _all
set obs 1000
gen id = _n
gen a = rnormal() //individual effect
expand 5 //T = 5
bysort id: gen t = _n
gen xe = rnormal(1,1)
gen x = 0.5*a + xe
gen u = rnormal(0,2)
gen y = 2*x + a + u
xtset id t
gen u1 = l.u
gen y1 = l.y
replace x = 0.5*a + xe + 0.2*y1 + 0.2*u1 if t == 2
replace y = 2*x + a + u
gen u2 = l2.u
gen y2 = l2.y
replace x = 0.5*a + xe + 0.2*y1 + 0.2*u1 if t == 3
replace y = 2*x + a + u
gen u3 = l3.u
gen y3 = l3.y
replace x = 0.5*a + xe + 0.2*y1 + 0.2*u1 if t == 4
replace y = 2*x + a + u
gen u4 = l4.u
gen y4 = l4.y
replace x = 0.5*a + xe + 0.2*y1 + 0.2*u1 if t == 5
replace y = 2*x + a + u
xtset id t
xtreg y x, fe
end
simulate _b _se, reps(1000): strex
sum
hist _b_cons, normal              /*绘制常数项估计的直方图*/
graph save g1, replace
hist _b_x, normal                 /*绘制斜率参数估计的直方图*/
graph save g2, replace
gr combine g1.gph g2.gph, r(1)
graph save fig7-1, replace
```

表 7.2 为违背严外生性时固定效应估计的描述性统计，从中可以看到重复 1 000 次最小二乘估计，斜率参数估计的均值为 1.794，截距项估计的均值为 0.273，均偏离真实值。图 7.2 给出了参数估计的直方图。从图 7.2 所示的两个直方图可以看出，固定效应估计不再是以真实值为中心的分布，几乎所有的估计都明显偏离真实值。上述结果验证了违背严外生性会导致固定效应模型的参数估计有偏。

表 7.2 违背严外生性时固定效应估计的描述性统计

模型系数	样 本 数	均 值	标 准 差	最 小 值	最 大 值
截距项	1 000	0.273	0.057	0.071	0.444
斜率参数	1 000	1.794	0.024	1.714	1.866

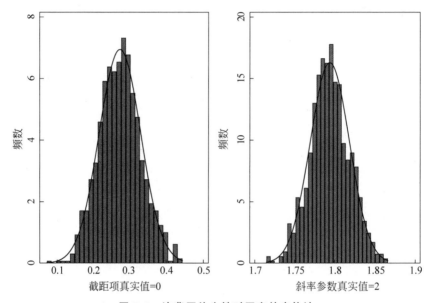

图 7.2 违背严外生性时固定效应估计

7.6 随机效应模型

考虑以下随机效应模型：

$$y_{it} = \beta_0 + \beta_1 x_{it1} + \cdots + \beta_k x_{itk} + \alpha_i + u_{it}, \quad i=1,2,\cdots,N; t=1,2,\cdots,T \quad (7.10)$$

其中，α_i 与解释变量均不相关，即 $\text{cov}(\alpha_i, x_{itj}) = 0 (j=1,2,\cdots,k; t=1,2,\cdots,T)$。$\alpha_i$ 与 u_{it} 不相关，且 u_{it} 独立同方差，即 $\text{var}(u_{it}|(\alpha_i, x_{is}: 1 \leqslant s \leqslant T)) = \sigma_u^2 I, t=1,2,\cdots,T$。模型 (7.10) 的混合最小二乘估计、组内估计和一阶差分估计均是一致估计量，但由于其复合扰动项 $\alpha_i + u_{it}$ 不满足独立同方差假设，因此，上述估计不是最有效率的估计量。

定义复合扰动项 $v_{it} = \alpha_i + u_{it}$。可以看到，对于同一个体，不同期的扰动项都包含个体固定效应，因此，存在自相关。对于 $t \neq s$，可以证明：

$$\text{cov}(v_{it}, v_{is}) = E[(\alpha_i + u_{it})(\alpha_i + u_{is})] = \sigma_a^2 \neq 0 \quad (7.11)$$

其中，$\text{var}(\alpha_i) = \sigma_a^2$ 为个体固定效应 α_i 的方差。因此，有 $\text{var}(v_{it}) = \text{var}(v_{is}) = \sigma_a^2 + \sigma_u^2$。对

于 $t \neq s$，复合扰动项的自相关系数为

$$\text{corr}(v_{it}, v_{is}) = \frac{\text{cov}(v_{it}, v_{is})}{\sqrt{\text{var}(v_{it})}\sqrt{\text{var}(v_{is})}} = \frac{\sigma_a^2}{\sigma_a^2 + \sigma_u^2} \quad (7.12)$$

自相关系数越大，复合扰动项 $\alpha_i + u_{it}$ 中个体固定效应 α_i 的部分越重要。从式(7.12)容易看出，随机效应模型中的复合扰动项存在正的序列相关。根据经典回归理论，如果误差项存在序列相关，那么 OLS 估计量不是有效估计，同时，通常的标准误的估计也有偏，故不能用通常的 t 统计量或 F 统计量来进行统计推断。随机效应估计通过广义最小二乘法来解决上述问题。其核心的思想是，通过对随机效应模型进行变换，消除复合扰动项的序列相关，具体来说，定义

$$\lambda = 1 - \left[\frac{\sigma_u^2}{\sigma_u^2 + T\sigma_a^2}\right]^{1/2} \quad (7.13)$$

其中，T 为面板数据的时间长度。显然，$0 \leq \lambda \leq 1$。对随机效应模型(7.10)两边取时间维度的平均，得到

$$\bar{y}_i = \beta_0 + \beta_1 \bar{x}_{i1} + \cdots + \beta_k \bar{x}_{ik} + \bar{v}_i \quad (7.14)$$

对式(7.14)两边同乘 λ 后与原模型相减，得到

$$y_{it} - \lambda \bar{y}_i = \beta_0(1-\lambda) + \beta_1(x_{it1} - \lambda \bar{x}_{i1}) + \cdots + \beta_k(x_{itk} - \lambda \bar{x}_{ik}) + (v_{it} - \lambda \bar{v}_i) \quad (7.15)$$

可以验证变换后的模型中误差项 $v_{it} - \lambda \bar{v}_i$ 不再有序列相关。模型(7.15)的 OLS 估计即为 GLS 估计，不但是无偏的，而且是最有效率的。上述估计通常称为随机效应估计。容易看出，当 $\lambda = 0$ 时，上述估计等同于混合最小二乘估计；当 $\lambda = 1$ 时，上述估计等同于固定效应估计。式(7.15)中，$v_{it} - \lambda \bar{v}_i = (1-\lambda)\alpha_i + u_{it} - \lambda \bar{u}_i$，即模型(7.15)的误差项中个体固定效应 α_i 的比重为 $1-\lambda$，因此，当 $\lambda = 1$ 时，误差项中的个体固定效应被完全消除，上述 GLS 估计退化为固定效应估计。从式(7.13)可以看出，当 T 很大或 σ_a^2 很大时，λ 会接近 1。此时，随机效应估计和固定效应估计将很接近。当 σ_a^2 接近 0 时，λ 会接近 0。此时，随机效应估计和混合最小二乘估计将会很接近。

由于 λ 通常是未知的，因此，需要先估计 λ，再估计模型(7.15)，即随机效应估计实际上是可行广义最小二乘估计。其具体做法为：首先，基于混合最小二乘估计或固定效应估计估计随机效应模型(7.10)，得到一致估计量；然后，基于此估计 $\hat{\sigma}_a^2$ 和 $\hat{\sigma}_u^2$，代入式(7.13)得到 $\hat{\lambda}$，将 $\hat{\lambda}$ 代入模型(7.15)后进行 OLS 估计。随机效应估计无偏一致的假设条件为：对参数线性；样本随机性；无完全多重共线性；严外生性，即对每个 t，有 $E(u_{it}|(\alpha_i, x_{j,is}: 1 \leq j \leq k, 1 \leq s \leq T)) = 0$ 且 $E(\alpha_i|(x_{j,is}: 1 \leq j \leq k, 1 \leq s \leq T)) = \beta_0$；独立同方差 $\text{var}(u_{it}|(\alpha_i, x_{j,is}: 1 \leq j \leq k, 1 \leq s \leq T)) = \sigma_u^2 I, t = 1, 2, \cdots, T$。上述假设条件与固定效应模型的假设条件差异主要在于：第一，随机效应估计方程(7.15)中只减去了均值的一部分，因此，可以允许解释变量不随时间变化，而固定效应模型中不随时间变化的变量会被消除；第二，随机效应模型假设个体效应 α_i 与解释变量均不相关，即 $E(\alpha_i|(x_{j,is}: 1 \leq j \leq k, 1 \leq s \leq T)) = \beta_0$，而固定效应模型允许 α_i 与解释变量相关。两个模型的其他假设条件都一样，特别地，随机效应模型也需要严外生性假设，否则，随机效应估计有偏。

例 7.2 基于例 7.1 中使用的数据集 case6-1，使用随机效应模型估计地区资本使用效率(x_{it})与专利数(y_{it})的关系。使用"xtreg y x, re"命令估计模型，如图 7.3 所示。

```
. xtreg y x i.t, re

Random-effects GLS regression              Number of obs      =         62
Group variable: i                          Number of groups   =         31

R-sq:                                      Obs per group:
     within  = 0.4095                                    min =          2
     between = 0.1767                                    avg =        2.0
     overall = 0.2922                                    max =          2

                                           Wald chi2(2)       =      26.51
corr(u_i, X)   = 0 (assumed)               Prob > chi2        =     0.0000
```

y	Coef.	Std. Err.	z	P>|z|	[95% Conf. Interval]	
x	195.2304	54.82733	3.561	0.000	87.77084	302.69
2.t	47594.47	9398.932	5.064	0.000	29172.9	66016.04
_cons	-55822.09	16983.78	-3.287	0.001	-89109.69	-22534.48

sigma_u	9205.2829	
sigma_e	21784.266	
rho	.15150818	(fraction of variance due to u_i)

图 7.3 随机效应模型估计结果

从图 7.3 所示估计结果可以看出，"rho"为复合扰动项 $\alpha_i + u_{it}$ 的方差中个体效应方差的占比，即 $\dfrac{\sigma_\alpha^2}{\sigma_\alpha^2 + \sigma_u^2}$ 的估计。"sigma_u"为个体效应的标准差，"sigma_e"为随机扰动项的标准差。在 Stata 中，执行完随机效应估计"xtreg, re"以后，可以通过 Stata 命令"xttest0"检验原假设 $\sigma_\alpha^2 = 0$，在混合最小二乘估计和随机效应估计之间作出选择。

7.7 固定效应与随机效应：豪斯曼检验

在实际应用中，可以使用豪斯曼(Hausman)检验在固定效应模型和随机效应模型之间作出选择。其具体做法是，检验固定效应 α_i 与解释变量是否相关作为模型选择的依据。建立检验的基本思想是，在固定效应 α_i 和解释变量不相关的原假设下，固定效应估计和随机效应估计都为无偏一致估计量，但固定效应估计不是最有效率的，而随机效应估计是有效估计；如果原假设不成立，则固定效应估计仍然是一致的，但随机效应估计是有偏的。当原假设成立时，固定效应估计与随机效应估计应该不会有很大差异，而原假设不成立时两者的差异较大。因此，可以基于两者参数估计的差异构造检验统计量。

假设 b 和 $\hat{\beta}$ 分别为固定效应估计和随机效应估计，则

$$\text{var}(b - \hat{\beta}) = \text{var}(b) + \text{var}(\hat{\beta}) - 2\text{cov}(b, \hat{\beta}) \tag{7.16}$$

豪斯曼证明，如果同时有两个估计量：有效估计量和一致非有效估计量，则有效估计量与两个估计量之差的协方差为零，即

$$\text{cov}(\hat{\beta}, b - \hat{\beta}) = \text{cov}(b, \hat{\beta}) - \text{var}(\hat{\beta}) = 0 \tag{7.17}$$

由此,得到 $\text{cov}(\boldsymbol{b},\hat{\boldsymbol{\beta}})=\text{var}(\hat{\boldsymbol{\beta}})$,将其代入式(7.16)得到

$$\text{var}(\boldsymbol{b}-\hat{\boldsymbol{\beta}})=\text{var}(\boldsymbol{b})-\text{var}(\hat{\boldsymbol{\beta}})=\boldsymbol{\Psi} \tag{7.18}$$

即两者相减的协方差等于协方差相减。基于此,可构造如下豪斯曼检验统计量:

$$W=(\boldsymbol{b}-\hat{\boldsymbol{\beta}})'\boldsymbol{\Psi}^{-1}(\boldsymbol{b}-\hat{\boldsymbol{\beta}})\sim\chi^2(k) \tag{7.19}$$

其中,k 为回归参数的个数。如果拒绝原假设,则说明固定效应 α_i 和其他解释变量相关,应使用固定效应模型。在 Stata 中借助命令"hausman"可以完成上述检验。其具体做法为:首先,估计固定效应模型,并存储估计结果;然后,估计随机效应模型,并存储估计结果;最后,使用 hausman 命令进行检验。

例 7.3 基于例 7.1 中使用的数据集 case6-1,检验地区资本使用效率(x_{it})与专利数(y_{it})的关系应使用固定效应模型还是随机效应模型。Stata 操作如图 7.4 所示。

```
. *step 1
. qui xtreg y x i.t, fe

. eststo fe

. *step 2
. qui xtreg y x i.t, re

. eststo re

. *hausman test
. hausman fe re
```

	—— Coefficients ——			
	(b)	(B)	(b-B)	sqrt(diag(V_b-V_B))
	fe	re	Difference	S.E.
x	175.0529	195.2304	-20.17751	40.95902
2.t	44788.98	47594.47	-2805.492	5729.105

```
                b = consistent under Ho and Ha; obtained from xtreg
     B = inconsistent under Ha, efficient under Ho; obtained from xtreg

Test: Ho: difference in coefficients not systematic

          chi2(2) = (b-B)'[(V_b-V_B)^(-1)](b-B)
                  =    0.24
       Prob>chi2 =    0.8857
```

图 7.4 豪斯曼检验结果

这里使用"qui"屏蔽掉了"xtreg"的回归结果,并使用 eststo 命令将固定效应估计与随机效应估计的结果分别存储为 fe 和 re,然后使用 hausman 命令调用估计结果 fe 和 re 完成检验。检验的 p 值为 0.886,因而无法拒绝固定效应 α_i 和其他解释变量不相关的原假设,即检验结果支持随机效应模型。

7.8 随机效应模型违背严外生性:基于 Stata 模拟的解释

随机效应模型(7.10)的估计是无偏一致估计也依赖于严外生性假设,即对每个 t,有

$E(u_{it}|(\alpha_i, x_{is}: 1 \leqslant s \leqslant T)) = 0$。严外生性意味着每一期的随机误差 u_{it} 与任意一期的解释变量 x_{is} 不相关。将随机误差 u_{it} 理解为随机冲击,则当被解释变量会影响未来期的解释变量 x_{is},或者前期的被解释变量 y_{it} 和未来期的解释变量 x_{is} 会对同一冲击作出反应时,会导致 $E(u_{i1}x_{i2}) \neq 0$,即违背严外生性,进而导致随机效应估计有偏。

本节使用蒙特卡洛模拟方法,通过 Stata 生成随机数,可视化地展示随机效应估计量在违背严外生性假设时是有偏的。

实验步骤如下:从模型 $y_{it} = 2x_{it} + \alpha_i + u_{it}$ 中抽取随机样本,其中,u_{it} 服从正态分布 $N(0, 4)$,解释变量 x_{it} 与前一期被解释变量 $y_{i,t-1}$ 和前一期外生冲击 $u_{i,t-1}$ 相关,即 $x_{it} = e_{it} + 0.2y_{i,t-1} + 0.2u_{i,t-1}(t \geqslant 2)$,$x_{i1} = e_{i1}$,$e_{i1}$ 与 e_{it} 为独立且服从标准正态分布的随机数。生成随机样本 $\{x_{it}, y_{it}, i = 1, 2, \cdots, 1\,000; t = 1, 2, \cdots, 5\}$,得到随机效应估计。重复上述估计 1 000 次,得到 1 000 组参数估计值,并绘制这些参数估计的直方图。实现这一模拟的 Stata 代码如下:

```
clear
set seed 123456
capture program drop strex
program strex, rclass
    drop _all
    set obs 1000
    gen u = rnormal(0,2)
    gen t = 1
    gen id = _n
    gen a = uniform()
    gen xe = rnormal()
    gen x = 0.0 * a + xe
    gen y = a + 2 * x + u
    forvalue i = 2/5{
        expand 2 in -1000/-1
        replace t = 'i' in -1000/-1
        replace xe = rnormal(0,1) in -1000/-1
        replace u = rnormal(0,2) in -1000/-1
        replace x = 0.0 * a + 0.2 * y + 0.2 * u + xe if t == 'i'
        replace y = a + 2 * x + u
    }
    xtset id t
    gen dy = d.y
    gen dx = d.x
    reg dy dx
    xtreg y x, fe
end
simulate _b _se, reps(1000): strex
sum                  /* 生成描述性统计量 */
hist _b_cons, normal /* 绘制常数项估计的直方图 */
graph save g1, replace
hist _b_x, normal    /* 绘制斜率参数估计的直方图 */
graph save g2, replace
gr combine g1.gph g2.gph, r(1)
graph save fig7-2, replace
```

表 7.3 为违背严外生性时随机效应估计的描述性统计,从中可以看到,重复 1 000 次最

小二乘估计,斜率参数估计的均值为 2.310,截距项估计的均值为 0.465,均偏离真实值。图 7.5 给出了参数估计的直方图。从图 7.5 所示的两个直方图可以看出,随机效应估计不再是以真实值为中心的分布,几乎所有的估计都明显偏离真实值。上述结果验证了违背严外生性会导致随机效应模型的参数估计有偏。

表 7.3 违背严外生性时随机效应估计的描述性统计

模型系数	样 本 数	均 值	标 准 差	最 小 值	最 大 值
截距项	1 000	0.465	0.027	0.372	0.549
斜率参数	1 000	2.310	0.027	2.229	2.385

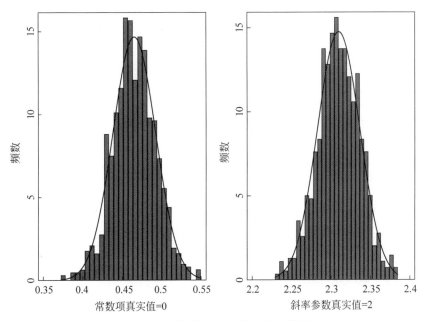

图 7.5 违背严外生性时随机效应估计

7.9 固定效应模型与随机效应模型的比较:基于 Stata 模拟的解释

根据固定效应模型和随机效应模型部分的介绍,当固定效应 α_i 和其他解释变量不相关时,固定效应估计和随机效应估计都为无偏一致估计量,但固定效应估计不是最有效率的,而随机效应估计是有效估计;当固定效应 α_i 和其他解释变量相关时,则固定效应估计仍然是一致的,但随机效应估计是有偏的。

本节通过 Stata 进行随机模拟来呈现上述理论结果。首先,考虑固定效应 α_i 和解释变量不相关的情形。实验步骤如下:从模型 $y_{it}=2x_{it}+\alpha_i+u_{it}$ 中抽取随机样本,其中,u_{it}、x_{it}、α_i 相互独立,u_{it} 和 α_i 均服从正态分布 $N(0,1)$,x_{it} 服从正态分布 $N(0,0.5^2)$。生成随机样本$\{x_{it},y_{it},i=1,2,\cdots,100;t=1,2,\cdots,5\}$,得到固定效应估计与随机效应估计。重复上述估计 1 000 次,得到 1 000 组参数估计值,并绘制这些参数估计的直方图。实现这一模拟的 Stata 代码如下：

```
clear
set seed 123
capture program drop compare_fe_re
program define compare_fe_re , eclass
    drop _all
    set obs 100
    gen id = _n
    gen a = rnormal(0,1) //individual effect
    expand 5 //T = 5
    bysort id: gen t = _n
    gen xe = rnormal(0,0.5)
    gen x = xe
    gen u = rnormal(0,1)
    gen y = 2 * x + a + u
    xtset id t
    tempname b bfe bre
    xtreg y x, fe
    matrix `bfe' = e(b)
    mat colnames `bfe' = bfe cfe
    xtreg y x, re
    matrix `bre' = e(b)
    mat colnames `bre' = bre cre
    matrix `b' = (`bfe',`bre')
    matrix list `b'
    ereturn post `b'
end
simulate _b, reps(10): compare_fe_re
sum
hist _b_bfe
graph save g1, replace
hist _b_bre
graph save g2, replace
gr combine g1.gph g2.gph, r(1)
graph save fig7 - 3, replace
```

表 7.4 给出了固定效应 α_i 和解释变量不相关情形下蒙特卡洛模拟结果的描述性统计，从中可以看到，重复 1 000 次最小二乘估计，每个参数估计的均值都非常接近真实值，且固定效应估计与随机效应估计十分接近，但对于斜率参数，随机效应估计的标准差略小于固定效应估计。上述结果表明：在固定效应 α_i 和其他解释变量不相关的情形下，两个估计都是一致估计量，但随机效应估计更有效。

表 7.4 不相关假设下固定效应估计与随机效应估计的比较

项目	样本数	均值	标准差	最小值	最大值
固定效应截距项	1 000	0.001	0.110	−0.339	0.331
固定效应斜率参数	1 000	2.000	0.100	1.699	2.308
随机效应截距项	1 000	0.001	0.110	−0.339	0.331
随机效应斜率参数	1 000	2.000	0.098	1.704	2.311

下面，再来考虑固定效应 α_i 和解释变量相关的情形。实验步骤如下：从模型 $y_{it} =$

$2x_{it}+\alpha_i+u_{it}$ 中抽取随机样本,其中,u_{it} 与 x_{it} 相互独立,但 α_i 与 x_{it} 相关,u_{it} 服从正态分布 $N(0,1)$,$x_{it}=0.5\alpha_i+e_{it}$,$e_{it}$ 服从正态分布 $N(0,0.5^2)$。生成随机样本 $\{x_{it},y_{it},i=1,2,\cdots,100;t=1,2,\cdots,5\}$,得到固定效应估计与随机效应估计。重复上述估计 1 000 次,得到 1 000 组参数估计值,并绘制这些参数估计的直方图。实现这一模拟的 Stata 代码如下:

```
clear
set seed 123
capture program drop compare_fe_re
program define compare_fe_re , eclass
    drop _all
    set obs 100
    gen id = _n
    gen a = rnormal(0,1) //individual effect
    expand 5 //T = 5
    bysort id: gen t = _n
    gen xe =  rnormal(0,0.5)
    gen x = 0.5 * a + xe
    gen u =  rnormal(0,1)
    gen y = 2 * x + a + u
    xtset id t
    tempname b bfe bre
    xtreg y x, fe
    matrix 'bfe' = e(b)
    mat colnames 'bfe' = bfe cfe
    xtreg y x, re
    matrix 'bre' = e(b)
    mat colnames 'bre' = bre cre
    matrix 'b' = ('bfe','bre')
    matrix list 'b'
    ereturn post 'b'
end
simulate _b, reps(1000): compare_fe_re
sum
hist _b_bfe
graph save g1, replace
hist _b_bre
graph save g2, replace
gr combine g1.gph g2.gph, r(1)
graph save fig7-4,replace
```

表 7.5 给出了固定效应 α_i 和解释变量相关情形下蒙特卡洛模拟结果的描述性统计,从中可以看到,重复 1 000 次最小二乘估计,固定效应估计的均值非常接近真实值,但随机效应估计的均值 2.746 与真实值 2 出现了明显偏离。图 7.6 为相关假设下固定效应估计与随机效应估计的直方图。从图 7.6 所示的两个直方图可以看出,随机效应估计不再是以真实值为中心的分布,几乎所有的估计都明显偏离真实值;但固定效应估计以真实值为中心,即满足无偏性。上述结果表明:在固定效应 α_i 和其他解释变量相关的情形下,固定效应估计都是无偏估计量,但随机效应估计有偏。

表 7.5　相关假设下固定效应估计与随机效应估计的比较

项　目	样　本　数	均　值	标　准　差	最　小　值	最　大　值
固定效应截距项	1 000	0.001	0.110	−0.331	0.359
固定效应斜率参数	1 000	1.999	0.100	1.699	2.308
随机效应截距项	1 000	−0.001	0.079	−0.247	0.244
随机效应斜率参数	1 000	2.746	0.113	2.281	3.061

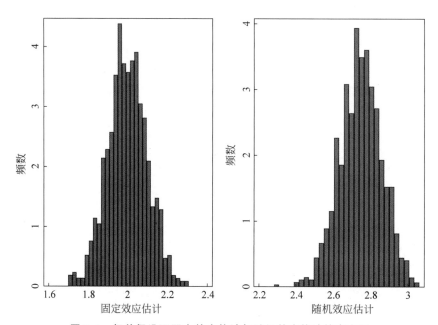

图 7.6　相关假设下固定效应估计与随机效应估计的直方图

本 章 习 题

一、概念题

1. 固定效应模型是如何解决个体异质性带来的内生性问题的？
2. 固定效应模型假设条件和参数估计无偏的条件是什么？
3. 最小二乘虚拟变量法是如何消除个体异质性带来的内生性问题的？其优点和不足之处分别是什么？最小二乘虚拟变量何时能与固定效应估计等价？
4. 简述双向固定效应模型。
5. 随机效应模型为什么会出现序列相关的问题？忽略干扰项序列相关会给模型估计带来什么问题？
6. 面板数据中一阶差分模型和固定效应模型缓解内生性的主要途径是什么？一阶差分模型与固定效应模型怎么选择？
7. 随机效应模型和固定效应模型有何区别？如何选择？
8. 混合最小二乘回归与固定效应模型如何选择？混合最小二乘回归与随机效应模型

如何选择？

9. 关于随机效应模型，以下说法是否正确？

(1) 随机效应模型可以节省自由度。

(2) 随机效应模型假定误差项在时间序列上和截面都是相关的。

(3) 随机效应模型中误差项的分量互不相关。

(4) 随机效应模型参数的混合 OLS 估计量具有一致性和有效性。

二、应用题

使用数据集 case6-1.dta，该数据集包含我国各省份 1995—2013 年的地区生产总值（GDP）、劳动投入（labor）、资本投入（capital）、专利数（patent）和价格指数（PPI）等变量的省际面板数据。研究地区劳动效率（x_{it}）与专利数（y_{it}）的关系，考虑以下模型：

$$y_{it} = \beta_0 + \beta_1 x_{it} + u_{it}$$

(1) 对固定效应模型计算组内估计量。

(2) 对固定效应模型计算最小二乘虚拟变量估计，并检验是否存在个体效应。

(3) 估计双向固定效应模型。

(4) 对随机效应模型进行可行广义最小二乘估计，检验是否存在个体效应。

(5) 对随机效应模型进行极大似然估计。

(6) 进行传统的豪斯曼检验。

第8章 因果推断与双重差分模型

计量经济分析的一个重要目的是推断因果关系。通常,回归分析有助于因果推断,但一般而言,线性回归模型的参数估计并不能直接解释为因果效应(causal effects)。本章将讨论回归分析与因果推断的关系,并介绍一个特殊的双向固定效应模型——双重差分(difference in difference,DID)模型。

8.1 潜在结果框架

因果推断的一个重要难点是因果的定义。"因果语言"表达的并不一定是因果效应。比如下面几个常见语句,"因为他吃了药,所以头不痛了","因为他上了大学,所以找了个好工作","因为他是男孩,所以力气大"。上述语句虽然都是用"因为……所以……"这样的因果语言来表达的,但实际上这三句话描述的都是两个变量之间的相关性,而不是变量之间的因果效应。因果关系分析是大部分实证研究的重要目标之一。虽然回归分析有助于分析因果关系,但回归分析的系数却并不能直接解释为因果效应。以上大学与收入的关系为例,考虑如下两种情况:第一种情况,对全国人口进行随机抽样,调查是否上大学、收入等数据,然后,以收入为被解释变量,以是否上大学的虚拟变量为解释变量,进行回归分析。由于上大学的群体可能更努力,回归分析得到的效应可能不仅包括上大学的影响,还包括"更努力"的影响,故不是"上大学对收入的因果效应"。第二种情况,想象是否上大学是由抛硬币随机决定的,此时,基于调查数据进行回归分析得到的结果,可以解释为"上大学对收入的因果效应"。直觉上,在第二种情况下,一个人属于上大学的群体或未上大学的群体,是随机分配(randomly assigned)的,没有明显差异,具有可比性;而在第一种情况下,两个群体可能存在差异,不具有可比性。由此可见,"随机分配"在因果关系分析中的重要性,这也正是基于观测数据进行因果推断的难点所在。

在潜在结果框架下,可以清晰地定义因果效应。潜在结果的概念最早由内曼(Neyman)在1923年研究重复随机化实验时提出,但当时并没有引起学界的关注。唐纳德·鲁宾(Donald Rubin)于1974年重新独立地提出了潜在结果框架,并将其推广到观测数据的研究领域,形成了目前的鲁宾因果模型(Rubin Causal Model,RCM)。RCM或潜在结果框架有三个基本构成要素:潜在结果(potential outcomes)、稳定性假设和分配机制(assignment mechanism)。

8.1.1 潜在结果

一个干预对结果变量产生的影响通常称为因果效应或处理效应(treatment effects)。在因果推断中，没有干预就没有因果(Rubin,1974)，潜在结果与干预存在对应关系。一个干预状态对应一个潜在结果。干预是一项对个体的行动，干预可以是一项政策、一项措施或一个活动等，如"上大学""降低个人所得税""吃药"等。本章主要关注二值干预。受到干预的个体通常称为干预组(treatment group)，未受到干预的个体通常称为控制组(control group)。在干预状态实现之前，有几个干预状态就有几个潜在结果；而在干预状态实现之后，只有一个潜在结果是可以观测到的。以是否上大学对收入的影响为例，每个个体 i 都有两种状态，$D_i=1$ 表示个体 i 完成了大学教育，$D_i=0$ 表示个体 i 未完成大学教育。无论个体实际上是否完成大学教育，事前每个个体均有两种可能的状态：完成大学教育或未完成大学教育，每种状态下对应一种潜在的结果：$Y_i(1)$ 表示个体 i 完成大学教育时的收入，$Y_i(0)$ 表示个体 i 未完成大学教育时的收入。干预状态实现之后，我们只能观测到实现状态下的潜在结果，没有实现状态下的潜在结果是无法观测的。无法观测到的潜在结果，通常称为反事实结果(counterfactual outcome)。无法同时观测到个体所有潜在结果的现象被称为因果推断的基本问题(Holland,1986)。观测结果与潜在结果之间的关系，可以用式(8.1)表示：

$$Y_i = \begin{cases} Y_i(0) & \text{如果 } D_i = 0 \\ Y_i(1) & \text{如果 } D_i = 1 \end{cases}$$
$$= D_i Y_i(1) + (1 - D_i) Y_i(0) \tag{8.1}$$

即如果个体 i 的干预状态是 $D_i=0$，则可以观测到潜在结果 $Y_i(0)$；如果个体 i 的干预状态是 $D_i=1$，则可以观测到潜在结果 $Y_i(1)$。潜在结果 $Y(0)$、$Y(1)$ 和观测结果 Y 的区分是定义和分析因果关系的关键。

有了干预和潜在结果的概念，再看最开始提到的"因果语言"的三个例子。第一个例子"因为他吃了药，所以头不痛了"，这个例子中的干预"吃药"是非常明确的，而"头不痛了"则是潜在结果的比较。第二个例子"因为他上了大学，所以找了个好工作"(不上大学可以有很多选择，对应很多潜在结果)，因此这个例子在控制状态下的潜在结果不是很明确。第三个例子"因为他是男孩，所以力气大"，这个例子中干预和潜在结果都不明确。

基于潜在结果的概念，因果效应的定义非常直观。对于个体 i，某项干预的因果效应是两种状态下潜在结果的比较，即

$$\tau_i = Y_i(1) - Y_i(0) \tag{8.2}$$

为了更好地理解因果效应，考虑这样一个例子，"当你头疼的时候，你会考虑要不要吃阿司匹林(Aspirin)"，这个例子中的两个干预分别是"吃阿司匹林"(Aspirin)和"不吃阿司匹林"(No Aspirin)，对应的潜在结果是"不头疼"(No Headache)和"头疼"(Headache)，实际上在我们不知道阿司匹林的药效的时候，潜在结果应该有四种情况：

(1) 只有吃了阿司匹林之后才不头疼，即
$$Y(\text{Aspirin}) = \text{No Headache}, \quad Y(\text{No Aspirin}) = \text{Headache}$$
(2) 阿司匹林没有作用，吃不吃阿司匹林都继续头疼，即
$$Y(\text{Aspirin}) = \text{Headache}, \quad Y(\text{No Aspirin}) = \text{Headache}$$

(3) 阿司匹林没有作用,吃不吃阿司匹林都不头疼了,即

$$Y(\text{Aspirin}) = \text{No Headache}, \quad Y(\text{No Aspirin}) = \text{No Headache}$$

(4) 只有不吃阿司匹林之后才不头疼,即

$$Y(\text{Aspirin}) = \text{Headache}, \quad Y(\text{No Aspirin}) = \text{No Headache}$$

因果效应的定义应基于"你现在吃阿司匹林"和"你现在不吃阿司匹林"对应潜在结果的比较,而不能用"你现在吃阿司匹林"和"你昨天没有吃阿司匹林"的潜在结果比较,这是因为"你现在不吃阿司匹林"和"你昨天没有吃阿司匹林"可能并不一样。对于某一特定个体"你",$Y(\text{Aspirin}) - Y(\text{No Aspirin})$并不能直接定义为因果,因为"吃阿司匹林后不头疼"可能是由于"你"体质好,即使不吃药,也能自愈。

关于因果效应的定义需要注意以下两点:首先,因果效应仅依赖于潜在结果,与哪一个潜在结果会被观测到无关。其次,因果效应是干预后同一时间、同一个体潜在结果的比较。因果效应是不同状态下潜在结果的比较,但我们只能观察到一个潜在结果。如果仅有一个个体,我们是没办法得到因果效应的,因此因果推断需要多个个体。多个个体的选择有两种方式:同一个体不同时间、同一时间不同个体。因果推断的主要方法是通过设计模型将未观测到的潜在结果(反事实结果)估计出来。如判断阿司匹林是否能治头疼,人们常常基于自己的经历,以前头疼吃阿司匹林就好了,而今天未吃阿司匹林,头疼没好,因而就认为阿司匹林对头疼有治疗效果。这似乎很合理,但里面隐含了很强的假设,即过往经验可以作为吃阿司匹林的反事实结果。但是今天的"你"和过去的"你"可能不具有可比性。比如今天"你"精神状态不好,即使吃阿司匹林,头也是疼的。但这并不一定说明阿司匹林不能治疗头疼,而是"你"的头疼还混杂了精神状态不好的因素,这影响了今天的"你"和过去的"你"的可比性。

8.1.2 稳定性假设

稳定性假设即稳定个体干预值假设(stable unit treatment value assumption,SUTVA;Rubin,1980)。稳定性假设有两个要求,具体如下。

稳定性假设的第一个要求是不同个体的潜在结果之间不存在交互影响。例如,我和你在同一个自习室,我们两个都头疼,如果阿司匹林对我的治疗效果依赖于你有没有吃药,那么就不满足稳定性假设。比如,我吃了阿司匹林但你没吃,你在头疼,我尽管吃药了,但头疼如果传染,我的头疼并没有因为吃阿司匹林而消失,这并不是因为阿司匹林没有治疗效果,而是因为我的潜在结果依赖于你是否吃阿司匹林,这样就不满足稳定性假设的第一个要求。

稳定性假设的第二个要求是对所有的个体干预水平是相同的。比如,上大学对收入的影响,这里的"上大学"就要求每个个体上的大学是相同的,不能有的个体是专科,有的个体是本科,而且要求每个大学的教育质量也是一样的。虽然严格意义上说,稳定性假设需要满足第二个要求,但是在应用中我们往往忽略这种差异,将"上大学"看作对所有个体都具有相同程度的干预。因此,在实际应用中,我们往往更关注稳定性假设的第一个要求。

8.1.3 分配机制

分配机制决定了哪些个体进入干预组、哪些个体进入控制组,即分配机制描述了个体接受干预的方式。分配机制也可理解为决定哪个潜在结果实现、哪个潜在结果不实现的机制。

因果推断中分配机制非常关键。为了得到正确的因果效应,不能简单地比较不同干预状态下的观测结果,必须了解分配机制。我们可以通过下面这个简单的例子来了解分配机制。

表 8.1 中有 4 个个体,考察是否完成大学教育对收入的因果效应。如果能同时观测到个体的两种干预状态下的潜在结果,则平均因果效应为 $\sum_{i=1}^{4}[Y_i(1)-Y_i(0)]/4$。表 8.1 显示个体 1 完成大学教育后收入为 7 000 元,而未完成大学教育的收入是 1 000 元,因此个体 1 大学教育对收入的因果效应是 6 000 元。总体来说,4 个个体的平均因果效应是 2 000 元。

表 8.1　上大学对收入的因果效应　　　　　　　　　　　　　　　　　　　　　　元

个体	潜在结果		因果效应
	完成大学教育的收入 $Y(1)$	未完成大学教育的收入 $Y(0)$	$Y(1)-Y(0)$
个体 1	7 000	1 000	6 000
个体 2	5 000	6 000	−1 000
个体 3	5 000	1 000	4 000
个体 4	7 000	8 000	−1 000
平均因果效应			2 000

假设现实中每个人能够选择出对自己最有利的教育方案,从而可以实现表 8.2 的观测结果。在这样的观测结果下,可以看到完成大学教育的个体平均收入是 6 000 元,而未完成大学教育的个体平均收入是 7 000 元。如果直接利用两组观测结果进行比较,很容易得到完成大学教育对收入有负作用的错误结论。为了避免得到错误的结论,必须了解分配机制,即为什么个体 1 和个体 3 在干预组,而个体 2 和个体 4 在控制组。

表 8.2　最佳教育方案的观测结果　　　　　　　　　　　　　　　　　　　　　　元

个体	干预状态	观测结果
个体 1	完成大学教育	7 000
个体 2	未完成大学教育	6 000
个体 3	完成大学教育	5 000
个体 4	未完成大学教育	8 000

在估计因果效应时,对于特定个体,必须先预测或估计反事实结果。这种估计往往涉及对分配机制的假设。为了描述分配机制,往往需要一些干预前变量(pretreatment variables)或协变量(covariates)。协变量包括两类:一类是个体属性,如性别、年龄等变量;另一类是干预实施之前的变量,如研究上大学对收入的影响时,小学、初中和高中的表现等都是协变量。协变量的基本特点是,这些变量不变或取值在干预变量实现之前,均不受到干预变量的影响;相反,这些变量往往影响个体是否受到干预。

分配机制具有四个基本特征,分别是个体性、概率性、非混杂性(unconfoundedness)和分配机制是否已知。具体来说,个体性是指个体接受干预的概率仅依赖于个体的先决变量。概率性是指个体接受干预的概率在 0 到 1 之间。非混杂性也称条件独立假设(conditional independence assumption,CIA),是指在控制了协变量 X_i 后,个体接受干预的可能性不依赖于潜在结果：

$$(Y_i(1), Y_i(0)) \perp D_i \mid X_i \tag{8.3}$$

其中，⊥表示相互独立。式(8.3)表示，在控制协变量 X_i 后，干预变量 D_i 独立于潜在结果 $(Y_i(1), Y_i(0))$ 以及潜在结果的函数。这可以理解为，在控制协变量 X_i 后，个体进入干预组或控制组是随机的。

按照分配机制是否已知，可以将分配机制分成两类：随机化实验和观测研究。随机化实验中，分配机制是已知的，满足概率性及函数形式已知，每个个体都有被干预的可能性，并且干预概率已知，如抛硬币决定个体是否进入干预组等。观测研究中，分配机制是未知的，因此其分配机制的函数形式也是未知的，观测研究的目的就是设法识别出未知的分配机制，从而估计因果效应。

按照是否满足分配机制的四个特征，可以将分配机制分成三类：经典随机实验、规则分配机制（regular assignment mechanism）和不规则分配机制。满足四个特征的分配机制称为经典随机实验；满足前三个特征的分配机制称为规则分配机制；其他机制为不规则分配机制。

8.1.4 潜在结果与洛德悖论

在潜在结果框架下，能够清晰地定义因果效应。从观测结果出发进行建模往往不能清晰地表述因果问题，从而出现各种悖论。统计学上著名的洛德悖论（Lord's Paradox）就是这样一个案例。弗雷德里克·洛德（Lord, 1967）构造了一个假想案例。一所大学想要考察食堂膳食对学生体重的影响以及影响的性别差异。其收集了学生入学时的体重 X 和入学 1 年以后的体重 Y。两个统计学家分别利用这份数据分析食堂膳食对学生体重的影响，第一个统计学家计算了男、女生入学时的平均体重（$\bar{X}_1, \bar{X}_2$）和入学 1 年以后的平均体重（$\bar{Y}_1, \bar{Y}_2$），比较发现 $\bar{X}_1 = \bar{Y}_1, \bar{X}_2 = \bar{Y}_2$，所以第一个统计学家就认为食堂膳食对学生体重没有影响。第二个统计学家通过回归分析的方法控制了个体入学时的体重，并考察了性别的差异，回归结果表明，食堂膳食增加了学生体重，并且同样体重的男生、女生相比，男生的体重增加更大。两个统计学家利用同样的数据采用不同的方法得到了几乎相反的结果，这种矛盾的结果被称为洛德悖论。

为了解决洛德悖论，在潜在结果框架下对上述问题进行重新分析，如果用 $D_i = 1$ 来表示学生在学校食堂吃饭，对应的潜在结果是 $Y_i(1)$，那么为了分析"在学校食堂吃饭对体重"的因果效应，需要知道"不在学校食堂吃饭"$D_i = 0$ 对应的潜在结果 $Y_i(0)$，相应的因果效应就是 $\tau_i = Y_i(1) - Y_i(0)$。虽然干预可以定义为在学校食堂吃饭，但是由于没有清晰地控制干预，不在食堂吃饭时是吃外卖还是吃零食，并不清楚，所以潜在结果 $Y_i(0)$ 的定义是模糊的，而这正是解决洛德悖论的关键。实际上，在洛德悖论的描述中不存在"不在学校食堂吃饭"的学生。

在潜在结果框架下，容易发现：第一个统计学家估计的是 $E((Y(1) - X) | 性别)$，这相当于将学生入学时的体重 X 作为入学 1 年并在学校食堂吃饭的反事实结果 $Y(0)$，即假设不在学校食堂吃饭，学生入学 1 年后的体重和入学时一样，这一假设难以成立。第二个统计学家通过回归分析估计的是 $E((Y(1) - X) | X, 性别)$，根据线性回归理论，第二个统计学家的分析似乎十分令人信服，但他得到因果效应了吗？实际上，第二个统计学家考虑的回归模

型为

$$Y = \beta_0 + \beta_1 X + \beta_2 M + U \tag{8.4}$$

其中，M 为性别的虚拟变量，对女性取值为 1，男性取值为 0；U 为误差项。得到回归分析结果"食堂膳食增加了学生体重，并且同样体重的男生、女生相比，男生的体重增加更大"，即 $\hat{\beta}_0$ 显著为正，$\hat{\beta}_2$ 显著为负。这一结果似乎合理，但却未必是因果效应，除非假设不在学校食堂吃饭的学生入学 1 年后的体重是入学时体重的线性函数，这一假设也过于严苛难以成立。

根据潜在结果框架，分析因果效应需要干预、潜在结果、稳定性假设和分配机制。但在上述例子中，所有个体都被干预，不存在未被干预的个体，因而除非施加严苛的假设，否则不能估计因果效应。

8.1.5 因果效应定义

假设考察总体有 N 个个体，$i=1,2,\cdots,N$。D_i 表示两个干预变量，$D_i = \{0,1\}$。个体因果效应为

$$\tau_i = Y_i(1) - Y_i(0), \quad i = 1, 2, \cdots, N \tag{8.5}$$

由于每个个体，只能观测到潜在结果中的一个，故个体因果效应往往无法估计，因此研究中多关注总体平均因果效应（average treatment effect，ATE），定义为所有个体因果效应的平均值，即

$$\tau_{\text{ATE}} = \frac{1}{N} \sum_{i=1}^{N} (Y_i(1) - Y_i(0)) \tag{8.6}$$

此外，在有些情况下，可能关注受到干预的个体的平均因果效应，称为干预组平均因果效应（average treatment effect for the treated，ATT）：

$$\tau_{\text{ATT}} = \frac{1}{N_t} \sum_{i: D_i = 1} (Y_i(1) - Y_i(0)) \tag{8.7}$$

有些时候，还会关注那些没有受到干预的个体如果接受干预的平均因果效应，即控制组平均因果效应（average treatment effect for the control，ATC）：

$$\tau_{\text{ATC}} = \frac{1}{N_c} \sum_{i: D_i = 0} (Y_i(1) - Y_i(0)) \tag{8.8}$$

以表 8.1 为例，在该例中，对应的潜在结果的取值、观测结果变量和干预变量分别为

$$Y(1) = \begin{bmatrix} 7\,000 \\ 5\,000 \\ 5\,000 \\ 7\,000 \end{bmatrix}, \quad Y(0) = \begin{bmatrix} 1\,000 \\ 6\,000 \\ 1\,000 \\ 8\,000 \end{bmatrix}, \quad Y = \begin{bmatrix} 7\,000 \\ 6\,000 \\ 5\,000 \\ 8\,000 \end{bmatrix}, \quad D = \begin{bmatrix} 1 \\ 0 \\ 1 \\ 0 \end{bmatrix} \tag{8.9}$$

该例中的总体平均因果效应、干预组平均因果效应和控制组平均因果效应的参数值分别为

$$\tau_{\text{ATE}} = \frac{1}{4}(6\,000 - 1\,000 + 4\,000 - 1\,000) = 2\,000$$

$$\tau_{\text{ATT}} = \frac{1}{2}(6\,000 + 4\,000) = 5\,000$$

$$\tau_{\text{ATC}} = \frac{1}{2}(-1\,000 - 1\,000) = -1\,000$$

8.1.6 因果效应与回归分析

在实际问题的研究中,由于只能观测到潜在结果中的一个,因此,可用的数据只有观测结果变量 Y 和干预变量 D。那么,对两个变量进行回归分析,能否得到因果效应参数的估计?为此,考虑建立一个简单的一元线性回归模型:

$$Y_i = \beta_0 + \beta_1 D_i + \varepsilon_i \tag{8.10}$$

根据回归理论,用来自总体的一个容量为 N 的随机样本去估计上述简单回归模型,则 D_i 的回归系数估计为

$$\hat{\beta}_1 = \frac{\sum_{i=1}^{N}(Y_i - \overline{Y})(D_i - \overline{D})}{\sum_{i=1}^{N}(D_i - \overline{D})^2} \tag{8.11}$$

干预变量 D_i 取 1 表示个体 i 在干预组,D_i 取 0 表示个体 i 在控制组。可以证明回归系数 $\hat{\beta}_1$ 等于干预组与控制组样本均值之差。干预组样本数 N_t 和控制组样本数 N_c 可以分别表示为

$$N_t = \sum_{i=1}^{N} D_i, \quad N_c = \sum_{i=1}^{N}(1 - D_i) \tag{8.12}$$

干预组和控制组观测结果的样本均值可以分别表示为

$$\overline{Y}_t = (1/N_t)\sum_{i=1}^{N} D_i Y_i, \quad \overline{Y}_c = (1/N_c)\sum_{i=1}^{N}(1 - D_i)Y_i \tag{8.13}$$

则式(8.11)中的分母可以重新表示为

$$\sum_{i=1}^{N}(D_i - \overline{D})^2 = \sum_{i=1}^{N}[D_i^2 - 2D_i(N_t/N) + (N_t/N)^2]$$

$$= N_t - 2N_t^2/N + N_t^2/N = N_t(1 - N_t/N) \tag{8.14}$$

将式(8.14)代入式(8.11),回归系数 $\hat{\beta}_1$ 则可以被重新表示为

$$\hat{\beta}_1 = \frac{\sum_{i=1}^{N}(D_i - \overline{D})Y_i}{N_t(1 - N_t/N)} = \frac{\sum_{i=1}^{N}(D_i - N_t/N)Y_i}{N_t(1 - N_t/N)}$$

$$= \frac{\sum_{i=1}^{N}(ND_i - N_t)Y_i}{N_t N_c} = \sum_{i=1}^{N}\left[\frac{D_i N_c - (1 - D_i)N_t}{N_t N_c}\right]Y_i$$

$$= \sum_{i=1}^{N}[D_i/N_t - (1 - D_i)/N_c]Y_i$$

$$= \sum_{i=1}^{N}(D_i Y_i/N_t) - \sum_{i=1}^{N}(1 - D_i)Y_i/N_c$$

$$= (1/N_t)\sum_{i=1}^{N} D_i Y_i - (1/N_c)\sum_{i=1}^{N}(1 - D_i)Y_i = \overline{Y}_t - \overline{Y}_c \tag{8.15}$$

在大样本的情况下,有

$$\hat{\beta}_1 = \overline{Y}_t - \overline{Y}_c \xrightarrow{p} E[Y_i \mid D_i = 1] - E[Y_i \mid D_i = 0] = \beta_1 \quad (8.16)$$

其中，β_1 是总体回归系数，表示观测到的差异，回归系数 $\hat{\beta}_1$ 一般不能反映任何因果效应参数，除非施加一定的假设。首先可以考察 $\hat{\beta}_1$ 与干预组平均因果效应之间的关系：

$$\begin{aligned}
\beta_1 &= E[Y_i \mid D_i = 1] - E[Y_i \mid D_i = 0] \\
&= E[Y_i(1) \mid D_i = 1] - E[Y_i(0) \mid D_i = 0] \\
&= \underbrace{E[Y_i(1) - Y_i(0) \mid D_i = 1]}_{\text{ATT}} + \underbrace{E[Y_i(0) \mid D_i = 1] - E[Y_i(0) \mid D_i = 0]}_{\text{选择偏差}}
\end{aligned} \quad (8.17)$$

可以看出，回归系数和因果效应参数 ATT 之间相差 $E[Y_i(0) \mid D_i = 1] - E[Y_i(0) \mid D_i = 0]$，这一偏差通常被称为选择偏差（selection bias）。那么当选择偏差等于 0 的时候，回归系数是干预组平均因果效应，即回归系数是 ATT，当且仅当 $E[Y_i(0) \mid D_i = 1] - E[Y_i(0) \mid D_i = 0] = 0$。

选择偏差为零意味着，$E[Y_i(0) \mid D_i = 1] = E[Y_i(0) \mid D_i = 0]$，即干预组未被干预的反事实结果可以使用控制组的观测结果代替。在这一条件下，两组观测结果的均值之差就是干预组平均因果效应，即

$$\begin{aligned}
\tau_{\text{ATT}} &= E[Y_{1i} - Y_{0i} \mid D_i = 1] = E[Y_{1i} \mid D_i = 1] - E[Y_{0i} \mid D_i = 1] \\
&= E[Y_{1i} \mid D_i = 1] - E[Y_{0i} \mid D_i = 0] \\
&= E[Y_i \mid D_i = 1] - E[Y_i \mid D_i = 0] \equiv \beta_1
\end{aligned} \quad (8.18)$$

类似地，可以证明，总体回归系数也不是控制组平均因果效应：

$$\begin{aligned}
\beta_1 &= E[Y_i \mid D_i = 1] - E[Y_i \mid D_i = 0] \\
&= E[Y_i(1) \mid D_i = 1] - E[Y_i(0) \mid D_i = 0] \\
&= \underbrace{E[Y_i(1) - Y_i(0) \mid D_i = 0]}_{\text{ATC}} + \underbrace{E[Y_i(1) \mid D_i = 1] - E[Y_i(1) \mid D_i = 0]}_{\text{选择偏差}}
\end{aligned} \quad (8.19)$$

只有施加假设 $E[Y_i(1) \mid D_i = 1] = E[Y_i(1) \mid D_i = 0]$，回归系数才等于 ATC。

总体回归系数通常也不是平均因果效应，有如下结果：

$$\begin{aligned}
\beta_1 &= E[Y_i(1) \mid D_i = 1] - E[Y_i(0) \mid D_i = 0] \\
&= \underbrace{E[Y_i(1) - Y_i(0) \mid D_i = 1]}_{\text{ATT}} + \underbrace{E[Y_i(0) \mid D_i = 1] - E[Y_i(0) \mid D_i = 0]}_{\text{选择偏差}} \\
&= \underbrace{E[Y_i(1) - Y_i(0) \mid D_i = 1]}_{\text{ATT}} + \underbrace{E[Y_i(0) \mid D_i = 1] - E[Y_i(0) \mid D_i = 0]}_{\text{选择偏差}} + \\
&\quad \underbrace{E[Y_i(1) - Y_i(0) \mid D_i = 0]}_{\text{ATC}} \Pr[D_i = 0] + \underbrace{E[Y_i(1) - Y_i(0) \mid D_i = 1]}_{\text{ATT}} \Pr[D_i = 1] - \\
&\quad \underbrace{E[Y_i(1) - Y_i(0) \mid D_i = 0]}_{\text{ATC}} \Pr[D_i = 0] - \underbrace{E[Y_i(1) - Y_i(0) \mid D_i = 1]}_{\text{ATT}} \Pr[D_i = 1] \\
&= \underbrace{E[Y_i(1) - Y_i(0)]}_{\text{ATT}} + \underbrace{E[Y_i(0) \mid D_i = 1] - E[Y_i(0) \mid D_i = 0]}_{\text{选择偏差}} - \\
&\quad \underbrace{E[Y_i(1) - Y_i(0) \mid D_i = 0]}_{\text{ATC}} \Pr[D_i = 0] + \underbrace{E[Y_i(1) - Y_i(0) \mid D_i = 1]}_{\text{ATT}} \Pr[D_i = 0]
\end{aligned}$$

$$= \underbrace{E[Y_i(1) - Y_i(0)]}_{\text{ATE}} + \underbrace{E[Y_i(0) \mid D_i = 1] - E[Y_i(0) \mid D_i = 0]}_{\text{选择偏差}} + \{1 - \Pr[D_i = 1]\} \cdot$$

$$\underbrace{\{E[Y_i(1) - Y_i(0) \mid D_i = 1] - E[Y_i(1) - Y_i(0) \mid D_i = 0]\}}_{\text{两组因果效应差异}} \tag{8.20}$$

因此,只有式(8.17)和式(8.19)中的选择偏差同时为零,总体回归系数才等于平均因果效应。

如果分配机制是随机的,则上述选择偏差均为零。此时,回归分析的结果可以解释为因果效应。这是因为随机分配可以保证:

$$E[Y_i(0) \mid D_i = 1] = E[Y_i(0) \mid D_i = 0] \tag{8.21}$$

$$E[Y_i(1) \mid D_i = 1] = E[Y_i(1) \mid D_i = 0] \tag{8.22}$$

随机分配使潜在结果与分配变量相互独立,即$(Y_i(1), Y_i(0)) \perp D_i$,因此,有

$$\beta_1 = E[Y_i(1) \mid D_i = 1] - E[Y_i(0) \mid D_i = 0]$$

$$= \underbrace{E[Y_i(1) - Y_i(0) \mid D_i = 1]}_{\text{ATT}}$$

$$= \underbrace{E[Y_i(1) - Y_i(0) \mid D_i = 0]}_{\text{ATC}}$$

$$= \underbrace{E[Y_i(1) - Y_i(0)]}_{\text{ATE}}$$

由于$Y_i = Y_i(1)D_i + Y_i(0)(1 - D_i) = Y_i(0) + [Y_i(1) - Y_i(0)]D_i$,如果每个个体的因果效应相同,即$Y_i(1) - Y_i(0) \equiv \beta_1$,定义$E[Y_i(0)] = \beta_0$,则观察结果变量与干预变量之间可以建立如下回归模型:

$$Y_i = \beta_0 + \beta_1 D_i + \varepsilon_i \tag{8.23}$$

其中,$\varepsilon_i = Y_i(0) - E[Y_i(0)]$,即线性回归模型(8.23)中斜率参数估计即为因果效应。基于上述回归模型,有如下条件期望:

$$E(Y_i \mid D_i = 1) = \beta_0 + \beta_1 + E(\varepsilon_i \mid D_i = 1) \tag{8.24}$$

$$E(Y_i \mid D_i = 0) = \beta_0 + E(\varepsilon_i \mid D_i = 0) \tag{8.25}$$

式(8.24)减去式(8.25)得到

$$E(Y_i \mid D_i = 1) - E(Y_i \mid D_i = 0) = \beta_1 + E(\varepsilon_i \mid D_i = 1) - E(\varepsilon_i \mid D_i = 0) \tag{8.26}$$

不难看出,式(8.26)中,$E(\varepsilon_i \mid D_i = 1) - E(\varepsilon_i \mid D_i = 0) = E(Y_i(0) \mid D_i = 1) - E(Y_i(0) \mid D_i = 0)$。式(8.26)中,$E(\varepsilon_i \mid D_i = 1) - E(\varepsilon_i \mid D_i = 0) \neq 0$,意味着回归模型(8.23)中$D_i$和$\varepsilon_i$相关,$D_i$是内生变量,即违背零条件期望假设。在上述框架下,这一问题等价于选择偏差,即潜在结果与干预变量相关,$E(Y_i(0) \mid D_i = 1) - E(Y_i(0) \mid D_i = 0) \neq 0$。因此,回归分析有助于因果推断,但一般而言,线性回归模型的参数估计并不能直接解释为因果效应。上述主要结果在一定条件下可以推广到多值干预变量和连续干预变量的情况,参见 Angrist 和 Pischke(2008)的文献。总体而言,因果关系分析的主要策略是,先基于潜在结果框架清晰地定义因果效应参数,再构建模型将因果效应参数转化为其待估参数。在潜在结果框架下,因果推断的核心问题是估计或预测反事实,根据反事实预测或估计方法的不同,形成了不同形式的因果推断模型,而大多数因果推断模型都可以视为特殊形式的回归模型。

8.2 双重差分模型

双重差分模型,又称倍差法,在模型形式上,经典双重差分模型是一个特殊的双向固定效应模型。双重差分是一种在实践中被广泛应用的因果效应识别策略,主要原理是在干预组和控制组之间构建近似随机分配。

随机实验是因果推断的黄金标准。在一个 1882 年的经典例子中,路易斯·巴斯特(Louis Pasteur)为研究炭疽病毒疫苗的有效性,随机地将 50 头羊当中的 25 头羊指定为控制组,没有施打疫苗,而对其他 25 头羊施打疫苗,即为干预组。接下来再对 50 头羊注射致命的炭疽病毒。在预防接种两天后,控制组中的 25 头羊都死亡了,而其他施打疫苗(干预组)的 25 头羊都生命体征良好。这一随机实验可以有说服力地表明打疫苗与 50 头羊生死之间的因果关系。但在社会科学中,随机实验会受到经济成本、社会成本、道德问题等限制,因此,不得不从观测数据中推断因果关系。

基于观测数据进行因果推断,一个典型的例子是,研究开通高铁对一个地区经济发展的因果效应。一个直观的思路是,计算开通高铁地区的经济指标与没有开通高铁地区的经济指标之差。但是,这种做法通常不可能得到开通高铁对一个地区经济的因果效应。其理由为,开通高铁并非一个随机分配的事件。一般而言,开通高铁与一个地方的资源禀赋、经济发展水平等诸多因素都有关系,仅仅用上述的简单方法去比较不同群组(有无开通高铁)的经济指标,即使结果显示开通高铁的地区经济更好,这样得出的结论也并不能解释为因果效应。

如果研究开通高铁与地区生产总值的因果关系,常见的思路可能如下:计算开通高铁 1 年后的人均地区生产总值,然后减去未开通高铁地区的人均地区生产总值。这相当于利用政策实施 1 年后的截面数据进行回归分析:(两类地区:开通高铁,不开通高铁),估计

$$Y_i = \beta_0 + \beta_1 D_i + U_i \tag{8.27}$$

其中,Y_i 为地区 i 的地区生产总值;D_i 为地区 i 是否开通高铁的虚拟变量,开通高铁取值为 1,否则为 0。但上述回归分析的问题是,如果在开通高铁前,两类地区就有差异(无法观察到的因素影响),则选择偏差不为 0,因此,回归分析的结果不能解释为因果效应。如果将回归模型(8.27)的结果解释为因果效应,其背后的思路是未开通高铁地区作为开通高铁地区的反事实,这需要假设开通高铁地区如果不开通高铁,其地区生产总值将与未开通地区一样,这往往难以成立。

另一种思路是,仅考虑某个地区开通高铁前后地区生产总值的时间序列数据,建立回归模型:

$$Y_t = \delta_0 + \delta_1 P_t + e_t \tag{8.28}$$

其中,Y_t 为该地区第 t 期的地区生产总值;P_t 为时间的虚拟变量,开通高铁后取值为 1,开通高铁前取值为 0。基于时间序列数据的分析忽略了趋势,因此,回归模型(8.28)的结果也不能解释为因果效应。如果将回归模型(8.28)的结果解释为因果效应,其背后的思路是将开通高铁前作为开通高铁后的反事实。这需要假设如果不开通高铁,地区生产总值保持不变(在多期背景下,地区生产总值保持趋势不变),这一假设也难以成立。

双重差分模型的基本思路是利用未受到干预的控制组的时间序列数据建立干预组的反

事实。双重差分模型适用于事前所有个体都未受到干预,而事后只有部分个体受到干预,即干预组;没有受到干预的个体为控制组。因此,可根据干预的时间点和是否受到干预将样本分为四组,见表8.3。

表8.3 双重差分样本分组

组 别	实施前 $T=0$	实施后 $T=1$
干预组 $D=1$	干预组(尚未干预)	干预组(干预后)
控制组 $D=0$	控制组	控制组

通常,大部分研究更关注受到干预的个体的平均因果效应,即

$$\text{ATT} = E[Y_{it}(1) - Y_{it}(0) \mid D_i = 1] = E[Y_{it}(1) \mid D_i = 1] - E[Y_{it}(0) \mid D_i = 1] \tag{8.29}$$

其中,$Y_{it}(1)$ 和 $Y_{it}(0)$ 为个体 i 在 t 期的潜在结果;D_i 为干预变量,当个体 i 属于干预组时取值为1,属于控制组时取值为0。

由于式(8.29)中 $E[Y_{it}(1) \mid D_i = 1]$ 可以基于观测数据计算均值得到,因此,因果推断的关键是估计反事实 $E[Y_{it}(0) \mid D_i = 1]$。双重差分模型构造反事实依赖于平行趋势假设,文献中也称共同趋势假设。

假设8.1 平行趋势假设。在控制协变量 X_{it} 后,干预组个体如果未被干预,其结果变量的变动趋势会与控制组的变动趋势相同,即

$$E[Y_{it}(0) - Y_{i,t-1}(0) \mid X_{it}, D_i = 1] = E[Y_{it}(0) - Y_{i,t-1}(0) \mid X_{it}, D_i = 0] \tag{8.30}$$

或表示为

$$E[\Delta Y_{it}(0) \mid X_{it}, D_i = 1] = E[\Delta Y_{it}(0) \mid X_{it}, D_i = 0] \tag{8.31}$$

其中,协变量 X_{it} 是干预前变量以及不受干预影响的变量(图8.1)。

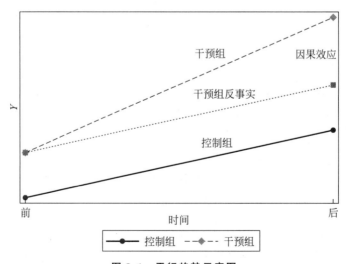

图8.1 平行趋势示意图

在面板数据下,基于潜在结果框架和平行趋势假设,因果效应参数可以表示为

$$\text{ATT} = E[Y_{it}(1) - Y_{it}(0) \mid X_{it}, D_i = 1]$$
$$= E[Y_{it}(1) \mid X_{it}, D_i = 1] - E[Y_{it}(0) \mid X_{it}, D_i = 1]$$

$$= E[Y_{it}(1) \mid \boldsymbol{X}_{it}, D_i = 1] - E[Y_{i,t-1}(0) \mid \boldsymbol{X}_{it}, D_i = 1]$$
$$- \{E[Y_{it}(0) \mid \boldsymbol{X}_{it}, D_i = 0] - E[Y_{i,t-1}(0) \mid \boldsymbol{X}_{it}, D_i = 0]\}$$

即干预组结果的差分减去控制组结果的差分,故可以用"二次差分"估计因果效应。进一步地,上式也可表示为

$$\text{ATT} = E[Y_{it}(1) - Y_{it}(0) \mid \boldsymbol{X}_{it}, D_i = 1]$$
$$= E[Y_{it}(1) \mid \boldsymbol{X}_{it}, D_i = 1] - E[Y_{it}(0) \mid \boldsymbol{X}_{it}, D_i = 1]$$
$$= E[Y_{it}(0) \mid \boldsymbol{X}_{it}, D_i = 1] - E[Y_{it}(0) \mid \boldsymbol{X}_{it}, D_i = 0] -$$
$$\{E[Y_{i,t-1}(1) \mid \boldsymbol{X}_{it}, D_i = 1] - E[Y_{i,t-1}(0) \mid \boldsymbol{X}_{it}, D_i = 0]\}$$

即干预后干预组和控制组结果变量期望之差减去干预前两组之差。上述因果效应参数可以使用双向固定效应模型估计,即双重差分模型:

$$Y_{it} = \beta_0 + \beta_1 D_i + \beta_2 P_t + \beta_3 D_i P_t + \boldsymbol{\beta}_4' \boldsymbol{X}_{it} + \varepsilon_{it} \tag{8.32}$$

双重差分模型可以使用直观性的表格来说明变化(表8.4)。

表8.4 双重差分模型的表格示意

组 别	实 施 前	实 施 后	差 分
干预组	$\beta_0 + \beta_1$	$\beta_0 + \beta_1 + \beta_2 + \beta_3$	$\Delta Y_t = \beta_2 + \beta_3$
控制组	β_0	$\beta_0 + \beta_2$	$\Delta Y_c = \beta_2$
差分			$\Delta Y = \beta_3$

定义个体固定效应 u_i,时间固定效应 λ_t,则更一般的双重差分模型可以表示为如下双向固定效应形式:

$$Y_{it} = \beta_0 + \beta_3 D_{it} + \boldsymbol{\beta}_4' \boldsymbol{X}_{it} + u_i + \lambda_t + \varepsilon_{it} \tag{8.33}$$

其中,D_{it} 表示个体 i 在 t 期受到干预的情况,若被干预其值为1,否则为0。显然,可以通过面板数据模型中的组内估计量估计模型(8.33)。在 Stata 中使用"xtreg,fe"或"hdfe"等命令均能实现双重差分估计。Stata 中有专门的命令"diff y,t(i) p(t) cov(x)"估计双重差分模型。

关于控制变量 $\boldsymbol{X}_{it}$ 的选择,总体而言,在双重差分模型中,控制变量 $\boldsymbol{X}_{it}$ 应该选择干预前变量以及不受干预影响的变量。西内利等(Cinelli, et al.,2022)、怀特德等(Whited,et al.,2022)学者提出控制变量可分为三类。

第一类是好控制(good control)变量,加入该类控制变量是为了保证条件独立假设成立。由于这类变量既影响结果变量 Y_{it},又影响干预变量 D_{it},不控制这类变量会导致严重的遗漏变量偏差,使 OLS 参数估计有偏,因此,这类变量必须控制。

第二类是坏控制(bad control)变量,加入该类变量可能导致条件独立假设不成立。通常,受到干预变量 D_{it} 影响的变量一般都是坏控制变量,在这种情况下,虽然变量可能与结果变量 Y_{it} 和干预变量 D_{it} 都相关,但不应该加入模型,加入模型会破坏估计系数的因果解释。

第三类变量是中性控制(neutral control)变量,这类变量不影响条件独立假设。根据第3章的讨论,适当地控制这类变量有助于提高估计精度,但不当地控制这类变量也可能降低精度。通常,这取决于一个变量是否影响结果变量 Y_{it}。

8.3 双重差分模型:基于 Stata 的模拟解释

本节基于 Stata 模拟进一步解释双重差分模型的原理,同时演示使用 Stata 实现双重差分估计的方法。如前所述,双重差分模型可视为双向固定效应模型的应用。个体固定效应用来捕捉不随时间变化,但随个体变化的变量,如不随时间变动的个体的特征等;而时间固定效应可以反映不随个体而变,但随时间变化的效应,如企业经营的宏观经济环境等。

下面利用 Stata 模拟生成 1 000 个个体 10 个年度的面板数据,主要步骤如下:从模型 $Y_{it}=0.5+0.6D_i+0.7P_t+0.8D_iP_t+\varepsilon_{it}$ 中生成数据,其中,ε_{it} 服从正态分布 $N(0,1)$,干预变量 D_i 由随机数的取值是否超过中位数随机生成,当随机数超过中位数时,$D_i=1$;否则取值为 0。干预发生在时期 $t=5$。生成随机样本 $\{Y_{it},D_i,P_t,i=1,2,\cdots,1\,000;t=1,2,\cdots,10\}$,得到双重差分估计。重复上述估计 1 000 次,得到 1 000 组参数估计值,并绘制这些参数估计的直方图。实现上述模拟的 Stata 代码如下:

```
clear
*cd "E:\计量经济学"
set obs 1000
set seed 202211
gen id = _n
expand 10    //T = 10
bysort id: gen t = _n
//policy occurs at t = 5, p is the time-dummy
g p = (t>=5)
label var p "=1 for post-treatment"
gen r = runiform()
qui sum r, detail
//r(p50):r 的 50 分位数;按 r 在每一组的第一个随机数随机分处理组和对照组(i=1/0)
//d is the treatment dummy
bysort id: gen d = (r>=r(p50)) if _n == 1
bysort id: replace d = d[_n-1] if d == . & _n!=1
//drop r
label var d "=1 if treated group, =0 if untreated group"
gen e = rnormal(0,0.5)
label var e "normal random variable"
gen y0 = 0.5 + 0.7*p + e
gen y1 = 1.1 + 1.5*p + e
gen y = y1*d + y0*(1-d)
label var y "outcome"
drop e r
gen dp = d*p
reg y d p dp
eststo reg
xtset id t
xtreg y d p dp, fe
eststo xtreg_fe
reghdfe y dp, a(d p)
eststo hdfe
```

```
diff y, t(d) p(p)
eststo did
local a "reg xtreg_fe xtreg_re did"
esttab 'a' using "did-simulation results.rtf",replace mtitle('a') b(%6.3f) se(%6.3f)
```

从表 8.5 的模拟结果可以看到,基于普通最小二乘、固定效应估计和双重差分估计命令得到的结果一样,均为 0.799,与真实因果效应参数值 0.8 很接近。

表 8.5 双重差分估计模拟结果

变 量	reg	xtreg_fe	hdfe	did
d	0.614***	0.000		0.614***
	(0.016)	(.)		(0.016)
p	0.698***	0.698***		0.698***
	(0.015)	(0.015)		(0.015)
dp	0.799***	0.799***	0.799***	
	(0.020)	(0.020)	(0.020)	
_diff				0.799***
				(0.020)
_cons	0.491***	0.806***	1.225***	0.491***
	(0.011)	(0.008)	(0.008)	(0.011)
N	10 000	10 000	10 000	10 000

注:*** 代表 1% 的显著性水平。

8.4 平行趋势检验:基于 Stata 的模拟解释

平行趋势是双重差分模型适用性的关键假设,因此,在实际应用中,需要对平行趋势假设进行检验,以判断双重差分模型的适用性,即干预组和控制组在干预前要保持相似的趋势,才能基于控制组构造干预组被干预后的反事实,进而得到因果效应的估计,由于平行趋势涉及反事实,本质上无法直接检验,因此,主要的思路是检验干预前两组之间是否有平行趋势(Angrist 和 Pischke,2008)。其背后的逻辑是,如果干预前两组存在平行趋势,那么,干预后干预组的反事实结果应该也很可能与控制组保持平行趋势。基于这一思路,常见的检验平行趋势的方法有:第一,图示法;第二,加入时间或时间与干预变量的交互项,检验干预前这些系数是否显著;第三,对干预前样本进行"伪"双重差分分析(pseudo DID),即随机制定干预前某一期为"伪"干预期并执行双重差分分析,如果不存在显著因果效应,则支持平行趋势。下面重点介绍前两种方法的原理及 Stata 实现。

一个直观的方法是图示法,即绘制干预组和控制组的结果变量的时间序列图。从图中去观察干预组和控制组在干预前是否有相似的变化趋势。这种方法的优点和缺点都非常明显,优点是直观,缺点是不够严谨。基于 8.5 节的模拟数据,绘制系数估计图,结果如图 8.2 所示。

在 Stata 中绘制平行趋势图的代码如下:

```
clear
use case8-1.dta//8.5 节模拟数据
```

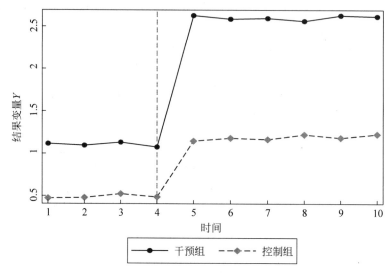

图 8.2 平行趋势检验结果

```
gen year = t
gen treat = d
egen mean_y = mean(y), by(year treat)
graph twoway (connect mean_y year if treat == 1, sort) ///
(connect mean_y year if treat == 0, sort lpattern(dash)), ///
xline(4, lpattern(dash) lcolor(gray)) ///
ytitle("结果变量 Y") xtitle("时间") ///
ylabel(, labsize(*0.8)) xlabel(, labsize(*0.8)) ///
legend(label(1 "干预组") label(2 "控制组")) ///图例
xlabel(1 (1) 10)
```

$$Y_{it} = \beta_0 + \beta_1 D_i + \beta_2 P_t + \sum_{t=2}^{T} \delta_t D_i \text{Year}_t + \gamma \boldsymbol{X}_{it} + \varepsilon_{it} \tag{8.34}$$

其中，Year_t 为时间虚拟变量；P_t 为干预前后的虚拟变量；D_i 为控制组-干预组的虚拟变量。因此，模型(8.34)中，δ_t 为特定时间干预组与控制组的差异。若干预前交互项的系数不显著，则说明平行趋势假设成立。另外，文献中也常通过检验时间虚拟变量 Year_t 的系数是否显著来判断平行趋势，具体原理和 Stata 实现相似。基于 Stata 模拟发现，这两种检验方法得到的结果往往很接近。为了直观呈现 δ_t 的估计结果，可以使用"coefplot"命令绘制系数估计图。仍以 8.5 节的模拟数据为例，结果如图 8.3 所示。

实现上述检验的 Stata 代码如下：

```
clear
use case8 - 1.dta
gen dt = t - 5
//首先生成年份虚拟变量与干预组虚拟变量的交互项:D*y
forvalues i = 5(-1)1{
  gen pre_'i' = (dt == -'i' & d == 1)
}
gen current = (dt == 0 & d == 1)
forvalues j = 1(1)5{
  gen  post_'j' = (dt == 'j' & d == 1)
}
```

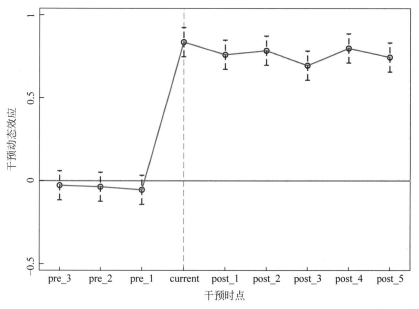

图 8.3 平行趋势检验动态图

```
drop pre_4 pre_5 //避免虚拟变量陷阱
xtset id t
xtreg y pre_* current post_* i.t, fe //将交互项作为解释变量进行回归
//画图
coefplot, baselevels ///
keep(pre_* current post_*) ///
vertical ///
yline(0,lcolor(edkblue*0.8)) ///
xline(4, lwidth(vthin) lpattern(dash) lcolor(teal)) ///
ylabel(,labsize(*0.75)) xlabel(,labsize(*0.75)) ///
ytitle("干预动态效应", size(small)) ///
xtitle("干预时点", size(small)) ///
addplot(line @b @at) ///
ciopts(lpattern(dash) recast(rcap) msize(medium)) ///
msymbol(circle_hollow) ///
scheme(s1mono)
```

8.5 安慰剂检验：基于 Stata 的模拟解释

"安慰剂"(placebo)一词从医学借用而来。比如要检验某种新药的疗效，可将参加实验的人群随机分为两组：其中一组为干预组，服用真药；而另一组为控制组，服用安慰剂（如外形和真药一样的糖丸），并且不让参与者知道自己服用的究竟是真药还是安慰剂，以避免心理作用的影响。

在双重差分等因果推断模型中常常借用上述思路检验结果的稳健性，以排除干预以外的随机因素对结果的影响。双重差分模型安慰剂检验的核心思想是，虚构干预组或者虚构干预时间，进行双重差分分析，如果虚构情况下"伪干预变量"的系数不显著，即随机制定的干预对结果变量不具有显著影响,从而说明干预变量对结果变量的影响非随机因素所致,反证了结果的可靠性。

安慰剂检验的 Stata 实现较为复杂,下面以个体在同一时间受到干预的情况为例,说明在 Stata 中实现上述安慰剂检验的方法。首先,按照 8.5 节的数据生成过程生成数据,并估计 DID 模型;然后,随机生成干预变量,进行 DID 估计,存储估计结果,并重复此过程 1 000 次;最后,将这些伪 DID 估计系数绘制成图,具体 Stata 代码如下。

```
clear
set obs 1000
set seed 202211
gen id = _n
gen T = 10
expand T //T = 10
bysort id: gen t = _n
//policy occurs at t = 5
g p = (t >= T/2)
label var p " = 1 for post-treatment"
gen r = runiform()
qui sum r, detail
//r(p50):r 的 50 分位数;按 r 在每一组的第一个随机数随机分处理组和对照组(i = 1/0)
//d is the treatment dummy
bysort id: gen d = (r >= r(p50)) if _n == 1
bysort id: replace d = d[_n-1] if d == . & _n!= 1
//drop r
label var d " = 1 if treated group, = 0 if untreated group"
gen e = rnormal(0,0.5)
gen y0 = 0.5 + 0.7*p + e
gen y1 = 0.5 + 0.6 + 0.7*p + 0.8*p + e
gen y = d*y1 + (1-d)*y0
label var e "normal random variable"
*gen y = 0.5 + 0.6*d + 0.7*p + 0.8*d*p + e
label var y "outcome"
drop e r
* generating data {y, d, p}
gen dp = d*p
xtset id t
xtreg y d p dp, fe
eststo xtreg_fe
**安慰剂检验
save sim_data.dta, replace
local n 1000 //replications
forvalue i = 1/'n'{
    use sim_data, clear              //调入数据
    *- 思路:随机抽取个体 d,虚构干预组
    gen random_digit = runiform()    //生成随机数
    qui sum random_digit, detail
    //r(p50):r 的 50 分位数;按 r 在每一组的第一个随机数随机分处理组和对照组(i = 1/0)
    //d is the treatment dummy
    bysort id: gen d_random = (random_digit >= r(p50)) if _n == 1
    bysort id: replace d_random = d_random[_n-1] if d_random == . & _n!= 1
    drop random_digit
    label var d_random " = 1 if treated group, = 0 if untreated group"
```

```
  * reg y random_x z
  gen dp_r = d_random * p
  xtreg y d_random p dp_r, fe
  g _b_random_d = _b[dp_r]          //提取回归系数
  g _se_random_d = _se[dp_r]        //提取标准误
  keep _b_random_d _se_random_d
  duplicates drop _b_random_d, force
  save placebo'i', replace
  }

* 纵向合并 n 次的系数和标准误
use placebo1, clear
forvalue i = 2/'n'{
    append using placebo'i'          //纵向合并 n 次回归的系数及标准误
}
gen bvalue = _b_random_d
kdensity bvalue, title("Placebo Test") xtitle("估计值") ytitle("分布") ///
xlabel(-0.8(0.1)0.8) ylabel(,angle(0)) ///
xline(0.751, lwidth(vthin) lp(shortdash)) xtitle("Coefficients")
* - 删除临时文件
forvalue i = 1/'n'{
    rm placebo'i'.dta
}
```

从图 8.4 可以看到,通过随机分组虚构干预组并进行 DID 估计,重复 1 000 次,其结果基本都集中在零附近,且所有结果与基准结果(垂直虚线)相距很远。进一步地,可以计算,1 000 次伪 DID 估计的均值为 0.000 6,且 1 000 次中有 83.1% 未通过 5% 的显著性检验,表明随机因素几乎不会影响原始 DID 分析结果。

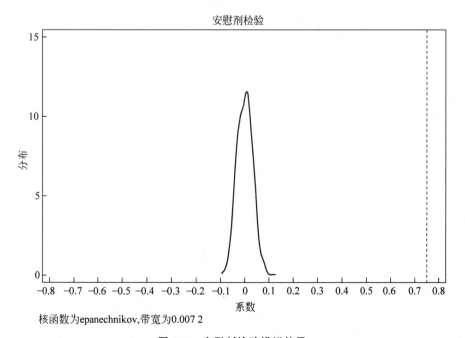

图 8.4　安慰剂检验模拟结果

本 章 习 题

一、概念题

1. 怎么理解潜在因果框架?
2. 因果关系需要满足哪三个条件?什么情况下回归分析可以解释为因果效应?什么时候回归模型的系数可以解释为控制实验所揭示的因果效应的一个近似?
3. 计量分析中进行因果推断的难点有哪些?如何解决?
4. 双重差分模型的基本思路是什么?
5. 简述平行趋势检验的方法。
6. 安慰剂检验是什么?怎么进行安慰剂检验?

二、应用题

1. 假设公司 A 有一个营销方案,在未进行 AB 组检验的情况下,直接在一些城市投入使用,怎么判断该营销方案对公司业绩的影响?仅比较使用该营销方案的城市和没有使用该营销方案的城市的业绩是否合理(在不考虑其他因素的影响下)。

2. 使用数据集 case8-2.dta,该数据集为一个模拟的面板数据,数据期间为 2000—2020 年,其对应的数据生成过程为 $y_{it}=0.3+0.6d+0.4p+0.2dp$,其中,$y$ 是结果变量,d 是处理变量(一个外生冲击),并且该外生冲击发生的时间为 2010 年。

(1)在 Stata 中使用双重差分模型估计该外生冲击对结果变量的影响。

(2)检验双重差分模型是否符合平行趋势假设。

(3)对模型进行安慰剂检验。

平稳时间序列分析

时间序列模型从 20 世纪 70 年代以来得到了迅速的发展,成为现代计量经济学的主要分支之一。不同于回归模型,时间序列模型主要分析变量的动态特征,依据变量本身的变化规律,利用外推机制描述时间序列的变化特征。相对于结构方程模型,时间序列模型通常有预测能力强且模型简单的特点。

时间序列数据是指同一个体在不同时点上的数据。时间序列数据与横截面数据的最大区别是数据的顺序性。这种顺序性引起了时间序列模型的特殊性,如自相关等。顺序性也引起了模型估计的一些特殊问题,同时使我们可以回答一些感兴趣的问题。按照时间序列的随机过程特点,通常将其分为平稳时间序列与非平稳时间序列(non-stationary time series)两大类,相应地,计量分析方法也有所不同。本章介绍平稳时间序列分析中常用的几个经典模型:分布滞后模型、移动平均模型、自回归模型和自回归移动平均模型。

9.1 分布滞后模型

在经济运行过程中,广泛存在时间滞后效应。某些经济变量不仅受到同期各种因素的影响,而且也受到过去某些时期的各种因素甚至自身的过去值的影响。因变量受到自身或另一解释变量的前几期值影响的现象称为滞后效应。

以消费函数为例,通常认为,本期的消费除了受本期的收入影响之外,还受前一期,或前两期收入的影响,因此,考虑如下模型:

$$c_t = \beta_0 + \beta_1 y_t + \beta_2 y_{t-1} + \beta_3 y_{t-2} + u_t \tag{9.1}$$

其中,c_t 为第 t 期的消费;y_t 为第 t 期的收入;y_{t-1}、y_{t-2} 分别为第 $t-1$ 期和第 $t-2$ 期的收入。通常把这种过去时期的、具有滞后作用的变量叫作滞后变量(lagged variable),如 y_{t-1} 和 y_{t-2} 为 y_t 的滞后变量。含有滞后变量的模型称为滞后变量模型。滞后变量模型考虑了时间因素的作用,便于动态分析问题,因此,含有滞后变量的模型,又称动态模型(Dynamical Model)。

通过在模型中引入滞后变量和另一个变量 x 及其滞后项作为解释变量,可将滞后变量模型的一般形式写为

$$y_t = \beta_0 + \beta_1 y_{t-1} + \cdots + \beta_q y_{t-q} + \alpha_0 x_t + \cdots + \alpha_s x_{t-s} + u_t \tag{9.2}$$

其中,q 和 s 为滞后时间间隔。模型(9.2)通常也叫自回归分布滞后模型(Autoregressive Distributed Lag Model,ADL 模型),既含有 y 对自身滞后变量的回归,也含有 x 分布在不同时期的滞后变量。

按照滞后期长度是否有限,自回归分布滞后模型分为无限自回归分布滞后模型(滞后期无限)和有限自回归分布滞后模型(滞后期长度有限)。针对无限自回归分布滞后模型,由于样本观测值的有限性,无法直接对其进行估计。针对有限自回归分布滞后模型,OLS 也会遇到如下问题:①没有先验准则来确定滞后期长度;②如果滞后期较长,将缺乏足够的自由度进行估计和检验;③同名变量不同滞后期之间可能存在高度线性相关,即模型存在高度的多重共线性。

滞后变量模型的各种估计方法的基本思想主要是对模型施加某种限制和约束,如通过对各滞后变量加权,组成线性合成变量而有目的地减少滞后变量的数目,以降低多重共线性,减少待估计参数以保证自由度等。

对于模型(9.2),设参数满足如下限制条件:

$$\begin{cases} \beta_2 = \beta_1 \rho, \quad -1 < \rho < 1 \\ \beta_3 = \beta_2 \rho \\ \cdots \\ \beta_q = \beta_{q-1} \rho \end{cases} \tag{9.3}$$

$$\begin{cases} \alpha_2 = \alpha_1 \delta, \quad -1 < \delta < 1 \\ \alpha_3 = \alpha_2 \delta \\ \cdots \\ \alpha_s = \alpha_{s-1} \delta \end{cases} \tag{9.4}$$

将式(9.3)、式(9.4)代入式(9.2),得到

$$y_t = \beta_0 + \beta_1 y_{t-1} + \cdots + \beta_1 \rho^{q-1} y_{t-q} + \alpha_0 x_1 + \cdots + \alpha_1 \delta^{s-1} x_{t-s} + u_t \tag{9.5}$$

式(9.3)和式(9.4)背后的直觉是,离现在时间越远的变量对被解释变量 y_t 的影响越小。例如,假设我们想要估计消费函数,已知消费与过去 10 期的收入有关,模型如下:

$$c_t = \beta_0 + \beta_1 y_{t-1} + \cdots + \beta_{10} y_{t-10} + u_t \tag{9.6}$$

其中,当期的消费不仅受到当期收入的影响,还受到过去 10 期收入的影响。y_{t-k} 为滞后变量,$1 \leqslant k \leqslant 10$。

假设 $\beta_q = \beta_{q-1} \rho (-1 < \rho < 1)$,可得到

$$c_t = \beta_0 + \beta_1 y_{t-1} + \cdots + \beta_1 \rho^9 y_{t-10} + u_t \tag{9.7}$$

针对模型(9.7),第一种估计办法是,直接将模型转化为

$$c_t = \beta_0 + \beta_1 (y_{t-1} + \cdots + \rho^9 y_{t-10}) + u_t \tag{9.8}$$

其中,$-1 < \rho < 1$。如选择 $\rho = 0.5$,则

$$c_t = \beta_0 + \beta_1 (y_{t-1} + \cdots + 0.5^9 y_{t-10}) + u_t \tag{9.9}$$

最终得到

$$c_t = \beta_0 + \beta_1 z_t + u_t \tag{9.10}$$

其中,$z_t = (y_{t-1} + \cdots + 0.5^9 y_{t-10})$。由于 $-1 < \rho < 1$,在实际应用中可以利用网格搜索来估计参数 ρ,即将在 -1 和 1 之间的值以很小的步长划分网格,如以 0.1 为步长,将 -0.9,-0.8,$\cdots$,0.8,0.9 都代入模型(9.8)进行估计,得到依赖于 ρ 的残差平方和 $SSR(\rho)$,则 $\hat{\rho} = \min_{\rho} SSR(\rho)$。

第二种估计办法是,根据准差分的原理进一步转化模型,记

$$c_t = \beta_0 + \beta_1 y_{t-1} + \beta_1 \rho y_{t-2} + \cdots + \beta_1 \rho^8 y_{t-9} + u_t \quad (9.11)$$

$$\rho c_{t-1} = \rho \beta_0 + \beta_1 \rho y_{t-2} + \beta_1 \rho^2 y_{t-3} + \cdots + \beta_1 \rho^9 y_{t-10} + \rho u_{t-1} \quad (9.12)$$

将式(9.11)与式(9.12)相减,得

$$c_t - \rho c_{t-1} = \beta_0(1-\rho) + \beta_1 y_{t-1} - \beta_1 \rho^9 y_{t-10} + v_t \quad (9.13)$$

因为 $\beta_1 \rho^9 \approx 0$,所以模型转化为

$$c_t - \rho c_{t-1} \approx \beta_0(1-\rho) + \beta_1 y_{t-1} + v_t \quad (9.14)$$

因而可估计以下模型:

$$c_t \approx \beta_0(1-\rho) + \beta_1 y_{t-1} + \rho c_{t-1} + v_t \quad (9.15)$$

从第二种估计方法可以看出,转化后的模型相当于利用因变量的一阶滞后 c_{t-1} 代替解释变量的多个滞后项 $y_{t-2}, y_{t-3} \cdots y_{t-10}$ 来估计模型。

因为不同时期的收入之间有很大的相关性,所以使用最小二乘法直接估计模型(9.6)时,可能受到多重共线性问题的影响。另外,在滞后期较多的情况下,待估计的参数太多,而转化后的模型极大地减少了待估参数的个数。

显然上述模型转化原理可以直接推广到更一般的模型:

$$c_t = \mu_0 + \beta_0 y_t + \beta_1 y_{t-1} + \cdots + \beta_k y_{t-k} + \varepsilon_t \quad (9.16)$$

其中,k 为滞后阶数。

假设:

$$\beta_k = \rho \beta_{k-1}, \quad -1 < \rho < 1 \quad (9.17)$$

将式(9.17)代入式(9.16)得到

$$c_t = \mu_0 + \beta_0 y_t + \rho \beta_0 y_{t-1} + \cdots + \rho^k \beta_0 y_{t-k} + \varepsilon_t \quad (9.18)$$

令 $z_t = y_t + \rho y_{t-1} + \cdots + \rho^k y_{t-k}$,进一步得到

$$c_t = \mu_0 + \beta_0 z_t + \varepsilon_t \quad (9.19)$$

经过施加参数约束(9.17),模型(9.16)转化为模型(9.19),即一个一元回归模型,因为不存在多重共线性的问题,可以使用最小二乘法估计模型(9.19)。

另外,对式(9.16)两边滞后一期并乘以 ρ 得

$$\rho c_{t-1} = \rho \mu_0 + \rho \beta_0 y_{t-1} + \rho^2 \beta_0 y_{t-2} + \cdots + \rho^{k+1} \beta_0 y_{t-k-1} + \rho \varepsilon_{t-1} \quad (9.20)$$

式(9.18)减去式(9.20),得到

$$c_t - \rho c_{t-1} = \mu_0(1-\rho) + \beta_0 y_t - \rho^{k+1} \beta_0 y_{t-k-1} + \varepsilon_t - \rho \varepsilon_{t-1} \quad (9.21)$$

因为 $\rho^{k+1} \beta_0 \to 0, k \to \infty$,所以式(9.16)可以写为

$$c_t = \mu_0(1-\rho) + \rho c_{t-1} + \beta_0 y_t + \varepsilon_t - \rho \varepsilon_{t-1} \quad (9.22)$$

从式(9.22)可以发现:因变量的一阶滞后可以代替解释变量二阶以上的滞后,从而极大地减少了模型中待估计的参数。因此,将因变量的一阶滞后作为解释变量看起来非常有吸引力,这是考虑自回归模型的主要理由之一。

从式(9.22)可以看出,因变量 c_t 能被"自身的过去" c_{t-1} 和 y_t 以及误差项的线性组合 $\varepsilon_t - \rho \varepsilon_{t-1}$ 所预测。事实上,著名的沃尔德分解(Wold decomposition)给了上述直觉以理论支持。

沃尔德分解:任何零均值的协方差平稳过程 y_t 都能被表示为如下形式:

$$y_t = \sum_{j=0}^{\infty} \psi_j \varepsilon_{t-j} + k_t \quad (9.23)$$

其中，$\psi_1 = 1$ 且 $\sum_{j=0}^{\infty} \psi_j^2 < \infty$，$\varepsilon_t$ 为白噪声且表示用 y_t 滞后项的线性函数预测 y_t 时的误差：

$$\varepsilon_t = y_t - \hat{E}(y_t \mid y_{t-1}, y_{t-2}, \cdots) \tag{9.24}$$

k_t 与 ε_{t-j}（$\forall j$）无关，且 k_t 能被 y_t 的滞后项精确地预测：

$$k_t = \hat{E}(k_t \mid y_{t-1}, y_{t-2}, \cdots) \tag{9.25}$$

k_t 也被叫作 y_t 的线性确定部分（linearly deterministic component）。该分解是沃尔德（Wold，1938）发现的，因此通常被称为沃尔德分解。值得注意的是，沃尔德分解依赖于协方差平稳的假设。

9.2 弱平稳过程

时间序列分析的基本思想是过去会影响现在，这意味着序列相关。在时间序列分析中，将一个时间序列视为一个随机过程的实现。比如，连续抛硬币 10 次，构成一个随机过程。每次抛硬币都有两种可能：正面、反面。如果抛硬币 10 次得到如下样本：{正，正，反，正，反，反，反，正，正，正}，则这个样本即为随机过程的一个实现。显然，在进行多次重复之后就会出现其他样本，基于这些样本可以分析抛硬币的特点，如出现正反面的概率是否为 0.5 等。分析经济变量的时间序列观测数据与抛硬币最大的不同是，只能看到随机过程的一个实现，如股市的收盘价序列只有一个，因为人们不可能回到过去重新开始股票交易从而产生一个新的股价时间序列。

在时间序列分析中，所有可能实现的时间序列构成了我们研究的总体。如连续抛 10 次硬币得到的时间序列 $\{y_1, y_2, \cdots, y_{10}\}$，如果重复很多次，则 y_1 的实现中出现正面和反面的概率都为 0.5，这构成我们研究的总体。在经济时间序列数据中，只有一个样本实现，怎么认识总体的特征？

考虑抛硬币的例子，连续抛硬币 T 次构成一个随机过程。假设我们得到一个样本实现 $\{y_1, y_2, \cdots, y_T\}$，可以统计这个时间序列中正面、反面出现的频率来认识正面、反面的出现概率，即总体的特征。只要 T 足够大，上述分析思路是可行的，这在很大程度上依赖于每次抛硬币相对独立的特征。想象一个极端的状态，第二次以后的时间序列时间值完全由第一次决定，则无法根据一个时间序列数据分析硬币出现正反面的概率。

因此，在平稳时间序列中，一个重要的前提是：序列相关不能太强。严格来说，序列相关要随两个观察值距离的增大而衰退到零。弱平稳或协方差平稳即是对时间序列中序列相关性的一种限制。

一个随机过程 y_t 如果满足均值与方差为常数且协方差只依赖于时间间距，即

$$E(y_t) = \mu \tag{9.26}$$

$$E(y_t - \mu)(y_{t-j} - \mu) = \begin{cases} \sigma^2, & j = 0 \\ f(j), & j \neq 0 \end{cases} \tag{9.27}$$

则称 y_t 是弱平稳的或协方差平稳的。

平稳假设常常能使我们使用一个随机过程的实现来推测总体的特征。一个与平稳相关的概念是遍历性（ergodicity）。在很多情况下，两者对随机过程的限制相同。粗略地讲，遍

历性意味着只要时间足够长,一个时间序列可以"遍历"所有可能状态。大致而言,平稳时间序列分析要求限制变量的自相关程度,通常需要"大样本独立性"。

首先,定义如下指标衡量相关性,即自相关系数:

$$r_1 = \frac{\mathrm{cov}(y_t, y_{t-1})}{\mathrm{var}(y_t)} \tag{9.28}$$

$$r_j = \frac{\mathrm{cov}(y_t, y_{t-j})}{\mathrm{var}(y_t)}, \quad \forall j > 1 \tag{9.29}$$

一个特殊的平稳过程是白噪声。如果随机过程$\{\varepsilon_t\}$,$t=1,2,\cdots$满足如下条件:

$$E(\varepsilon_t) = 0 \tag{9.30}$$

$$\mathrm{var}(\varepsilon_t) = \sigma^2, \quad \forall t \tag{9.31}$$

$$\mathrm{cov}(\varepsilon_t, \varepsilon_s) = 0, \quad t \neq s \tag{9.32}$$

则称之为白噪声过程。白噪声过程如图 9.1 所示。

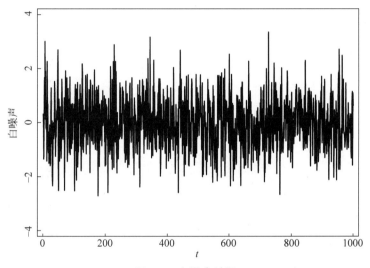

图 9.1 白噪声过程

下面再来讨论一些特殊的白噪声。首先来看,一阶移动平均过程 MA(1):

$$y_t = \mu + \varepsilon_t + \theta\varepsilon_{t-1} \tag{9.33}$$

其中,μ 和 θ 为常数;ε_t 为白噪声过程。

可以验证 MA(1) 满足平稳假设,具体如下:

$$E(y_t) = E(\mu + \varepsilon_t + \theta\varepsilon_{t-1}) = \mu \tag{9.34}$$

$$\mathrm{var}(y_t) = E(y_t - \mu)^2 = E(\varepsilon_t + \theta\varepsilon_{t-1})^2 = E(\varepsilon_t^2 + 2\theta\varepsilon_t\varepsilon_{t-1} + \theta^2\varepsilon_{t-1}^2) = (1+\theta^2)\sigma^2 \tag{9.35}$$

$$\mathrm{cov}(y_t, y_{t-1}) = E\{(y_t - \mu)(y_{t-1} - \mu)\} = E\{(\varepsilon_t + \theta\varepsilon_{t-1})(\varepsilon_{t-1} + \theta\varepsilon_{t-2})\} = \theta\sigma^2 \tag{9.36}$$

$$\mathrm{cov}(y_t, y_{t-j}) = E\{(y_t - \mu)(y_{t-j} - \mu)\} = E\{(\varepsilon_t + \theta\varepsilon_{t-1})(\varepsilon_{t-j} + \theta\varepsilon_{t-j-1})\} = 0, \quad j \geqslant 2 \tag{9.37}$$

从式(9.36)和式(9.37)可以看出,一阶移动平均的一阶自相关不等于零,而在一阶以后都为 0,即存在截断特征。以 $y_t = 1 + \varepsilon_t + 2\varepsilon_{t-1}$ 为例,用 Stata 生成一个 MA(1) 序列,其时间序列图如图 9.2 所示。

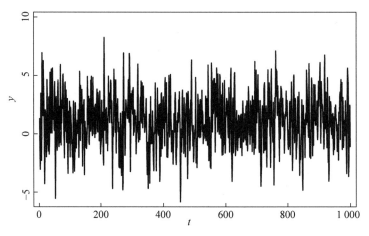

图 9.2　MA(1)时间序列图

MA(1)自相关系数图如图 9.3 所示。

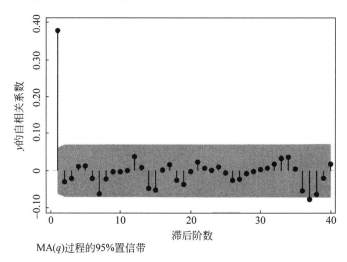

MA(q)过程的95%置信带

图 9.3　MA(1)自相关系数图

另一个特殊的平稳过程是自回归过程 AR(1):

$$y_t = \mu + \rho y_{t-1} + \varepsilon_t, \quad t=1,2,\cdots \tag{9.38}$$

其中,$|\rho|<1$,ε_t 是白噪声过程。由于 $E(y_t) = E(\mu + \rho y_{t-1} + \varepsilon_t) = \mu + \rho E(y_{t-1})$,因此,自回归过程的均值为

$$E(y_t) = \frac{\mu}{1-\rho} \tag{9.39}$$

由于 $\text{var}(y_t) = \text{var}(\mu + \rho y_{t-1} + \varepsilon_t) = \rho^2 \text{var}(y_{t-1}) + \sigma^2$,方差为

$$\text{var}(y_t) = \frac{\sigma^2}{1-\rho^2} \tag{9.40}$$

为计算协方差,将模型变换为

$$y_t - \frac{\mu}{1-\rho} = \mu - \frac{\mu}{1-\rho} + \rho y_{t-1} + \varepsilon_t \tag{9.41}$$

由式(9.41)可以得到 $y_t - \frac{\mu}{1-\rho} = \rho\left(y_{t-1} - \frac{\mu}{1-\rho}\right) + \varepsilon_t$。有

$$\text{cov}(y_t, y_{t-j}) = \rho\text{cov}(y_{t-1}, y_{t-j}) \tag{9.42}$$

因此,有如下自相关系数的关系:

$$r_j = \frac{\text{cov}(y_t, y_{t-j})}{\text{var}(y_t)} = \frac{\rho\text{cov}(y_{t-1}, y_{t-j})}{\text{var}(y_t)} = \rho r_{j-1} \tag{9.43}$$

进一步地,可以得到

$$r_j = \rho r_{j-1} = \rho^j r_0 \tag{9.44}$$

$|\rho|<1, r_j = \rho^j r_0 (j \to \infty)$,即序列的自相关随着"距离"的拉远,衰退到0。

由于一阶自回归的自相关系数不是截断的,是逐渐地衰退到0的,因此,需要新的概念来寻找自回归的截断特征,即偏自相关的概念。k 阶偏自相关即为下列回归模型的系数 ϕ_k:

$$y_t = \phi_0 + \phi_1 y_{t-1} + \phi_2 y_{t-2} + \cdots + \phi_k y_{t-k} + u_t \tag{9.45}$$

自回归过程的偏自相关是截断的。以 $y_t = 0.5 y_{t-1} + u_t$ 为例,用 Stata 生成一个 AR(1)序列。其自相关系数图如图9.4所示,其偏自相关系数图如图9.5所示。

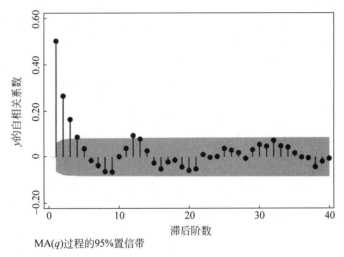

图 9.4 AR(1)自相关系数图

MA(1)和AR(1)可以通过增加滞后项扩展为MA(q)和AR(p):

$$y_t = \theta_0 + \theta_1 u_{t-1} + \theta_2 u_{t-2} + \cdots + \theta_q u_{t-q} + u_t \tag{9.46}$$

$$y_t = \rho_0 + \rho_1 y_{t-1} + \rho_2 y_{t-2} + \cdots + \rho_p y_{t-p} + u_t \tag{9.47}$$

可以证明:MA(q)的自相关系数在 q 期以后是截断的;AR(p)的偏自相关系数在 p 期以后是截断的。这两个特征可以用来识别一个序列的滞后阶数,找到一个合适的模型刻画时间序列特征,从而更好地拟合数据。将MA(q)和AR(p)结合可以得到ARMA(p,q):

$$y_t = \rho_0 + \rho_1 y_{t-1} + \rho_2 y_{t-2} + \cdots + \rho_p y_{t-p} + \theta_1 u_{t-1} + \theta_2 u_{t-2} + \cdots + \theta_q u_{t-q} + u_t \tag{9.48}$$

ARMA(p,q)过程的偏自相关函数(PACF)可能在 p 阶滞后前有几项明显的尖柱(spikes),但从 p 阶滞后项开始逐渐趋向零;而它的自相关函数(ACF)则是在 q 阶滞后前

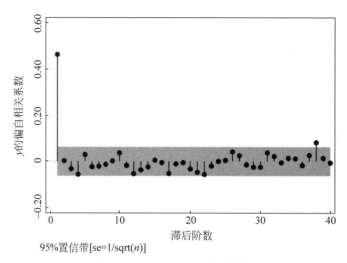

图 9.5 AR(1)偏自相关系数图

有几项明显的尖柱,从 q 阶滞后项开始逐渐趋向零。除了使用自相关和偏自相关选择滞后阶数外,还可以使用信息准则来选择,常用的信息准则有 AIC(Akaike information criterion,赤池信息准则)和 BIC(Bayesian information criterion,贝叶斯信息准则)。

AIC 是衡量统计模型拟合优良性的一种标准,它是由日本统计学家赤池弘次创立和发展的。AIC 建立在熵的概念基础上,可以权衡所估计模型的复杂度和模型拟合度。

BIC 是赤池弘次在 AIC 的基础上提出来的,同样用于模型的选择。在 AIC 和 BIC 的定义中,公式的前半部分是相同的,后半部分的惩罚项不同。

对于模型:

$$y_t = \alpha + \beta_1 y_{t-1} + \cdots + \beta_k y_{t-k} + \varepsilon_t \tag{9.49}$$

信息准则可以定义为

$$\text{AIC} = \ln\left(\frac{\text{SSR}}{T}\right) + \frac{2k}{T} \tag{9.50}$$

$$\text{BIC} = \ln\left(\frac{\text{SSR}}{T}\right) + \frac{k \ln T}{T} \tag{9.51}$$

其中,SSR 为残差平方和;T 为时间序列长度。选择 k 使 AIC/BIC 最小,从而得到滞后阶数。一般而言,AIC 和 BIC 在小样本中很难区分孰优孰劣,但是在大样本中,AIC 可能高估 p,从而更倾向于选择"大"模型,而 BIC 则具有大样本一致性。

9.3 实例应用

下面根据中美两国的股指数据进行实例分析,以数据集 case9-1.dta 为例,使用 AR 模型(自回归模型)和 MA 模型(移动平均模型)刻画股市收益率。

中国股市收益序列图如图 9.6 所示。从图中可以看到,股市收益率的一个重要特征是,大的波动往往跟着一个大的波动,即波动的群聚性现象,这与图 9.1 中的白噪声有明显不同。可以粗略地理解为,如果时间序列数据呈现出白噪声特征,则很难再从时间序列中挖掘出有用信息。

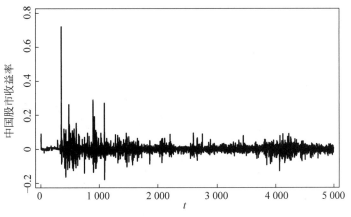

图 9.6 中国股市收益序列图

计算中国股市收益率前 10 阶自相关(AC)与偏自相关(PAC)系数,见表 9.1,其中,Q 统计量为白噪声检验。从该检验的结果看,白噪声检验拒绝了原假设,说明股市收益率数据并非白噪声。然后,从自相关和偏自相关系数并没有发现明显的截断特征,因此,难以使用自相关和偏自相关来选择自回归模型与移动平均模型的滞后阶数。

表 9.1 中国股市收益率前 10 阶自相关与偏自相关系数

滞后阶数	AC	PAC	Q	p 值$>Q$
1	0.041 3	0.041 3	8.541 1	0.003 5
2	0.044 2	0.042 6	18.324	0.000 1
3	0.024 7	0.021 3	21.363	0.000 1
4	0.048 8	0.045 5	33.288	0.000 0
5	0.030 4	0.025 1	37.901	0.000 0
6	−0.046 4	−0.053 1	48.651	0.000 0
7	0.026 9	0.026 5	52.261	0.000 0
8	−0.044 9	−0.046 7	62.351	0.000 0
9	0.044 2	0.045 6	72.143	0.000 0
10	−0.018 6	−0.015 9	73.873	0.000 0

中国股市收益率的自相关图与偏自相关图如图 9.7 和图 9.8 所示。由图 9.7 和图 9.8 可知,在 95% 的显著性水平下,自相关和偏自相关均没有明显的截断。

综合考虑自相关图和偏自相关图,进而,使用信息准则选择滞后阶数更为合理。下面以 AR 模型为例,介绍选择滞后阶数的 Stata 操作。首先,设置最大的滞后阶数,如设置最大滞后阶数为 10;其次,对 1 到最大滞后阶数循环估计自回归模型,并计算 AIC 和 BIC;然后,找出最小的信息准则对应的滞后阶数;最后,基于信息准则选择的滞后阶数重新估计自回归模型。Stata 操作如下:

```
* cd ""
clear
use case9 - 1.dta
mat AIC = J(10,1,.)
mat BIC = J(10,1,.)
```

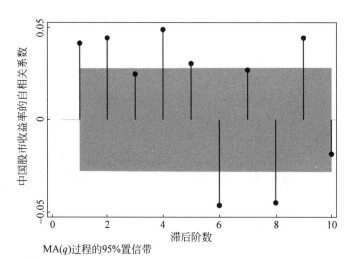

MA(*q*)过程的95%置信带

图 9.7　中国股市收益率自相关图

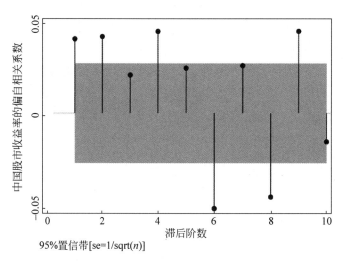

95%置信带[se=1/sqrt(*n*)]

图 9.8　中国股市收益率偏自相关图

```
forvalues i = 1(1)10{
arima rch,ar(1/`i')
estat ic
mat D = r(S)
mat AIC[`i',1] = D[1,5]
mat BIC[`i',1] = D[1,6]
}
mat list AIC
mat list BIC
xsvmat AIC, sa(aic,replace) rownames(aic)
xsvmat BIC, sa(bic,replace) rownames(bic)
clear
use aic.dta
egen mi = min(AIC1)
gen lag_aic = _n if AIC1 == mi
keep if lag_aic!= .
save aic,replace
```

```
clear
use bic.dta
egen mi = min(BIC1)
gen lag_bic = _n if BIC1 == mi
keep if lag_bic!= .
save bic,replace
clear
use case9-1.dta
preserve
use aic.dta,clear
local aic = lag_aic
restore
arima rch,ar(1/`aic')           //基于 AIC 选择的滞后阶数估计 AR 模型
preserve
use bic.dta,clear
local bic = lag_bic
restore
arima rch,ar(1/`bic')           //基于 BIC 选择的滞后阶数估计 AR 模型
```

本章习题

一、概念题

1. ARMA(自回归移动平均)模型是由因变量对它的滞后值以及随机误差项的现值和滞后值回归得到,可细分为哪几类?
2. 如何判断时间序列为 MA(m)序列、AR(n)序列、ARMA 序列?
3. 什么是自回归分布滞后模型?它的一般形式是什么?
4. 简述协方差平稳假设的内容和作用。
5. 什么是白噪声?有哪些特殊的白噪声?
6. 谈谈你对 AIC 的理解。
7. 识别 ARMA 模型的方法有哪些?它们之间有什么联系?
8. 求以下 MA(3)模型的自协方差和自相关系数。
$$y_t = 1 + \mu_t + 0.6\mu_{t-1} - 0.3\mu_{t-2} + 0.2\mu_{t-3}$$

二、应用题

本题使用数据集 case9-1.dta,该数据集包含中美两国 1990—2011 年的股指数据,其中,变量 ch 为中国股票指数,变量 us 为美国股票指数,变量 lnch、lnus 分别为中美股指数据的自然对数,变量 rch、rus 分别为中美两国股市收益率。

(1) 通过时间序列图检验数据中美国股市收益率 rus 的平稳性。
(2) 通过 Q_{LB} 统计量检验数据中美国股市收益率 rus 的平稳性。
(3) 使用 AR 模型刻画美国股市收益率 rus。

虚假回归、单位根检验

自20世纪六七十年代以来,时间序列计量经济学取得了巨大的发展,并在宏观经济学、金融学等领域得到了广泛的应用。沃尔德分解奠定了平稳时间序列分析的理论基础,使以ARMA模型为基础的平稳时间序列分析在建模中得到了广泛应用。

然而,时间序列数据并不都是平稳时间序列,如果一个时间序列不是平稳过程,则称非平稳时间序列,对非平稳时间序列的研究在时间序列计量经济学中同样重要。本章主要介绍非平稳时间序列中的虚假回归问题和对非平稳时间序列的单位根检验。

10.1 趋　　势

平稳时间序列为"零阶单整"$[I(0)]$,非平稳时间序列的一阶差分如果为平稳过程,则称"一阶单整"$[I(1)]$,一阶差分平稳过程也称"单位根过程"(unit root process)。非平稳时间序列分析的理论基础为贝弗里奇-纳尔逊(Beveridge-Nelson)分解。根据贝弗里奇-纳尔逊分解,一阶差分平稳序列$[I(1)$过程$]$可以分解为随机游走(random walk)部分、平稳(stationary)部分和初值部分。

$$y_t = \delta_t + \psi(1)\sum_{s=1}^{t}\varepsilon_s + \eta_t + (y_0 - \eta_0) \tag{10.1}$$

其中,δ_t为时间趋势(time trend);$\psi(1)\sum_{s=1}^{t}\varepsilon_s$为随机游走部分;$\eta_t$为平稳部分;$(y_0 - \eta_0)$为初值部分,含有确定性趋势、随机趋势(stochastic trends)。随机游走是一种特殊的一阶差分平稳的非平稳时间序列。非平稳时间序列之间的回归可能是虚假回归,检验时间序列是否含有单位根的方法称为单位根检验。

在介绍虚假回归问题和单位根检验方法之前,先了解影响时间序列平稳性的重要因素——趋势。在经济管理学科中,趋势是一个很重要的研究对象。比如,宏观经济学在很大程度上聚焦于对经济增长的解释和建模;微观经济学则经常聚焦于经济变量随时间的变化,以探究变量的深层次内涵;金融学科的一个重点也是处理趋势。经济政策常常涉及设定长期的目标,因此不可避免地遇到对趋势的讨论和评估。

"趋势"通常可以理解为:随时间变化的一个一般性方向。对趋势的理解可以帮助我们建立对于未来的预测。在日常的社会生活中,常见的对趋势的描述包括向上、向下或保持不变。比如,我们常常作出这样的判断:"如果现在的趋势持续下来,我们将……";"房价持续上涨……";"价格保持稳定……";等等。对趋势最直观和最原始的描述方式是,根据观察到的数据拟合出一条与时间有关的线(直线或平滑的趋势),用这条线的方向代表趋势,并基于此预测未来趋势。这个简单的思路,使趋势在日常生活中变得容易理解,但却可能带有误导性。

如图10.1所示,随着计量经济学的发展,现代计量经济学形成了对上述简单思路的挑战。其中最大的挑战是,现代计量经济学认识到趋势可以是随机的,通过画出一条线来预测方向变得不可行。因此,谈论未来的方向、走势变得缺乏依据。基于此,单位根(即单位根过程,非平稳时间序列才含有单位根)成为刻画随机趋势的工具,因此,也成为现代计量经济学的主要研究课题。

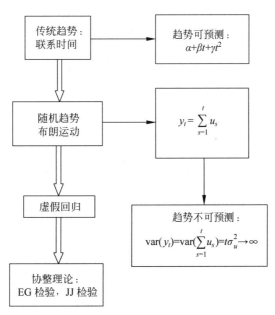

图 10.1 关于趋势的讨论

随机趋势带来的另一个挑战是虚假回归。很多经济变量被证实可以使用单位根过程描述,因而包含随机趋势,而包含随机趋势的变量之间可能存在虚假回归问题。为此,计量经济学给出了协整的概念来处理单位根过程之间的回归分析,我们将在第11章对协整模型进行详细的介绍。另外,计量经济学发现含结构突变的平稳时间序列与含单位根的非平稳序列很"像",因此,结构突变也成为描述趋势的一种手段,而含结构突变的平稳时间序列之间也有可能存在虚假回归的问题。

10.2 虚假回归

虚假回归也称为伪回归,是指两个相互独立的变量之间的回归分析可以得到回归系数显著且拟合优度很高的回归结果。这使传统的回归分析理论受到挑战。格兰杰和纽博尔德(Granger and Newbold,1974)的研究强调了虚假回归在时间序列分析中的重要性,该研究通过对两个独立的单位根过程进行蒙特卡洛模拟,发现两个单位根过程的回归系数对应的 t 统计量常常大于对应的临界值,而且拟合优度也很大,因而,回归结果会过度拒绝不存在关系的原假设,即存在过度拒绝问题。但根据回归理论,由于两个变量独立,回归模型的真实参数为零，t 统计量拒绝频率应该接近显著性水平。这项研究表明了虚假回归的存在，从而引发了时间序列计量经济学的一场革命。直到 1986 年，菲利普斯（Phillips，1986）才从理论上澄清了虚假回归的本质。在此基础上，人们认识到：包含单位根是虚假回归的一个重要来源。因此，在时间序列建模之前需要先检验变量是否包含单位根。在包含单位根的基础上，恩格尔和格兰杰（Engle and Granger，1987）建立了协整理论来分析非平稳变量之间的关系，这可以理解为将经典的回归分析理论推广到了非平稳变量框架。

马尔莫尔（Marmol，1995，1998）、蔡和庄（Tsay and Chung，2000）将虚假回归的根源归结为时间序列的高度记忆性。金和李（Kim and Lee，2011）的研究表明，误差项的超额波动（excessive volatility）也是虚假回归的根源之一。近年来，金、李和纽博尔德（2004）指出，包含确定性趋势的平稳时间序列之间也可能出现虚假回归问题。Noriega 和 Ventosa-Santaulària（2006）与张阳、张晓峒和攸频（2013）发现，含结构突变或含非线性的平稳过程之间也可能存在虚假回归。因此，随机趋势、结构突变、非线性等都可能造成变量之间的虚假回归。一般来说，除单位根以外的原因造成的虚假回归，如改进模型、捕捉结构突变、非线性等，需要做数据的结构突变、非线性等特征的检验，而对于单位根造成的虚假回归则需要考虑协整。

下面基于一组模拟来解释虚假回归。根据虚假回归的概念，可以得知虚假回归在计量分析中的表现为：两个相互独立的时间序列之间的回归，可能得到系数显著的结论。为了更好地理解虚假回归，首先考虑如下平稳时间序列的数据生成过程：

$$\begin{cases} x_t = 0.3 x_{t-1} + \varepsilon_{1t}, & \varepsilon_{1t} \sim \text{i.i.d.} N(0,1) \\ y_t = 0.2 y_{t-1} + \varepsilon_{2t}, & \varepsilon_{2t} \sim \text{i.i.d.} N(0,1) \end{cases} \quad (10.2)$$

其中，ε_{1t} 和 ε_{2t} 均服从均值为 0、方差为 1 的独立同分布，因此，x_t 和 y_t 为相互独立的变量，即两者之间并不相关。根据数据生成过程，生成样本容量为 $n=100$ 的时间序列 x_t 和 y_t，通过蒙特卡洛模拟方法，对 x_t 和 y_t 进行数据模拟（模拟次数为 1 000 次），对 x_t 和 y_t 进行一元线性回归，并考虑如下回归模型：

$$y_t = \alpha + \beta x_t + e_t \quad (10.3)$$

基于数据的设定，可以得知回归模型（10.3）中两个变量 x_t 和 y_t 是相互独立的，因而 $\beta=0$。根据回归的基本理论：检验原假设 $\beta=0$，回归结果应该以很大的概率不拒绝原假设，在 5% 的显著性水平下拒绝原假设的概率应接近 5%。为了验证以上理论，使用蒙特卡洛模拟方法对模型（10.3）进行假设检验的模拟，首先从数据生成过程（10.2）中生成样本容量为 100 的时间序列，并将其用于估计模型（10.3），重复估计 1 000 次，得到 1 000 个参数估计值和原假设 $\beta=0$ 对应的 t 统计量值。进一步地，得到斜率参数估计值 $\hat{\beta}$ 的直方图和近似分布，如图 10.2 所示；计算 $t(\hat{\beta})$ 的值，得到 $t(\hat{\beta})$ 的直方图和近似分布，如图 10.3 所示。

从图 10.2 和图 10.3 可以看出，模拟得到的回归结果与回归理论保持一致，即以很大的概率不拒绝原假设 $\beta=0$，说明 x_t 和 y_t 不存在依赖关系。具体来说，由图 10.2 可知，斜率参数 β 主要集中在 0 附近，这与理论是一致的，表明变量之间不存在依赖关系；由图 10.3 可知，t 分布曲线基本正常，且 $t(\hat{\beta})$ 的估计值基本分布在接受域 $[-1.96 \leqslant t(\hat{\beta}) \leqslant 1.96]$ 内，根据模拟得出的 $t(\hat{\beta})$ 的值，可以计算出 $t(\hat{\beta})$ 分布在拒绝域 $[t(\hat{\beta}) > 1.96$ 或 $t(\hat{\beta}) < -1.96]$

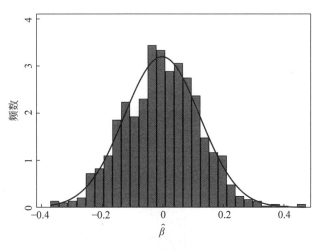

图 10.2　斜率参数估计值 $\hat{\beta}$ 的直方图和近似分布

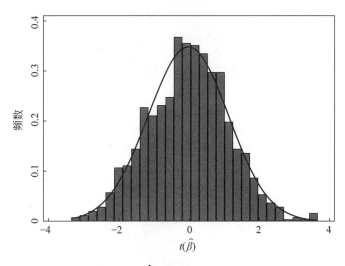

图 10.3　$t(\hat{\beta})$ 的直方图和近似分布

的概率为 6.3%，与 5% 接近。因此，t 检验的结果表明，可以 93.7% 的概率不拒绝原假设。由此可知，平稳时间序列中，在变量不相关的数据设定下，随机模拟的回归结果（即变量之间的回归系数并不显著）可以得出和理论推导一致的结论。

进一步地，考虑另一个含有单位根过程的数据生成过程：

$$\begin{cases} x_t = x_{t-1} + \varepsilon_{1t}, & \varepsilon_{1t} \sim \text{i.i.d.} N(0,1) \\ y_t = y_{t-1} + \varepsilon_{2t}, & \varepsilon_{2t} \sim \text{i.i.d.} N(0,1) \end{cases} \quad (10.4)$$

其中，ε_{1t} 和 ε_{2t} 均服从均值为 0、方差为 1 的独立同分布，因此，在式（10.4）的数据设定下，x_t 和 y_t 仍然为相互独立的两个变量，且 x_t 和 y_t 均为非平稳时间序列。根据数据生成过程，利用随机模拟方法，重复生成样本容量为 $n=100$ 的随机序列 x_t 和 y_t（重复次数为 1 000 次），并利用随机生成的样本重新对一元线性回归模型（10.3）进行重复估计。

由于 x_t 和 y_t 是相互独立的,x_t 和 y_t 的回归系数 β 应该等于 0,对回归模型提出原假设 $\beta=0$,那么回归结果应该在很大概率上不拒绝原假设。在数据生成过程(10.4)和回归模型(10.3)下,重新使用蒙特卡洛模拟方法进行随机数据模拟。通过对模型的重复估计得到斜率参数的估计值 $\hat{\beta}$,进而得到 $\hat{\beta}$ 的分布;计算斜率参数的 t 检验统计量 $t(\hat{\beta})$,得到 $t(\hat{\beta})$ 的分布。绘制随机模拟的 $\hat{\beta}$ 的分布图,如图 10.4 所示;绘制随机模拟的 $t(\hat{\beta})$ 的分布图,如图 10.5 所示。

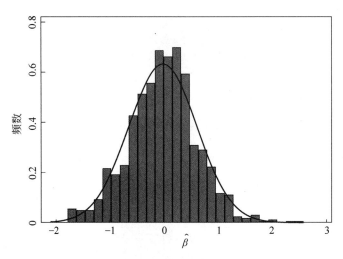

图 10.4　随机模拟的 $\hat{\beta}$ 的分布图

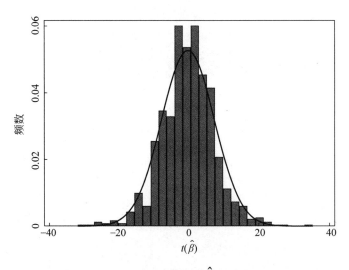

图 10.5　随机模拟的 $t(\hat{\beta})$ 的分布图

从图 10.4 和图 10.5 可以看出,模拟得到的回归结果与数据设定相悖,大部分回归系数显著异于 0,即数据结果在很大概率上拒绝原假设 $\beta=0$,支持 x_t 和 y_t 存在依赖关系,但实际上数据设定中 x_t 和 y_t 相互独立,并不存在依赖关系,因此这个回归结果就是虚假回归,而造成虚假回归的本质原因是 x_t 和 y_t 都含有单位根,是非平稳时间序列。

具体来说,由图 10.4 可知,斜率参数 β 的估计值大部分距离 0 很远,表明变量之间可能是相关的,这与式(10.4)中的数据设定并不一致;进一步地,由图 10.5 可知,$t(\hat{\beta})$ 分布的方差也远远大于正常 t 分布的方差,且 $t(\hat{\beta})$ 的值基本分布在拒绝域 $[t(\hat{\beta})>1.96$ 或 $t(\hat{\beta})<-1.96]$ 内,根据模拟得出的 $t(\hat{\beta})$,可以计算出 $t(\hat{\beta})$ 分布在拒绝域的概率约为 78.1%,远远高于显著性水平 5%。因此,t 检验的结果表明,可以约 78.1% 的概率拒绝原假设,即存在过度拒绝问题。图 10.4 和图 10.5 表明,当数据生成过程为式(10.4)时,对于两个独立变量之间的回归,传统理论会以约 78.1% 的概率给出两者之间存在显著的相关关系的结论,从而造成虚假回归问题。对比以上模拟结果可知,两个随机游走的非平稳时间序列之间的回归,常常存在虚假回归问题。因此,检验时间序列是否平稳是一个十分重要的议题。

10.3 单位根检验

经典回归理论表明,两个相互独立的变量之间的回归系数应该不显著,但是从 10.2 节虚假回归的随机模拟发现,两个相互独立的随机游走序列之间的回归,其系数常常显著异于零,从而 t 统计量会给出两者之间存在依赖关系的结论。造成虚假回归的主要原因是随机游走序列违背了"弱平稳"假设,即存在单位根。经典回归模型是建立在平稳变量的基础上的,对于非平稳变量(存在单位根),不能使用经典回归模型,否则会出现虚假回归问题。因此,在进行回归之前,需要先检验变量的非平稳性,即单位根检验。

先考虑如下三个自回归模型,自回归系数均为 1,即 AR(1) 模型中一阶自回归系数等于 1,单位根过程的名称便由此而来。服从以下形式数据生成过程的时间序列,都称为单位根过程:

$$y_t = y_{t-1} + u_t \tag{10.5}$$

$$y_t = \alpha + y_{t-1} + u_t \tag{10.6}$$

$$y_t = \alpha + \delta t + y_{t-1} + u_t \tag{10.7}$$

其中,α 为漂移项(drift term);δt 为确定性趋势项;u_t 为误差项。通常,误差项假设为弱平稳过程。

根据单位根过程的定义,可以考虑通过检验自回归模型中的自回归系数是否为 1 来推断时间序列是否存在单位根,单位根检验常见的三种类型如下:

$$y_t = \phi y_{t-1} + u_t \tag{10.8}$$

$$y_t = \alpha + \phi y_{t-1} + u_t \tag{10.9}$$

$$y_t = \alpha + \delta t + \phi y_{t-1} + u_t \tag{10.10}$$

对于以上三种模型,单位根检验的原假设为 $H_0: \phi = 1$,备择假设为 $H_1: \phi < 1$;如果 $\phi = 1$,则该时间序列含有单位根。

单位根检验是通过构造统计量进行统计检验,从而检验时间序列是否含有单位根的一种检验方法,常见的单位根检验方法主要有 DF(Dickey-Fuller,迪基-富勒)检验、ADF 检验(增广迪基-富勒检验)、PP(Phillips-Perron,菲利普斯-佩荣)检验、KPSS(Kwiatkowski-Phillips-Schmidt-Shin,奎亚特科夫斯基-菲利普斯-施密特-茜恩)检验等,下面将详细介绍这四种单位根检验的基本方法。

10.3.1 DF 检验

如果要检验一个时间序列是否包含单位根,可以考虑如下 AR(1) 模型:

$$y_t = \rho y_{t-1} + u_t, \quad t = 1, 2, \cdots, T \tag{10.11}$$

$$y_t = \alpha + \rho y_{t-1} + u_t, \quad t = 1, 2, \cdots, T \tag{10.12}$$

$$y_t = \alpha + \delta t + \rho y_{t-1} + u_t, \quad t = 1, 2, \cdots, T \tag{10.13}$$

其中,原假设为 $H_0: \rho = 1$;备择假设为 $H_1: \rho < 1$,则在原假设下时间序列是非平稳的,在备择假设下时间序列是平稳的。

迪基和富勒(1979)提出了检验单位根的检验统计量 t 统计量 $t = (\hat{\rho} - 1)/\text{se}(\hat{\rho})$,并在 u_t 独立同分布的假设下推导出了 t 统计量的分布,即 DF 检验。在平稳假设下该 t 统计量服从 t 分布,但是在单位根的原假设下,t 统计量并非是服从 t 分布的。迪基和富勒也给出了存在单位根的原假设下 t 统计量的分布,在模型(10.11)~模型(10.13)中的分布不同。通过 OLS 计算 t 统计量的估计值,并将其与临界值进行比较,从而进行单边检验即可。

为进一步解释单位根检验的特征,考虑如下模拟:从数据生成过程 $y_t = y_{t-1} + \varepsilon_t$ 中生成数据。其中,ε_t 为误差项,服从均值为 0、方差为 1 的独立同分布,因为该数据生成过程中的自回归系数为 1,所以 y_t 含有单位根,通过随机模拟方法重复生成样本容量为 $T = 100$ 的时间序列 y_t(重复次数为 1 000 次),并对 y_t 进行自回归,计算自回归系数的估计值 $\hat{\rho}$,进而得到 $\hat{\rho}$ 的分布;在 DF 检验方法下,计算相应的单位根检验的 t 统计量,得到 t 统计量估计值 $\hat{t}$ 的分布;绘制自回归系数 $\hat{\rho}$ 的分布图,如图 10.6 所示;绘制 t 统计量 $\hat{t}$ 的分布图,如图 10.7 所示。

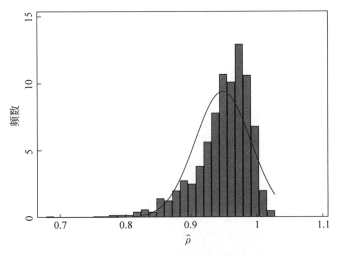

图 10.6 自回归系数 $\hat{\rho}$ 的分布图

由图 10.6 可知,自回归系数估计值 $\hat{\rho}$ 主要集中在 1 附近,但并不是对称分布,表明 y_t 很有可能含有单位根;由图 10.7 可知,在 5% 的显著性水平下计算 DF 检验的 t 统计量,拒绝原假设的概率接近显著性水平 5%,而接近 95% 的概率不能拒绝存在单位根的原假设,即支持 y_t 是非平稳时间序列,这说明 DF 检验具有良好的检验效果。

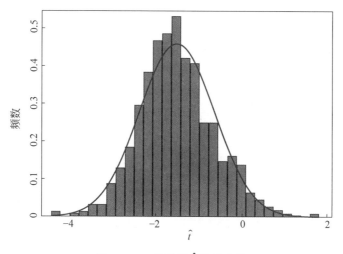

图 10.7 t 统计量 $\hat{t}$ 的分布图

10.3.2 ADF 检验

经典 DF 检验假设在一阶自回归框架下建立统计量,并假设误差项服从独立同分布,显然,这一假设并不容易满足,因此,ADF 检验通过加入更多的滞后项来捕捉误差项的相关性,在 p 阶自回归的框架下检验单位根。可以证明: p 阶自回归过程可以表示为误差项相关的一阶自回归过程。

与 DF 检验相似,按照是否包含漂移项和确定性时间趋势项,ADF 检验也分为三种情况。以只含漂移项的情形为例,考虑如下回归模型:

$$y_t = \alpha + \beta y_{t-1} + \sum_{k=2}^{K}\beta_k \Delta y_{t-k} + u_t \tag{10.14}$$

与 DF 检验类似,ADF 检验下同样设定:原假设为 $H_0: \beta = 1$;备择假设为 $H_1: \beta < 1$,则在原假设下时间序列是非平稳的,在备择假设下时间序列是平稳的。显然,ADF 检验也是单边检验。ADF 检验的原理与 DF 检验相同,同样构造 t 统计量 $t = (\hat{\beta}-1)/\mathrm{se}(\hat{\beta})$。在实践中,可以通过调整 ADF 检验的 t 统计量分布,使其与 DF 检验 t 统计量分布相同,即检验的分布临界值相同。

10.3.3 PP 检验

DF 检验假设随机扰动项独立同分布,但是在实际应用中这一条件往往不能满足,即误差项有可能是序列相关的。如果忽略本来存在的误差项相关性,DF 检验的性质就会受到影响。菲利普斯和佩荣(1988)通过对 DF 检验的 t 统计量进行修正,提出了 PP 检验。由于误差序列相关不影响参数估计的无偏性,PP 检验的核心是在序列相关的假设下推导 t 统计量的极限分布。这一思想类似于经典回归分析中的稳健性标准误。

PP 检验同 DF 检验一样,使用一阶自回归进行单位根检验,通过对模型(10.11)~模型(10.13)进行 OLS 估计,并将得到的统计量值与临界值进行比较,进而决定是否拒绝单位根的原假设。不同的是,PP 检验中模型的误差项 u_t 可以存在异方差或者自相关,PP 检

验中经过修正 t 统计量,使其分布与 DF 检验中 t 统计量的分布相同,因此 PP 检验和 DF 检验的临界值也是相同的。

10.3.4 KPSS 检验

以上三种单位根检验的原假设均为"H_0:存在单位根"(即时间序列非平稳),备择假设为"H_1:不存在单位根"(即时间序列是平稳的),因此,除非有很强的证据拒绝单位根原假设,否则都被认为存在单位根。在这种原假设和备择假设的设定下,统计检验很容易犯第二类错误(即在备择假设为真的情况下却不拒绝原假设)。为此,奎亚特科夫斯基、菲利普斯、施密特和茜恩(1992)提出了 KPSS 平稳性检验(stationarity test)。和其他单位根检验方法不同的是,KPSS 检验中原假设下是平稳序列。这也就是说,KPSS 检验的原假设为"H_0:不存在单位根",而备择假设为"H_1:存在单位根",基于贝弗里奇-纳尔逊分解,考虑如下回归模型:

$$\begin{cases} y_t = \alpha + \delta t + \xi_t + \varepsilon_t \\ \xi_t = \xi_{t-1} + u_t \end{cases} \quad (10.15)$$

其中,δt 为时间趋势项;ξ_t 为随机游走项;ε_t 为平稳过程。假设 ξ_t 的随机扰动项 u_t 为白噪声过程,其方差为 σ_u^2,那么"y_t 为平稳时间序列"就等价于"$H_0: \sigma_u^2 = 0$",KPSS 检验的检验统计量通过对原假设进行 LM(拉格朗日乘数)检验得到,不同于其他三种单位根检验,KPSS 检验为单边右侧检验,其临界值可以通过蒙特卡洛模拟得到。

10.4 虚假回归的模拟

为进一步理解虚假回归问题,本节使用 Stata 生成随机游走序列,并将其与中、美两国的股票指数进行回归。其具体步骤如下:首先,利用 Stata 生成随机变量 index,数据生成过程为 $\text{index}_t = \text{index}_{t-1} + \varepsilon_{5t}, \varepsilon_{5t} \sim \text{i. i. d. } N(0,1)$;然后,将其与中、美两国股票指数进行回归。Stata 的具体操作命令如下:

```
clear
use index.dta
set obs 4994
set seed 123456
g u = rnormal()
g index = -0.5 + u in 1
forvalues i = 2/4994{
replace index = 1 * index[_n-1] + u['i'] in 'i'
}
sum index
reg ch index
est sto ch
reg us index
est sto us
esttab ch us,b(%6.3f) t(%6.3f) ///
s(N r2 r2_a) nogap compress, using mytable.rtf,replace
```

基于以上随机模拟数据得到的中美股指与随机变量 index 的具体回归结果见表 10.1。可以看出,股票指数和随机变量 index 显著正相关,index 甚至可以解释约 60% 的股指变动,但事实上股票指数与随机变量 index 之间并不存在相关关系,因此这就是一个十分经典的虚假回归。

表 10.1　中美股指与随机游走序列回归结果

变　量	中国股票指数	美国股票指数
index	19.546***	59.672***
	(84.986)	(81.329)
_cons	569.199***	5 168.165***
	(36.625)	(104.238)
N	4 994	4 994
R^2	0.591	0.570
Adj_R^2	0.591	0.570

注：*** 代表 1% 的显著性水平。

产生上述结果的原因在于,随机游走是一个特殊的单位根过程。如果时间序列包含单位根,时间序列之间的回归可能就是虚假回归。很多经济变量被证明包含单位根,因此,为了避免得到错误结论,在计量分析前甄别变量是否包含单位根是十分必要的。

10.5　单位根检验的 Stata 操作

本节利用 1990—2011 年我国股市的股票指数数据 index.dta,演示通过 Stata 进行经典单位根检验(DF 检验、ADF 检验、PP 检验、KPSS 检验)的 Stata 操作：

```
use index.dta
line ch t
    ***DF 检验***
dfuller ch
    ***ADF 检验***
di 12*(4994/100)^(1/4)
dfuller ch,lags(30) reg
dfuller ch,lags(29) reg
dfuller ch,lags(28) reg
dfuller ch,lags(27) reg
***PP 检验***
pperron ch
***KPSS 检验***
kpss ch,notrend
```

对我国股票指数的单位根检验结果如下。

1. DF 检验

DF 检验结果见表 10.2。由表 10.2 可知,DF 检验统计量 −1.732 > −2.570,无法在 10% 的水平上拒绝原假设,即可以认为中国股票指数存在单位根。

表 10.2　DF 检验结果

DF 单位根检验	观测值＝4 993			
		DF 插值		
	检验统计量	1％临界值	5％临界值	10％临界值
$Z(t)$	−1.732	−3.430	−2.860	−2.570

2. ADF 检验

在 ADF 检验中，参考施韦特(Schwert,1989)的文献，计算最大滞后阶数 $p_{max}=[12(T/100)^{1/4}]$，计算可得 $p_{max}=31.900\ 198$；令 $\hat{p}=31$，进行 ADF 检验。ADF 检验结果见表 10.3。由表 10.3 可以看出，最后一阶滞后项在 5％的水平上并不显著。

表 10.3　ADF 检验结果

ADF 单位根检验	观测值＝4 963			
		DF 插值		
	检验统计量	1％临界值	5％临界值	10％临界值
$Z(t)$	−1.991	−3.430	−2.860	−2.570

3. PP 检验

PP 检验结果见表 10.4。由表 10.4 可以看出，PP 检验统计量显示无法拒绝原假设，即可以认为中国股票指数存在单位根，该结论与 DF 检验结果一致。

表 10.4　PP 检验结果

PP 单位根检验	观测值＝4 993			
	Newey-West 滞后阶数＝9			
		DF 插值		
	检验统计量	1％临界值	5％临界值	10％临界值
$Z(rho)$	−5.100	−20.700	−14.100	−11.300
$Z(t)$	−1.767	−3.430	−2.860	−2.570

4. KPSS 检验

KPSS 检验结果见表 10.5。由表 10.5 可知，1％的临界值为 0.739，考虑 0 阶到 16 阶滞后，其检验统计量均大于 0.739，故可以在 1％水平上拒绝原假设，即可以认为中国股票指数存在单位根，该结论与 DF 检验结果一致。

表 10.5　KPSS 检验结果

KPSS 检验
最大滞后阶数＝31
H_0 的临界值：中国股票指数是平稳变量
10％：0.347　5％：0.463　2.5％：0.574　1％：0.739

续表

滞后阶数	检验统计量
0	307
1	153
2	102
3	76.8
4	61.4
5	51.2
6	43.9
7	38.4
8	34.2
9	30.8
10	28
11	25.7
12	23.7
13	22
14	20.6
15	19.3
16	18.2

由以上四种单位根检验方法的检验结果可知,我国股票指数含有单位根,是非平稳变量,在对其进行回归分析时很容易造成虚假回归。

本 章 习 题

一、概念题

1. 什么是虚假回归?
2. 造成虚假回归的原因有哪些?
3. 什么是单位根过程?
4. 什么是单位根检验?为什么要进行单位根检验?
5. 单位根检验中 ADF 检验和 PP 检验都考虑误差项的相关性,两者是否等价?
6. 单位根检验中 ADF 检验的原假设为存在单位根,KPSS 检验的原假设为平稳,对同一时间序列,两种检验的检验结果是否一致?
7. DF 检验是最流行的单位根检验方法之一。假设模型为 $y_t = \alpha + \rho y_{t-1} + e_t$,使用 DF 检验时,模型应该满足什么条件?该条件如果不满足,怎么解决?

二、应用题

1. 本题使用数据集 index.dta。
(1) 分别使用 ADF 检验和 DF 检验判断美国股票指数 us 是否存在单位根。
(2) 分别使用 PP 检验和 KPSS 检验判断美国股票指数 us 是否存在单位根。

2. 本题使用数据集 case2-1. dta。

在 stata 中生成随机序列 $\text{random} = \text{random}_{t-1} + \varepsilon_t$。考虑如下简单回归模型：
$$\text{profit} = \beta_0 + \beta_1 \text{random} + \varepsilon$$
其中，profit 为企业利润；random 为随机生成的时间序列。估计以上回归模型并对系数 β_1 作出解释。

协整模型

经典回归理论建立在变量平稳的基础上,将其用于非平稳变量之间的关系分析,可能会出现虚假回归问题。由于许多经济变量不能拒绝非平稳假设,这就给经典的回归分析方法带来了很大限制。但是,经济理论常常又暗示着非平稳经济变量之间存在稳定关系。例如,居民消费水平与收入的关系,根据消费理论,收入与消费之间有着长期的稳定关系。因此,计量经济学家发展出协整理论将经典回归分析拓展到了非平稳变量框架,使虚假回归问题得到了彻底的解决。

本章主要内容包括:长期均衡与协整分析,协整定义,协整关系检验,协整度理论,误差修正模型(Error Correction Model,ECM)以及协整模型估计的 Stata 模拟。

11.1 长期均衡与协整分析

经济理论指出,某些经济变量之间存在着长期均衡关系,这种均衡关系意味着经济系统存在将变量之间关系拉到均衡的内在机制。如果变量在某些时期受到干扰后偏离其长期均衡点,均衡机制将会进行调整以使其重新回到均衡状态。

假设 x_t 与 y_t 间的长期"均衡关系"由式(11.1)描述:

$$y_t = \beta_0 + \beta_1 x_t + u_t \tag{11.1}$$

其中,u_t 为随机扰动项。该均衡关系意味着:给定 x_t 的一个值,y_t 相应的均衡值也随之确定为 $\beta_0 + \beta_1 x_t$。当两个变量处于均衡状态时,$u_t = 0$。由于随机因素对经济系统的影响,两个变量之间的关系可能偏离均衡,因此,u_t 常常称为非均衡误差。

如果式(11.1)正确地揭示了 x_t 与 y_t 间的长期稳定的"均衡关系",则意味着 y_t 对其均衡点的偏离从本质来说是"临时性"的,即 u_t 是平稳的。显然,如果 u_t 是非平稳的,则意味着 y_t 对其均衡点的偏离会被长期累积下来而不能被消除。

式(11.1)中的随机扰动项,即非均衡误差 u_t,是变量 x_t 与 y_t 的一个线性组合:

$$u_t = y_t - \beta_0 - \beta_1 x_t \tag{11.2}$$

因此,如果 x_t 与 y_t 间存在长期稳定的"均衡关系",那么式(11.2)中的非均衡误差应是一个平稳时间序列,并且具有零期望值,即具有 0 均值的 $I(0)$ 序列。从这里可以看到,非平稳时间序列,它们的线性组合也可能是平稳的。此时,我们称两个变量是协整的。如果两个包含单位根的时间序列是协整的,则它们之间的关系可以使用最小二乘法估计,此时不会出现"虚假回归"。如图 11.1 所示,两个时间序列之间存在协整意味着:它们之间的偏离不会永久保持,即偏离是平稳的。以协整的角度来说,协整均衡误差是平稳的。在协整理论出现之前,为了避免虚假回归的问题,学者们对于非平稳序列之间的分析建议使用差分,然而,差分序列之间的分析常常失去检验经济理论的价值,如约翰·梅纳德·凯恩斯(John Maynard Keynes)的消费收入假说指出,消费与收入的比率是一个常数,但基于差分只能分析消费增长率与收入增长率之间的关系。

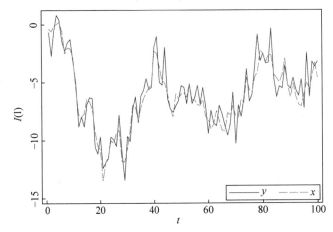

图 11.1 两个协整的 $I(1)$ 过程的时间序列

另外,恩格尔和格兰杰(1987)指出,协整理论与误差修正表示是一一对应的,即存在协整就有误差修正表示。这意味着,当真实变量之间存在协整关系时,差分会损失原有样本的信息,因为忽略了误差修正部分,而不能捕捉长期关系。因此,协整理论在宏观经济分析和金融分析中具有十分重要的地位。

11.2 协整定义

为了理解协整,先考虑如下一个简单的例子。设 x_{1t}, x_{2t} 是两个一阶差分平稳过程,则

$$x_{1t} = \sum_{s=1}^{t} \varepsilon_{1s} + s_{1t} - s_{10} \tag{11.3}$$

$$x_{2t} = \sum_{s=1}^{t} \varepsilon_{2s} + s_{2t} - s_{20} \tag{11.4}$$

其中,ε_{1s} 和 ε_{2s} 为白噪声过程;$\sum_{s=1}^{t} \varepsilon_{1s}$ 和 $\sum_{s=1}^{t} \varepsilon_{2s}$ 为随机趋势;s_{1t} 和 s_{2t} 为平稳过程;s_{10} 和 s_{20} 分别为两个序列的初值。

考虑 x_{1t} 和 x_{2t} 的线性组合:

$$u_t = x_{1t} - \beta x_{2t} = \sum_{s=1}^{t} \varepsilon_{1s} - \beta \sum_{s=1}^{t} \varepsilon_{2s} + s_{1t} - \beta s_{2t} - (s_{10} - \beta s_{20}) \tag{11.5}$$

显然,u_t 包含随机趋势 $\sum_{s=1}^{t} \varepsilon_{1s} - \beta \sum_{s=1}^{t} \varepsilon_{2s}$。因此,一般来说,$u_t$ 是 $I(1)$ 过程。然而,如果 x_{1t} 和 x_{2t} 的随机趋势是成比例的,即

$$\sum_{s=1}^{t} \varepsilon_{1s} = \beta \sum_{s=1}^{t} \varepsilon_{2s} \tag{11.6}$$

则 $u_t = x_{1t} - \beta x_{2t} = s_{1t} - \beta s_{2t} - (s_{10} - \beta s_{20})$ 是平稳过程,这种情况称为协整。下面给出协整的正式定义。

协整(Engle and Granger,1987):如果向量过程 $\boldsymbol{x}_t$ 的各分量是 $I(d)$ 过程,且存在一个非零的向量 $\boldsymbol{\beta}$ 使 $u_t = \boldsymbol{\beta}'\boldsymbol{x}_t \sim I(d-b), b>0$。那么向量过程 $\boldsymbol{x}_t$ 被认为是以阶数 (d,b) 协整的,记为 $\boldsymbol{x}_t \sim CI(d,b)$,向量 $\boldsymbol{\beta}$ 称为协整向量。

在经济分析中,多数情况下,$d=b=1$。例如,对于模型(11.1),若 x_t、y_t 均为单位根过程,且协整向量为 $\boldsymbol{\beta} = (\beta_0, \beta_1)'$,则有 $u_t = y_t - \beta_0 - \beta_1 x_t \sim I(0)$。因此,经济变量之间的协整意味着,虽然经济变量是一阶差分平稳的,但某种经济力量导致的"联动"关系,使两个变量之间的偏离会被"修复",即存在均衡关系。

对于两个单整变量,只有当其单整阶数相同时才有可能存在协整关系;对于3个及以上具有不同单整阶数的单整变量,则有可能通过线性组合构成低阶单整变量。例如,假设 $x_{1t} \sim I(1), x_{2t} \sim I(2), x_{3t} \sim I(2)$,若有

$$y_t = ax_{2t} + bx_{3t} \sim I(1) \tag{11.7}$$

$$z_t = cx_{1t} + dy_t \sim I(0) \tag{11.8}$$

则有

$$x_{2t}, x_{3t} \sim CI(2,1) \tag{11.9}$$

$$x_{1t}, y_t \sim CI(1,0) \tag{11.10}$$

因此,x_{2t}、x_{3t} 是以阶数 $(2,1)$ 协整的,而 x_{1t}、y_t 则是以阶数 $(1,0)$ 协整的。

多个协整变量之间可能存在多个协整关系。例如,4 个 $I(1)$ 变量 z_t、x_t、y_t、w_t,存在如下长期均衡关系:

$$z_t = \alpha_0 + \alpha_1 x_t + \alpha_2 y_t + \alpha_3 w_t + u_t \tag{11.11}$$

得到非均衡误差 u_t 是平稳的,即

$$u_t = z_t - \alpha_0 - \alpha_1 x_t - \alpha_2 y_t - \alpha_3 w_t \sim I(0) \tag{11.12}$$

与此同时,假设 z_t 与 w_t、x_t 与 y_t 之间分别存在如下长期均衡关系:

$$z_t = \beta_0 + \beta_1 w_t + u_t \tag{11.13}$$

$$x_t = \gamma_0 + \gamma_1 y_t + v_t \tag{11.14}$$

则非均衡误差 u_t 和 v_t 同样为平稳序列:

$$u_t = z_t - \beta_0 - \beta_1 w_t \sim I(0) \tag{11.15}$$

$$v_t = x_t - \gamma_0 - \gamma_1 y_t \sim I(0) \tag{11.16}$$

因此,u_t 和 v_t 的线性组合也是平稳序列,如

$$u_t + v_t = z_t - \beta_0 - \beta_1 w_t + x_t - \gamma_0 - \gamma_1 y_t \sim I(0) \tag{11.17}$$

即 z_t、x_t、y_t、w_t 之间存在多个协整关系。

11.3 协整关系检验

为检验两个时间序列 y_t 和 x_t 之间是否存在协整关系,常用的协整检验方法是 EG (Engle-Granger,恩格尔-格兰杰)两步法,其具体步骤如下。

第一步,用 OLS 对模型(11.1)进行估计:

第二步，对残差序列 $\hat{u}_t$ 进行单位根检验（如 ADF 检验等），检验其是否平稳。

如果残差序列是平稳的，则拒绝 y_t 和 x_t 之间不存在协整关系的原假设；如果残差序列是非平稳的，则不能拒绝 y_t 和 x_t 之间不存在协整关系的原假设。

虽然协整检验第二步也使用单位根检验，但其临界值不同于第 10 章对原始数据的单位根检验。在协整模型(11.1)中，如果 u_t 是已知的，那么对其使用单位根检验验证协整关系的存在，临界值不变；但是，由于 u_t 未知，我们通过对 $\hat{u}_t$ 进行单位根检验来判断 u_t 的平稳性。表 11.1 为双变量协整 ADF 检验临界值。

表 11.1　双变量协整 ADF 检验临界值

样本容量	1%显著性水平	5%显著性水平	10%显著性水平
25	−4.37	−3.59	−3.22
50	−4.12	−3.46	−3.13
100	−4.01	−3.39	−3.09
∞	−3.90	−3.33	−3.05

EG 两步法主要针对两个变量之间的协整关系。3 个及以上的变量之间可能存在多个协整关系，这通常使用约翰森(Johansen)检验，可参见其他高级计量经济学教材。需要注意的是，对于存在多个协整关系的情况，OLS 依然能够得到一个协整向量的一致估计。[①]

11.4　协整度理论

在实际应用中，常常发现一个变量与多个变量之间都存在协整关系，如中国股市指数序列与周边各国际市场股票指数之间的关系。协整检验只能用于研究协整关系的存在与否，而无法区分各组协整关系之间的区别。那么，当一个变量与多个变量之间都存在协整关系时，区分各组关系有没有意义？为了探讨这个问题，先给出一些直觉性的结果，如图 11.2 所示。

图 11.2 对应的数据生成过程为

$$\begin{cases} y_t = \sum_{s=1}^{t} \varepsilon_s \\ x_{1t} = y_t - v_t \\ x_{2t} = y_t - 2v_t \end{cases} \quad (11.18)$$

其中，$\varepsilon_s, v_t \sim \text{i.i.d } N(0,1)$。

从图 11.2 和其对应的数据生成过程中得到，y_t 与 x_{1t}、x_{2t} 虽然都存在协整关系，但是 y_t 和 x_{1t} 之间与 y_t 和 x_{2t} 之间，关系差异很大，原因是：协整均衡误的方差大小不同。在图 11.2 中，协整误的方差分别为 1 和 4。y_t 和 x_{1t} 之间联动关系十分"密切"，而 y_t 和 x_{2t} 之间的联动关系相对不"密切"。学者们建议使用"协整度"(degree of cointegration)来描述这种联动关系密切性之间的区别。协整度的定义如下。

---

① WOOLDRIDGE J M. Notes on regression with difference-stationary data[D]. East Lansing, MI：Michigan State University, 1991.

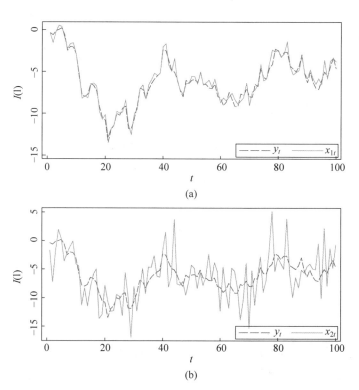

图 11.2 x_{1t}、x_{2t} 与 y_t 存在协整关系

(a) x_{1t} 与 y_t 存在协整关系；(b) x_{2t} 与 y_t 存在协整关系

协整度：给定 $y_t, x_{1t}, x_{2t} \sim I(1)$，$u_{1t} = y_t - \beta_1 x_{1t} \sim I(0)$，$u_{2t} = y_t - \beta_2 x_{2t} \sim I(0)$，如果 $\text{var}(u_{1t}) = \text{var}(u_{2t})$，则称 y_t 与 x_{1t} 之间的协整关系和 y_t 与 x_{2t} 之间的协整关系具有相同的协整度。如果 $\text{var}(u_{1t}) < \text{var}(u_{2t})$，则称 y_t 与 x_{1t} 之间的协整关系的协整度高于 y_t 与 x_{2t} 之间的协整关系的协整度。

在图 11.2 中，两个图正对应于协整均衡误方差的"小"和"大"。如果两个指数考虑的是指数化投资的投资组合与标的指数之间的关系，那么图 11.2(a)代表一个"好"的投资组合，图 11.2(b)则代表一个"差"的投资组合。其中，差的投资组合意味着套利的空间小。从另一个角度来看，也可以使用"协整度"的概念来评价指数基金的业绩，或者用其来研究股市之间联动关系的"密切"程度、寻找套利标的、构建投资组合等。总之，区分"协整度"是重要和有意义的。

上述协整度的定义由 Yang 等(2014)提出。自从 20 世纪 90 年代以来，虽然"协整度"一词在文献中已被广泛使用，然而却没有严格的定义和共识。卡萨(Kasa,1992)、朗维德(Rangvid,2001)和格勒克等(Gerlach et al.,2006)以一组变量间协整关系的个数作为衡量"整合程度"的指标。麦纽和法克勒(McNew and Fackler,1997)的研究指出，一组变量之间的协整关系个数不是一个衡量"整合程度"的好指标。布拉达等(Brada et al.,2005)和金姆等(Kim et al.,2006)使用滚动的样本估计协整关系，并把用于检验协整关系的统计量使用 10% 的临界值标准化为一个时变的序列，以代表时变的协整度。亚历山大等(Alexander et al.,2012)均使用检验协整的统计量值的相对大小来衡量协整程度。然而，协整检验的统计量值的大小只是代表协整关系存在的概率，即使我们以 100% 的信心肯定协整关系的存在，

"协整度"的问题依然没有得到解答;另外,协整检验统计量的大小强烈依赖于样本数,这从单位根检验的低检验功效问题中可以看出。

综上所述,现有的试图考虑协整关系"整合程度"的概念似乎都有不足;相对而言,通过均衡误差的方差定义的"协整度"似乎更加符合直觉且更为合理,而且易于检验。在实际应用中,通过等方差检验即可进行协整度检验。

11.5　误差修正模型

为避免非平稳变量之间的虚假回归问题,一个常见的做法是,通过差分的方法将 $I(1)$ 序列转化为平稳序列,然后建立经典的回归分析模型。例如,建立人均消费水平(y_t)与人均可支配收入(x_t)之间的回归模型:

$$y_t = \beta_0 + \beta_1 x_t + u_t \tag{11.19}$$

通过一阶差分之后,建立如下回归模型:

$$\Delta y_t = \beta_1 \Delta x_t + v_t \tag{11.20}$$

其中,$v_t = u_t - u_{t-1}$。

然而,上述基于一阶差分的分析存在如下问题。

首先,如果 y_t 与 x_t 之间存在长期均衡关系,且误差项 u_t 不存在序列相关,则差分式(11.20)中的 v_t 是一个一阶移动平均时间序列,因此是序列相关的。

其次,如果采用差分形式进行估计,则关于变量水平值的重要信息将被忽略,这时模型只表达了 x 与 y 之间的短期关系,而没有揭示它们之间的长期关系。这是因为,从长期均衡的观点看,y 在第 t 期的变化不仅取决于 x 本身的变化,还取决于 x 与 y 在 $t-1$ 期末的状态,尤其是 x 与 y 在 $t-1$ 期的不均衡程度。

最后,使用差分变量也往往会得出不能令人满意的回归方程。例如,使用差分式(11.20)进行回归时,很少出现截距项显著为零的情况,往往会得到如下形式的方程:

$$\Delta y_t = \hat{\beta}_0 + \hat{\beta}_1 \Delta x_t + v_t, \quad \hat{\beta}_0 \neq 0 \tag{11.21}$$

在 x 保持不变时,如果模型存在静态均衡(static equilibrium),y 也会保持其长期均衡值不变。但是,通过式(11.21)得知,即使 x 不变,y 也会处于长期上升或下降的过程,这意味着 x 与 y 不存在静态均衡,与大多数具有静态均衡的经济理论假设不相符。

简单差分并不能解决非平稳时间序列所遇到的全部问题,误差修正模型便应运而生。如果经济变量之间存在长期的均衡关系,那么变量的短期变动应该朝着长期均衡的方向调整。误差修正模型正是体现了上述思想。

考虑如下分布滞后模型:

$$y_t = \beta_0 + \beta_1 y_{t-1} + \gamma_0 x_t + \gamma_1 x_{t-1} + \varepsilon_t \tag{11.22}$$

其中,$|\beta_1| < 1$。假设 y_t 和 x_t 之间存在长期均衡关系 $y_t = \phi + \theta x_t$。对式(11.22)左右两边取期望,得到 $E(y_t) = \beta_0 + \beta_1 E(y_t) + (\gamma_0 + \gamma_1) E(x_t)$,令 $y^* = E(y_t)$,$x^* = E(x_t)$,可得

$$y^* = \beta_0 + \beta_1 y^* + (\gamma_0 + \gamma_1) x^* \tag{11.23}$$

对式(11.23)进行整理,得到

$$y^* = \frac{\beta_0}{1 - \beta_1} + \frac{\gamma_0 + \gamma_1}{1 - \beta_1} x^* \tag{11.24}$$

因此可以得到 $\phi = \dfrac{\beta_0}{1-\beta_1}$, $\theta = \dfrac{\gamma_0+\gamma_1}{1-\beta_1}$。其中，$\theta = \dfrac{\gamma_0+\gamma_1}{1-\beta_1}$ 称为长期乘数（long-run multiplier），衡量的是 x 永久变化 1 单位时，y 永久变化的幅度。在式(11.22)左右两边同时减去 y_{t-1}，并在式(11.22)右边加上 $\gamma_0 x_{t-1}$，然后再减去 $\gamma_0 x_{t-1}$ 可得

$$\Delta y_t = \beta_0 + (\beta_1-1)y_{t-1} + \gamma_0 \Delta x_t + (\gamma_0+\gamma_1)x_{t-1} + \varepsilon_t \tag{11.25}$$

由 $\phi = \dfrac{\beta_0}{1-\beta_1}$, $\theta = \dfrac{\gamma_0+\gamma_1}{1-\beta_1}$ 可得 $\beta_0 = \phi(1-\beta_1)$，$\gamma_0+\gamma_1 = \theta(1-\beta_1)$，将其代入式(11.25)可得

$$\Delta y_t = \phi(1-\beta_1) + (\beta_1-1)y_{t-1} + \gamma_0 \Delta x_t + \theta(1-\beta_1)x_{t-1} + \varepsilon_t \tag{11.26}$$

整理得到

$$\Delta y_t = \gamma_0 \Delta x_t + (\beta_1-1)(y_{t-1} - \phi - \theta x_{t-1}) + \varepsilon_t \tag{11.27}$$

式(11.27)即为误差修正的形式。其中，$(\beta_1-1)(y_{t-1}-\phi-\theta x_{t-1})$ 称为误差修正项（error correction term），ϕ 和 θ 为长期参数，而 γ_0 和 β_1-1 为短期参数。

式(11.27)表明，y 的变化取决于 x 的变化和上一期的非均衡程度 $y_{t-1}-\phi-\theta x_{t-1}$，与简单差分模型相比，误差修正模型中的 y 值包含了对前期非均衡程度的修正，因此弥补了简单差分模型的不足。

由于 $|\beta_1|<1$，因而 $\beta_1-1<0$，从而误差修正项的符号由上一期的非均衡程度 $y_{t-1}-\phi-\theta x_{t-1}$ 决定。在 $t-1$ 时刻，若 y_{t-1} 大于其长期均衡解 $\phi+\theta x_{t-1}$，则 $y_{t-1}-\phi-\theta x_{t-1}$ 为正，从而误差修正项为负，使 Δy_t 减少；同理，若 y_{t-1} 小于其长期均衡解 $\phi+\theta x_{t-1}$，则 $y_{t-1}-\phi-\theta x_{t-1}$ 为负，从而误差修正项为正，使 Δy_t 增加。上述过程表明，y 的短期波动是向其长期均衡的方向调整的。

下面介绍误差修正模型中短期参数的估计。当 x_t、y_t 均为单位根过程时，方程左边 Δy_t 为平稳过程，方程右边的 $\gamma_0 \Delta x_t$ 也为平稳过程。如果 x_t、y_t 之间存在协整关系，误差修正项 $(\beta_1-1)(y_{t-1}-\phi-\theta x_{t-1})$ 是平稳的，从而方程右边部分整体是平稳的，误差修正模型成立。在 x_t、y_t 之间存在协整关系的前提下，将残差 $\hat{u}_t \equiv y_t - \hat{\beta}_0 - \hat{\beta}_1 x_t$ 代入 ECM 可得

$$\Delta y_t = \gamma_0 \Delta x_t + (\beta_1-1)\hat{u}_t + \varepsilon_t \tag{11.28}$$

估计式(11.28)，即可得到 x_t、y_t 之间的短期参数。

那么，是否所有变量间的关系都可以用 ECM 来表示？格兰杰表示定理表明答案是肯定的。

格兰杰表示定理：如果变量 x 与 y 之间是协整的，那么它们之间的短期非均衡关系总能用一个误差修正模型来表述：

$$\Delta y_t = \text{lagged}(\Delta x, \Delta y) - \lambda \cdot \text{ecm}_{t-1} + u_t, \quad 0 < \lambda < 1 \tag{11.29}$$

其中，ecm 为非均衡误差；λ 为短期调整参数。

误差修正模型具有如下优点。

第一，估计方程的时候，由于方程包含多阶滞后项，变量之间往往会产生多重共线性，从而影响估计精度，而差分一次之后的变量之间的相关性会降低，这样就避免了多重共线性。

第二，误差修正模型具有较好的经济解释，实际上描述了变量向长期均衡状态调整的非

均衡动态调整过程。

第三,当变量序列不平稳的时候,采用 ECM 可以避免伪回归的问题。

第四,根据格兰杰表示定理,协整序列一定可以表示成误差修正模型的形式,因此序列协整时,应该建立误差修正模型。

11.6　协整模型估计的 Stata 模拟

两个一阶差分平稳过程之间的回归通常是虚假回归,但当两者之间存在协整关系时,OLS 估计就能得到协整向量的一致估计。

本节使用蒙特卡洛模拟方法,通过 Stata 生成随机数,展示协整向量的 OLS 估计量的性质。实验步骤如下:从总体模型 $y=1+2x+u$ 中抽取随机样本 $\{(x_i,y_i),i=1,\cdots,100\}$,其中,$x\sim I(1)$,$u\sim N(0,1)$,因此,$y\sim I(1)$,$x$ 和 y 之间存在协整关系,协整向量为 $(1,2)$。然后,以样本 $\{(x_i,y_i),i=1,\cdots,100\}$ 估计模型 $y=\beta_0+\beta_1 x+u$ 的参数,得到一组估计值 $(\hat{\beta}_0,\hat{\beta}_1)$。重复上述估计 1 000 次,得到 1 000 组参数估计值,并绘制这些参数估计的直方图。实现这一模拟的 Stata 代码如下:

```
clear
set seed 123
capture program drop coint
program coint, eclass
drop _all
set obs 100
g ux = rnormal()
g x = ux in 1
forvalues i = 2/100{
replace x = x[_n-1] + ux['i'] in 'i'
}
gen y = 1 + 2 * x + rnormal()
reg y x
end
set seed 123
simulate _b _se, reps(1000):coint
set scheme s1mono /* 设置背景色 */
hist _b_x, normal
save Fig11-3a.gph,replace
hist _b_cons, normal
save Fig11-3b.gph,replace
```

图 11.3 为协整向量估计的直方图。从图 11.3 所示的两个直方图可以看出,协整模型的最小二乘估计,是以真实值为中心的分布。可以验证:随着样本容量增加,参数估计的方差变小,即呈现出参数估计的一致性特征。

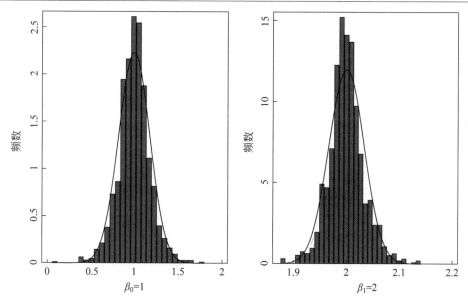

图 11.3　协整向量估计的直方图

本 章 习 题

一、概念题

1. 什么是协整？
2. n 个单位根过程之间是否有可能存在多个协整关系？如果有,可能存在的协整关系的数量最多是多少？
3. 如何估计两个单位根过程之间的短期关系？
4. 如何判断两个单位根过程之间是否存在协整关系？
5. 简述用于协整关系检验的 EG 两步法。
6. EG 两步法有什么缺点？
7. 误差修正模型有什么优点？

二、应用题

1. 设 $x_t = x_{t-1} + \varepsilon_{1t}$, $y_t = 0.7x_t + \varepsilon_{2t}$, 其中, ε_{1t}, $\varepsilon_{2t} \sim N(0,1)$, 用 Stata 编写程序。
(1) 生成序列 $\{y_t\}$、$\{x_t\}$ 并画出其时间序列图。
(2) 使用 EG 两步法检验 $\{y_t\}$、$\{x_t\}$ 之间是否存在协整关系。
2. 本题使用数据集 case11-1.dta。
(1) 使用 EG 两步法检验 x1、x2 之间是否存在协整关系。
(2) 使用 EG 两步法检验 x2、x3 之间是否存在协整关系。
3. 本题使用数据集 case11-1.dta。
(1) 分析 x1、x2、x3 之间存在的协整关系的数量,写出长期均衡关系方程。
(2) 检验 VECM(向量误差修正模型)残差的自相关性与正态性、模型的稳定性。

计量模型的灵活应用

在前述 11 章,我们对计量经济学的框架、内容和软件实现进行了详细的介绍。为进一步启发和引导初学者基于计量经济模型开展严谨有趣的实证研究,本章介绍经典计量模型的灵活应用,这些应用案例来源于对学术研究文献的梳理。

12.1 股票回报相关

在关于股票市场的研究中,股票回报是一大重要命题。有效市场假说认为,证券价格是基于现有信息的未来现金流折现,价格对信息的反应是及时的、充分的和完整的。如果股票价格因为某些原因偏离了其内在价值,套利者会进行套利活动,以获取超额回报。对于超额回报的衡量,可以利用资本资产定价模型(CPAM),根据研究问题对样本进行分组,探究不同样本下的超额回报差异。本节从股票交易量开始,关注股票回报的异常部分,继而延伸到股票异常回报的衡量,股票回报与会计收益、信息不确定性的研究。

12.1.1 股票交易量

比弗[①]将盈余公告日前后 17 周定义为报告期,发现盈余公告周(第 0 周)平均交易量比非报告期高出 33%,构建了一个模型来扣除整体市场因素的影响:

$$V_{it} = a_i + b_i V_{Mt} + e_{it} \tag{12.1}$$

其中,a_i 和 b_i 使用非报告期的观测估计,残差 e_{it} 根据报告期 17 周的每一周 t 和选择的样本中的盈余公告得到。正的残差 e_{it} 表示高于正常交易量,负的残差 e_{it} 表示低于正常交易量,残差 e_{it} 为 0 表示正常交易量。类似地,比弗引用夏普(Sharpe)模型,控制市场因素对个股价格变动的影响:

$$R_{it} = a_i + b_i R_{mt} + u_{it} \tag{12.2}$$

其中,R_{it} 为股票 i 在第 t 周的价格变动。残差是单个股票价格变动中不能由市场因素解释的部分。这种使用回归模型残差表示未观测到部分的做法很常见。

---

① BEAVER W H. The information content of annual earnings announcements[J]. Journal of accounting research, 1968, 6: 67-92.

12.1.2 股票回报中的异常部分

利佩[①]研究了会计盈余组成项目的信息含量,使用市场模型残差 $uret_{it}$ 来表征股票回报中的异常部分,股票的正常回报体现在了资本风险调整的市场回报中:

$$\mathrm{Ret}_{it} = c_i + \mathrm{Beta}_i \times \mathrm{Ret}_{Mt} + uret_{it} \tag{12.3}$$

式(12.3)表示市场模型,用来计算残差 $uret_{it}$。

$$uret_{it} = b_i \frac{1}{\mathrm{rp}_{it}} + \sum_{j=1}^{6} a_{ji} \frac{\mathrm{uc}_{jit}}{\mathrm{rp}_{it}} + v_{it} \tag{12.4}$$

这是一个多元回归模型,衡量会计盈余分项异常同股票回报异常之间的关系,其中,残差 uc_{jit} 表示会计盈余分项异常。a_{ji} 表示在控制其他分项的条件下,某分项的异常变动会带来股票异常回报变动的程度。欧和彭曼[②]在此基础上发展了预测模型,将有关回报反应的研究深入资产负债表项目。

12.1.3 衡量超额回报:詹森 α

詹森(Jensen)α 来源于资本资产定价模型中的截距项,即式(12.5)中的 α_{im}

$$R_{it} - R_{ft} = \alpha_{im} + \beta_{im}(R_{Mt} + R_{ft}) + \varepsilon_{it} \tag{12.5}$$

詹森认为,优秀投资组合的回报除了无风险利率和市场风险溢价外,还应该有来自主动投资管理能力的超额收益,也就是 α。沈维涛和黄兴孪[③]在计算不同基金优于基准组合的具体数值时采用了这一指标。李红权和马超群[④]在研究我国证券投资基金绩效的时候,利用该指标来度量基金的超额收益,如果 $\alpha_{im} > 0$,说明基金经理有较强的资产管理能力。

12.1.4 超额回报与 F/P 效应、规模效应

$$R_{pt} - R_{ft} = \alpha_p + \beta_p(R_{mt} - R_{ft}) \tag{12.6}$$

其中,R_{pt} 为投资组合 p 在 t 月的回报率;R_{ft} 为无风险资产在 t 月的回报率;$R_{mt} - R_{ft}$ 为投资组合 p 的月度回报率超过无风险利率的部分。巴苏[⑤]将样本按照 F/P 和市场价值进行分组,通过计算超额回报 α_p 是否显著异于 0 来确定 F/P 效应、规模效应是否存在。

12.1.5 超额回报与信息不确定性

$$R_p - R_f = \alpha_p + \beta_p(R_{mt} - R_{ft}) + \delta_p \mathrm{SMB}_t + h_p \mathrm{HML}_t + \varepsilon_{pt} \tag{12.7}$$

式(12.7)是对传统资本资产定价模型的扩展。其中,$R_{mt} - R_{ft}$、SMB_t 和 HML_t 是法玛和

---

① LIPE R C. The information contained in the components of earnings[J]. Journal of accounting research,1986,24: 37-64.

② OU J A,PENMAN S H. Accounting measurement,price-earnings ratio,and the information content of security prices[J]. Journal of accounting research,1989,27:111-144.

③ 沈维涛,黄兴孪.我国证券投资基金业绩的实证研究与评价[J].经济研究,2001(9):22-30.

④ 李红权,马超群.中国证券投资基金绩效评价的理论与实证研究[J].财经研究,2004(7):56-65.

⑤ BASU S. The relationship between earnings' yield,market value and return for NYSE common stocks:further evidence[J]. Journal of financial economics,1983,12(1):129-156.

法兰奇[1]提出的影响月度回报率的风险因素,分别代表风险溢价规模和市净率。此后,异象研究基本接受该三因素模型,也就是说,只有经过三因素调整后还存在超额回报,才可以称为异象。在均衡条件下,组合的期望回报完全由系统风险的大小β_p决定,因此α_p应该为0,若$\alpha_p>0$,表示组合战胜了市场,获得了超额回报;若$\alpha_p<0$,则表示组合的业绩不如市场基准组合的回报率。

蒋等[2]将股票按照信息不确定性指标分为不同的投资组合,利用式(12.7)中的三因素模型进行稳健性检验,结果发现α_p显著异于0,说明风险调整、市场调整和规模调整都没有影响到先前的结论,即信息不确定性高的股票未来收益低,其惯性现象也更显著。

12.1.6 会计收益和股票回报

恩格尔等[3]通过使用公式中的R^2来衡量收益和股票回报之间的关联。模型控制了收益和回报的差异,能够捕捉会计收益中的信号。从公司特有的年度收益对同期股票回报的反向回归中计算时效性度量指标R^2:

$$\text{Earn}_t = a_0 + a_1 \text{Neg}_t + b_1 \text{Ret}_t + b_1 \text{Neg}_t \cdot \text{Ret}_t + e_t \tag{12.8}$$

其中,Ret_t为在会计年度t结束3个月后的15个月股票回报;如果Ret_t为负,则Neg_t等于1,否则为0。

12.1.7 CAR:累积超常收益

以李善民和陈玉罡[4]关于上市公司兼并与收购的研究为例,其文献采用事件研究法,选取一定的时间窗口来研究并购公告前后一段时期内收购公司和目标公司的股东能否获得超常收益。首先采用CAPM计算超常收益,这里的超常收益是用每天的实际收益减去预期收益,然后计算窗口期的平均超常收益,再汇总计算累积超常收益。

参照式(12.9):

$$\text{AR}_{it} = R_{it} - \hat{R}_{it} \tag{12.9}$$

窗口期每天的平均超常收益可表示为

$$\text{AAR}_{it} = \frac{1}{n} \sum_{i=1}^{n} \text{AR}_{it} \tag{12.10}$$

其中,n表示样本公司的数量。

最后计算窗口期各天的累积超常收益:

$$\text{CAR}_T = \sum_{t=-10}^{T} \text{AAR}_t \tag{12.11}$$

t从窗口期第1天开始计算,该文献选择的是公告日前10天至公告日后第30天。t的

---

[1] FAMA E F,FRENCH K R. Common risk factors in the returns on stocks and bonds[J]. Journal of financial economics,1993,33(1):3-56.

[2] JIANG G,LEE C,ZHANG Y. Information uncertainty and expected returns[J]. Review of accounting studies,2005,10(2):185-221.

[3] ENGEL E,HAYES R M,WANG X. CEO turnover and properties of accounting information[J]. Journal of accounting and economics,2003,36(1-3):197-226.

[4] 李善民,陈玉罡. 上市公司兼并与收购的财富效应[J]. 经济研究,2002(11):27-35,93.

区间为[-10,30]。

CAR 的计算方法在会计与金融领域的研究中非常重要,利用 CAPM 计算超常收益就用到了回归的方法。此外,有许多研究在计算出 CAR 后,还要同其他变量一起进行研究。比如说,阿巴内尔和布什[1]就研究了 13 个月的异常回报对基本面信号、同时期的盈余变动、分析师短期和长期的盈余预测修正回归。

12.1.8 股价同步性

根据法兰奇和罗尔[2]的研究,R^2 越大,表明股价越容易做同步变动。参考罗尔[3]的做法,可以用下列回归模型的拟合系数 R^2 衡量股价同步性:

$$R_{it} = \alpha + \beta \times R_{mt} + \varepsilon \tag{12.12}$$

式中,R_{it} 和 R_{mt} 分别为研究期间第 t 个交易日的公司收益率与市场收益率。股价同步性这一指标被许多学者采用,如朱红军等[4]、游家兴等[5]、许年行等[6]、蔡栋梁等[7]通过测度 R^2 来研究中国股票市场的"同涨同跌"现象。

12.1.9 超额回报与过度反应

过度反应是对价格反转这一异象的代表性解释,在过度反应下,市场不是完全有效的,因此,可以通过市场有效性来检验市场是否存在过度反应。市场有效性是指股价能够充分、及时地反映所有有关信息,使股价能够正确地反映其内在价值。市场有效性的条件为

$$E(\widetilde{R}_{jt} - E_m(\widetilde{R}_{jt} \mid F_{t-1}^m) \mid F_{t-1}) = E(\widetilde{u}_{jt} \mid F_{t-1}) = 0 \tag{12.13}$$

其中,F_{t-1} 为在 $t-1$ 时刻的完全信息;$\widetilde{R}_{jt}$ 为第 j 种股票在时刻 t 的报酬率;$E_m(\widetilde{R}_{jt} \mid F_{t-1}^m)$ 为 $\widetilde{R}_{jt}$ 在市场信息集 F_{t-1}^m 下的条件期望值,所以,$E(\widetilde{u}_{jt} \mid F_{t-1})$ 表示在市场完全信息 F_{t-1} 下,任一种股票的超额回报的期望值为 0,即股价反映了所有信息。

对于过度反应的检验,可以根据股票在过去所形成的超额投资回报率,选择股票组成赢家(winner)组合和输家(loser)组合,超额回报大于 0 称为赢家,即 $\widetilde{u}_{Wt} > 0$;超额回报小于 0 称为输家,即 $\widetilde{u}_{Lt} < 0$。如果过度反应确实存在,则有 $E(\widetilde{u}_{Wt} \mid F_{t-1}) < 0, E(\widetilde{u}_{Lt} \mid F_{t-1}) > 0$。对于预期投资回报率,有三种计算方法:市场调整的超额回报、市场模型残差和与资本资产定价模型计算得到回报相比的超额回报。

---

[1] ABARBANELL J S, BUSHEE B J. Fundamental analysis, future earnings, and stock prices[J]. Journal of accounting research, 1997, 35(1): 1-24.

[2] FRENCH K R, ROLL R. Stock return variances: the arrival of information and the reaction of traders[J]. Journal of financial economics, 1986, 17(1): 5-26.

[3] ROLL R. R^2[J]. The journal of finance, 1988, 43: 541-566.

[4] 朱红军,何贤杰,陶林. 中国的证券分析师能够提高资本市场的效率吗——基于股价同步性和股价信息含量的经验证据[J]. 金融研究, 2007(2): 110-121.

[5] 游家兴,张俊生,江伟. 制度建设、公司特质信息与股价波动的同步性——基于 R^2 研究的视角[J]. 经济学(季刊), 2007(1): 189-206.

[6] 许年行,洪涛,吴世农,等. 信息传递模式、投资者心理偏差与股价"同涨同跌"现象[J]. 经济研究, 2011, 46(4): 135-146.

[7] 蔡栋梁,刘敏,邹亚辉,等. 税收征管与股价同步性——基于制度背景的研究[J]. 南开管理评论, 2022, 25(3): 160-171.

利用该方法,帮德和塞勒[1]认为股票市场存在过度反应,而戴维森等[2]、杰加迪亚和蒂特曼[3]研究发现不存在过度反应现象。许多学者对我国股票市场是否存在过度反应进行了检验,但结论不一。张人骥等[4]、沈艺峰等[5]、周琳杰[6]得出了中国股票市场不存在过度反应的结论,而王永宏等[7]、李诗林等[8]、刘少波等[9]认为中国市场存在显著的过度反应。

12.1.10 公司特定周收益率

首先,我们可以使用个股周收益率对市场周流通市值加权平均收益率回归(王化成等[10];曹丰等[11];许年行等[12]),即估计模型:

$$R_{it} = \alpha_1 + \beta_1 R_{M,t-2} + \beta_2 R_{M,t-1} + \beta_3 R_{Mt} + \beta_4 R_{M,t+1} + \beta_5 R_{M,t+2} + \varepsilon_{it} \tag{12.14}$$

其中,R_{it} 为公司 i 的股票在第 t 周的收益率;R_{Mt} 为第 t 周的市场周流通市值加权平均收益率;ε_{it} 为残差项,表示个股收益未被市场所解释的部分,若 ε_{it} 为负且绝对值大,说明公司 i 的股票与市场收益相背离的程度大。

其次,使用式(12.15)作为公司特定周收益率:

$$W_{it} = \ln(1 + \varepsilon_{it}) \tag{12.15}$$

在此基础上可以使用公司特定周收益率来构建其他指标,如股价崩盘指标等。

12.2 企 业 风 险

12.2.1 套利风险

残差的方差可以作为套利风险的度量:

$$R_{it} - R_{ft} = \beta_i (R_{mt} - R_{ft}) \tag{12.16}$$

$$A_i = \text{var}[R_{it} - R_{ft}] \tag{12.17}$$

其中,R_{it} 为股票 i 在 t 时的收益;R_{mt} 为标准市场在 t 时的收益;R_{ft} 为在 t 时的无风险收益率;A_i 为股票 i 的套利风险度量。

---

[1] DE BONDT W F M,THALER R. Does the stock market overreact? [J]. The Journal of finance,1985,40(3):793-805.

[2] DAVIDSON Ⅲ W N,DUTIA D. A note on the behavior of security returns: a test of stock market overreaction and efficiency[J]. Journal of financial research,1989,12(3):245-252.

[3] JEGADEESH N, TITMAN S. Returns to buying winners and selling losers: implications for stock market efficiency[J]. The journal of finance,1993,48(1):65-91.

[4] 张人骥,朱平方,王怀芳.上海证券市场过度反应的实证检验[J].经济研究,1998(5):59-65.

[5] 沈艺峰,吴世农.我国证券市场过度反应了吗?[J].经济研究,1999(2):23-28.

[6] 周琳杰.中国股市的规模效应问题[J].经济管理,2002(10):68-75.

[7] 王永宏,赵学军.中国股市"惯性策略"和"反转策略"的实证分析[J].经济研究,2001(6):56-61,89.

[8] 李诗林,李扬.沪深股票市场过度反应效应研究[J].管理评论,2003(6):28-35,63-64.

[9] 刘少波,尹筑嘉.沪市 A 股过度反应和反应不足的实证研究[J].财经理论与实践,2004(2):51-58.

[10] 王化成,曹丰,叶康涛.监督还是掏空:大股东持股比例与股价崩盘风险[J].管理世界,2015(2):45-57,187.

[11] 曹丰,鲁冰,李争光,等.机构投资者降低了股价崩盘风险吗?[J].会计研究,2015(11):55-61,97.

[12] 许年行,江轩宇,伊志宏,等.分析师利益冲突、乐观偏差与股价崩盘风险[J].经济研究,2012,47(7):127-140.

伍格勒和朱拉夫斯卡娅[1]认为,传统市场模型回归中错误定价股票的残差方差是套利风险的一个充分的代理。马什鲁瓦拉等[2]使用股票收益与标准的市场指数收益进行回归,将其残差的方差作为衡量套利风险的关键指标。

12.2.2 企业系统风险与特有风险

通过估计单因素方差模型来度量企业系统风险和特有风险[3],模型如下:

$$R_i^{[-T,T]} = \alpha + \beta_i^{[-T,T]} R_M^{[-T,T]} + \varepsilon_i^{[-T,T]} \tag{12.18}$$

其中,$R_i^{[-T,T]}$ 为企业 i 在 $[-T,T]$ 期的股价周收益率;$R_M^{[-T,T]}$ 为 $[-T,T]$ 期的市场周收益率,采用上证指数周收益率衡量;α 与 $\beta_i^{[-T,T]}$ 为拟估计参数;$\varepsilon_i^{[-T,T]}$ 为扰动项。

企业系统风险是指企业股价对市场收益波动的反应程度,因此采用 $\beta_i^{[-T,T]}$ 的估计值衡量系统风险。在剔除企业系统风险后,股价的不确定性即企业的特有风险还隐藏于干扰项的波动之中,因此可由公式得到回归残差项 $\varepsilon_i^{[-T,T]}$,并以其标准差衡量企业特有风险 $Y_i^{[-T,T]}$,即

$$Y_i^{[-T,T]} = \sigma(\varepsilon_i^{[-T,T]}) \tag{12.19}$$

12.3 交 易 成 本

传统的交易成本衡量方式为买卖报价差与佣金之和($S+C$),但是该测量方法会高估交易成本。使用公司零日回报(价格在当天不发生变化)的估计来衡量公司债券的交易成本的方法更加可行。其基本思路是,如果收益达不到交易成本,就只能看到零回报:

$$R_{jt}^* = \beta_j R_{mt} + \varepsilon_{jt} \tag{12.20}$$

$$\begin{cases} R_{jt} = R_{jt}^* - \alpha_{1j}, & \text{若 } R_{jt}^* < \alpha_{1j} \\ R_{jt} = 0, & \text{若 } \alpha_{1j} < R_{jt}^* < \alpha_{2j} \\ R_{jt} = R_{jt}^* - \alpha_{2j}, & \text{若 } R_{jt}^* > \alpha_{2j} \end{cases} \tag{12.21}$$

其中,R_{jt}^* 为不可观察到的内在回报;R_{mt} 为市场回报;R_{jt} 为直接观察到的描述回报;α_{1j} 为负面消息下的卖空成本;α_{2j} 为正面消息下的买空成本。$a_{2j} - a_{1j}$ 即证券 j 的全部来回交易成本。

莱斯蒙德等[4]使用证券的回报对交易成本进行直接估计,并将其与涉及交易成本的代

---

[1] WURGLER J, ZHURAVSKAYA E. Does arbitrage flatten demand curves for stocks? [J]. The journal of business, 2002, 75(4): 583-608.

[2] MASHRUWALA C, RAJGOPAL S, SHEVLIN T. Why is the accrual anomaly not arbitraged away? The role of idiosyncratic risk and transaction costs[J]. Journal of accounting and economics, 2006, 42(1-2): 3-33.

[3] 张耕,高鹏翔. 行业多元化、国际多元化与公司风险——基于中国上市公司并购数据的研究[J]. 南开管理评论, 2020, 23(1): 169-179.

[4] LESMOND D A, OGDEN J P, TRZCINKA C A. A new estimate of transaction costs[J]. The review of financial studies, 1999, 12(5): 1113-1141.

理变量进行了比较,结果表明,零回报比率是交易成本较好的代理变量。门登霍尔[1]使用一年中零日收益的数量来衡量套利成本。

12.4 盈余管理

施伯尔[2]将盈余管理定义为"意图为管理者或股东获得某些私人利益而对外部报告进行有目的的干涉"。研究管理层或股东对会计报告的操纵及其动机,可以让研究者更了解企业盈余报告行为,而且对于投资者更好地利用盈余信息来说也有较大的帮助。

12.4.1 衡量盈余管理的程度

盈余管理的重要问题之一是如何计量盈余管理的程度。琼斯[3]创造性地发展了一个模型来估计操控性应计项目(DA):

$$TA_{it}/A_{i,t-1} = \alpha_1(1/A_{i,t-1}) + \beta_{1i}(\Delta REV_{it}/A_{i,t-1}) + \beta_{2i}(PPE_{it}/A_{i,t-1}) + \varepsilon \quad (12.22)$$

其中,TA_{it} 为总应计项目;$A_{i,t-1}$ 为公司 i 上期末总资产;ΔREV_{it} 为公司 i 当期主营业务收入和上期主营业务收入之差;PPE_{it} 为 i 公司 t 期固定资产账面价值。在琼斯(1991)的文献中,具体是根据单个公司的历史数据估计出回归系数,然后将公司当年的数据代入模型,得到估计出来的非操控性应计项目(NA),总应计项目与非操控性应计项目的差值,也就是上述模型的预测误差被定义为操控性应计项目。琼斯模型对后期的会计、财务以及公司治理等许多研究领域均产生了重大影响。国内学者在该模型的基础上,在解释变量中添加了一些变量来使其更适用于中国实际情况,如陆建桥[4]在其中增加了无形资产。科萨里等[5]注意到,对于业绩表现比较极端的公司,琼斯模型仍存在较大的估计误差,因此提出了业绩调整的琼斯模型。在做相关研究的时候,可以根据自身情况选择经典的琼斯模型或者改进后的模型。

12.4.2 研究会计盈余数字的信息含量——未预期盈余

作为实证会计研究的开山之作,鲍尔和布朗[6]研究了会计盈余与股票回报的关系,从资本市场股票回报的视角证明会计信息的有用性。他们认为,如果在会计盈余数字中存在信息含量,那么残差应该还包括额外的信息,这个信息排除了市场和行业的干扰。他们建立了两个模型来证明盈余数字具有有用的信息含量:第一个模型检验市场对会计盈余的预期,

---

[1] MENDENHALL R R. Arbitrage risk and post-earnings-announcement drift[J]. The journal of business,2004,77(4):875-894.

[2] SCHIPPER K. Earnings management[J]. Accounting horizons,1989,3(4):91.

[3] JONES J J. Earnings management during import relief investigations[J]. Journal of accounting research,1991,29(2):193-228.

[4] 陆建桥. 中国亏损上市公司盈余管理实证研究[J]. 会计研究,1999(9):25-35.

[5] KOTHARI S P,LEONE A J,WASLEY C E. Performance matched discretionary accrual measures[J]. Journal of accounting and economics,2005,39(1):163-197.

[6] BALL R,BROWN P. An empirical evaluation of accounting income numbers[J]. Journal of accounting research,1968,6(2):159-178.

第二个模型检验预期发生错误时市场作出的反应。在完美市场下，影响盈余的因素主要有经济环境因素和被研究公司自身因素，自身因素这一部分会随着时间的推移在公司的盈余数字之中反映出来，可以通过一个线性回归模型来估计这两个因素对公司盈余变化的影响：

$$VI_{i,t-\tau} = \alpha_{1jt} + \alpha_{2jt}\Delta M_{j,t-\tau} + u_{j,t-\tau}, \quad \tau = 1, 2, \cdots, t-1 \quad (12.23)$$

其中，$VI_{i,t-\tau}$ 为 j 公司 $t-\tau$ 期的盈余；$\Delta M_{j,t-\tau}$ 为市场所有公司 $t-\tau$ 期平均盈余变化。根据这一数字，可以预测 j 公司在 t 期的可预期盈余变化：

$$VI_{jt} = \alpha_{1jt} + \alpha_{2jt}\Delta M_{jt} \quad (12.24)$$

综合式(12.23)和式(12.34)，未预期盈余可以用实际盈余变化减去可预期盈余变化：

$$\hat{u}_{jt} = VI_{jt} - \hat{VI}_{jt} \quad (12.25)$$

这个结果就是盈余预期的差异，也是当期盈余数字可能传递的信息。

在第二个市场反应模型中，被研究公司月回报受到来自市场影响的部分，可通过该公司的当月股价与市场回报衡量：

$$[PR_{jm} - 1] = b_{ij} + b_{2j}[L_m - 1] + v_{jm} \quad (12.26)$$

其中，PR_{jm} 为 j 公司在 m 月的股票价格；L_m 为费雪股票综合投资绩效指数；v_{jm} 为 j 公司在 m 月股票回报残差；$L_m - 1$ 为市场月回报率的估值。这一等式的回归结果的残差就是实际回报与预期回报的差别所在，可以代表被研究公司新信息的披露。

可以发现，未预期盈余和未预期回报的构建方式是相同的，都是回归结果的残差。后续有许多研究是在此基础上展开的。伊斯顿和兹米耶夫斯基[1]使用这种未预期盈余的计算方式研究了股票市场对会计盈余公告反应的横截面差异。

12.4.3 标准化非预期盈余

$$SUE_{iq} = \frac{E_{iq} - \hat{E}_{iq}}{SD(\hat{E}_{iq})} \quad (12.27)$$

其中，SUE_{iq} 为标准化非预期盈余；E_{iq} 为公司 i 在季度 q 的实际每股收益；$\hat{E}_{iq}$ 为分析师对公司 i 在季度 q 的平均预测收益；$SD(\hat{E}_{iq})$ 为分析师预测的横截面标准差。

伯纳德等[2]将季度样本公司数据按照盈余消息好坏进行分组，探究了价格漂移现象背后的成因。门登霍尔[3]使用标准化非预期盈余探究了盈余报告后股票价格漂移与套利风险的关系。

12.4.4 盈余持续性

会计盈余在证券定价中具有重要作用。会计利润可以分为应计项目和现金两部分，投资者无法完全理解应计项目部分与现金部分对未来收益的预测能力不同，因此，可能导致股票价

---

[1] EASTON P D, ZMIJEWSKI M E. Cross-sectional variation in the stock market response to accounting earnings announcements[J]. Journal of accounting and economics, 1989, 11(2-3): 117-141.

[2] BERNARD V L, THOMAS J K. Post-earnings-announcement drift: delayed price response or risk premium? [J]. Journal of accounting research, 1989, 27: 1-36.

[3] MENDENHALL R R. Arbitrage risk and post-earnings-announcement drift[J]. The journal of business, 2004, 77(4): 875-894.

格无法完全反映应计项目和现金流中关于未来盈余的信息,对此,可以使用盈余持续性进行检验[1]:

$$\text{Earnings}_{t+1} = \gamma_0 + \gamma_1 \text{Accruals}_t + \gamma_2 \text{CashFlows}_t + v_{t+1} \tag{12.28}$$

$$\text{AbnormalReturn}_{t+1} = \beta(\text{Earnings}_{t+1} - \gamma_0 - \gamma_1^* \text{Accruals}_t - \gamma_2^* \text{CashFlows}_t) + \varepsilon_{t+1} \tag{12.29}$$

其中,Earnings 为应计项目;CashFlows 为现金流;AbnormalReturn 为超额回报。

对于盈余持续性的影响因素,可以验证式(12.28)中是否有 $\gamma_1 < \gamma_2$,如果应计项目的系数比现金流系数小,就说明盈余持续性较低是由其中的应计项目引起的。

对于投资者是否能够辨别蕴含在应计项目和现金流中对未来盈余持续性的信息,可以验证在式(12.28)和式(12.29)中是否有 $\gamma_1 = \gamma_1^*$ 和 $\gamma_2 = \gamma_2^*$。如果 $\gamma_1 < \gamma_1^*$ 和 $\gamma_2 > \gamma_2^*$,且这种差别显著,则说明投资者高估了应计项目的持续性而低估了现金流的持续性。

12.4.5　盈余与现金流的相关性

以下模型可以用来测度每家公司盈余、现金流的相关性,并采用滚动窗的形式进行 OLS 回归[2]:

$$P_{it} = \alpha_0 + \alpha_1 \text{BPS}_{it} + e_{it} \tag{12.30}$$

$$P_{it} = \beta_0 + \beta_1 \text{EPS}_{it} + \beta_2 \text{BPS}_{it} + \mu_{it} \tag{12.31}$$

$$P_{it} = \gamma_0 + \gamma_1 \text{EPS}_{it} + \gamma_2 \text{CPS}_{it} + \gamma_3 \text{BPS}_{it} + \varepsilon_{it} \tag{12.32}$$

式中,P_{it} 为公司 i 第 t 个财务年度结束后第 3 个月末的股价;CPS_{it} 为公司 i 第 t 年的每股现金流量;BPS_{it} 为公司 i 第 t 年的每股账面价值。将式(12.30)、式(12.31)和式(12.32)回归得到的 R^2 分别表示为 R^2_{bv}、R^2_{earnbv} 以及 R^2_{total},将盈余信息的价值相关性 v_e 表示为 $(R^2_{\text{bv}} - R^2_{\text{earnbv}})/(1 - R^2_{\text{bv}})$,将现金流的增量价值相关性 v_c 表示为 $(R^2_{\text{total}} - R^2_{\text{earnbv}})/(1 - R^2_{\text{bv}})$。将 R^2 的测量更直接地与薪酬敏感性联系起来。

12.4.6　盈余与股票价值反应的及时性

可以采用回归拟合式中的 R^2 来解释变量结果,随着盈余捕捉股票回报中反映的新闻的滞后,R^2 会下降。[3] 用 R^2 作为及时性衡量的指标:

$$\text{Earn}_t = a_0 + a_1 \text{Neg}_t + b_1 \text{Ret}_t + b_2 \text{Neg}_t \cdot \text{Ret}_t + \varepsilon_t \tag{12.33}$$

$$\text{Ret}_t = a_0 + b_1 \text{Earn}_t + b_2 \Delta \text{Earn}_t + \varepsilon_t \tag{12.34}$$

R^2 测量了年度水平和变化所捕获的所有价值相关信息的"百分比"收益,并且预期收益反映股票价值变化的滞后会减少。其中两个 R^2 均是及时性的指标,较高的 R^2 解释为更及时的会计信息。

---

　　[1]　SLOAN R G. Do stock prices fully reflect information in accruals and cash flows about future earnings? [J]. Accounting review,1996,71(3):289-315.

　　[2]　BANKER R D, HUANG R, NATARAJAN R. Incentive contracting and value relevance of earnings and cash flows[J]. Journal of accounting research,2009,47(3):647-678.

　　[3]　BUSHMAN R, CHEN Q, ENGEL E, et al. Financial accounting information, organizational complexity and corporate governance systems[J]. Journal of accounting and economics,2004,37(2):167-201.

12.5 企业投资

公司的自由现金流与过度投资行为之间的关系是投资理论中的一个重要研究主题。企业非效率投资行为具有普遍性。基于代理理论,严重的代理问题可能造成企业过度投资;另外,融资约束导致了投资不足。因此,在企业投资的相关研究中,主要将投资分为投资不足和过度投资进行分析。

12.5.1 过度投资

研究中为分析企业的过度投资,将投资(I_{TOTAL})分解为维持性投资($I_{\text{MAINTANENCE}}$)和新投资(I_{NEW})。其中,$I_{\text{MAINTANENCE}}$ 是企业为了维持现有资产而进行的投资支出,用折旧和摊销来代替;I_{NEW} 是企业的新投资,进一步分解为预期新投资(I_{NEW}^*)和非正常投资($I_{\text{NEW}}^\varepsilon$)。进行如下的回归分析,其中,残差项 $I_{\text{NEW}}^\varepsilon$,即为对过度投资的衡量。[1]

$$I_{\text{NEW},t} = \alpha + \beta_1 V/P_{t-1} + \beta_2 \text{Leverage}_{t-1} + \beta_3 \text{Cash}_{t-1} + \beta_4 \text{Age}_{t-1} + \beta_5 \text{Size}_{t-1} + \beta_6 \text{StockReturns}_{t-1} + \beta_7 I_{\text{NEW},t-1} + \sum \text{Year Indicator} + \sum \text{Industry Indicator}$$
(12.35)

其中,V/P 作为公司成长机会的代理变量,等于公司价值除以所有者权益的市场价值,是 P/V 的倒数,因此预期与投资支出负相关;Leverage 代表杠杆率;Age 代表公司历史;Size 代表公司规模;StockReturns 代表股票回报;Year Indicator 代表年度影响;Industry Indicator 代表行业影响。

12.5.2 过度投资倾向

基于理查森(Richardson,2006)对过度投资的计量,定义虚拟变量企业过度投资倾向 Overdummy_t,如果模型(12.35)中残差项 $I_{\text{NEW}}^\varepsilon > 0$,则 Overdummy_t 取 1,即企业存在过度投资倾向;否则 Overdummy_t 取 0,即企业不存在过度投资倾向。[2]

12.5.3 投资效率

现有文献中关于过度投资、投资不足的测量均以此测量方法为基础[3][4],采用的回归方程如下:

$$\text{Invest}_{it} = \alpha_0 + \sum \alpha_i \text{Control}_{it} + \sum \text{Year Indicator} + \sum \text{Industry Indicator} + \varepsilon_{it}$$
(12.36)

回归残差 ε 用来反映公司的非效率投资程度。残差为正值表示存在过度投资,残差为负值表示存在投资不足。由于公司既有可能存在投资不足,又有可能存在过度投资,故用残差的绝对值作为企业非效率投资的替代指标。

---

[1] RICHARDSON S. Over-investment of free cash flow[J]. Review of accounting studies,2006,11(2):159-189.
[2] 杨利雄,姚良燕,李庆男. 经济增长目标压力与企业过度投资倾向[J]. 统计与信息论坛,2022,37(10):25-38.
[3] 刘凤环. 数字化赋能、企业类型与投资效率[J]. 经济问题,2022(11):67-75.
[4] 万佳彧,李彬,徐宇哲. 数字金融对企业投资效率影响的实证检验[J]. 统计与决策,2022,38(19):135-139.

12.5.4 企业历史期望绩效

企业历史期望绩效的衡量使用以下三阶自回归模型[1]：

$$P_{ti} = \alpha + \sum_{e=1}^{3} \beta_e P_{t-e,i} + \varepsilon_{ti} \tag{12.37}$$

式中，残差 ε_{ti} 表示 i 公司第 t 期期望绩效和真实绩效之间的差值，将其作为历史绩效反馈的代理变量并记作 HP_{ti}，当 $HP_{ti}>0$ 时，说明企业当期实际绩效高于历史期望绩效，即企业的经营情况好于自身历史水平，表现为积极的历史绩效反馈；反之，表现为消极的历史绩效反馈。

12.6 管理层薪酬激励

管理层薪酬激励的核心思想来源于委托—代理理论。现代企业普遍存在所有权和经营权分离的现象，股东通过委托管理层来实现对企业的管理和运作。而管理者和股东的利益需求往往不一致，代理人会按照自己的利益行事，从而发生有损股东利益的情况，即代理成本。而管理层薪酬激励主要就是为了解决管理层的道德风险问题。

12.6.1 超额报酬

回归残差也可以用来衡量超额报酬。可以通过建立董事长薪酬与公司业绩、公司规模、固定资产比例、资本支出比例等监督因素的回归模型，用得到的回归残值 ε_{it} 衡量董事长超额薪酬，用 ExChPay 表示[2]：

$$\ln(\text{DirPay}_{it}) = \alpha + \sum_k \beta_k \text{Monitor}_{kit} + \text{Year}_t + \text{Industry}_{it} + \varepsilon_{it} \tag{12.38}$$

12.6.2 超额薪酬差距

团队内部高管薪酬差距会影响企业的薪酬激励效果，引发不公平心理，进而影响企业的生产效率，因此需要对高管的薪酬差距进行衡量，在绝对薪酬差距用已有数据衡量的基础上，又提出超额薪酬差距[3]，即

$$\text{OverPayGap}_{it} = \beta_0 + \beta_1 \text{Control}_{it} + \varepsilon_{it} \tag{12.39}$$

其中，OverPayGap 为绝对薪酬差距；Control 为公司层面的变量；回归残差 ε_{it} 为超额薪酬差距部分。

12.6.3 激励效应

残差的方差也运用在管理层薪酬激励中。以下模型可以用来估计绩效指标产生的激励权重比[4]：

---

[1] 李莉,程昱,王向前,等.绩效反馈与企业产研销投资分配决策——基于管理层心理认知视角[J].会计研究,2022,420(10)：129-143.

[2] 朱滔.国有企业董事长领薪安排与管理层薪酬激励——基于"委托-监督-代理"三层代理框架的研究[J].当代财经,2020(7)：124-137.

[3] 刘建秋,李四海,王飞雪,等."论资排辈"式高管薪酬与企业生产效率研究[J].南开管理评论,2021,24(1)：120-128,129-130,147.

[4] CORE J E, GUAY W R, VERRECCHIA R E. Price versus non-price performance measures in optimal CEO compensation contracts[J]. The accounting review,2003,78(4)：957-981.

$$\text{Total Pay}_t - \text{Total Pay}_{t-1} = \beta_0 + \beta_1 \text{Return}_t + \varepsilon_t \tag{12.40}$$

式中，Total Pay 为年度总薪酬；Return 为回报，用 $\ln(1+\text{Annual Return})$ 来衡量。残差说明了薪酬变化中非价格指标的权重，残差的方差说明了总薪酬中无法用价格指标说明的方差数量。残差方差与总薪酬方差之比就可以说明两种绩效指标所带来的激励效应之比。式(12.40)中的残差捕获了由于与价格正交的任何非价格绩效指标和回归模型中的任何其他残差而导致的薪酬变化。

12.7 会计稳健性

现有文献对会计稳健性的计量主要参考巴苏[1]以及可汗和瓦特[2]的思路，将企业对坏消息披露的及时性作为会计稳健性的计量[3]，具体来说：

$$G\_\text{Score} = \mu_1 + \mu_1 \text{Size}_i + \mu_1 M/B_i + \mu_1 \text{Lev}_i \tag{12.41}$$

$$C\_\text{Socre} = \beta_4 = \lambda_1 + \lambda_2 \text{Size}_i + \lambda_3 M/B_i + \lambda_4 \text{Lev}_i \tag{12.42}$$

$$\begin{aligned}X_i =\ & \beta_1 + \beta_2 D_i + R_i(\mu_1 + \mu_2 \text{Size}_i + \mu_3 M/B_i + \mu_4 \text{Lev}_i) + \\ & D_i R_i(\lambda_1 + \lambda_2 \text{Size}_i + \lambda_3 M/B_i + \lambda_4 \text{Lev}_i) + \\ & (\delta_1 \text{Size}_i + \delta_2 M/B_i + \delta_3 \text{Lev}_i + \delta_4 D_i \text{Size}_i + \delta_5 D_i M/B_i + \delta_6 D_i \text{Lev}_i) + \varepsilon_i\end{aligned} \tag{12.43}$$

其中，C_Score 为企业对坏消息披露的及时性；G_Score 为企业对好消息披露的及时性；X_i 为企业盈余除以上年末的股票价格；R_i 为个股回报率；D_i 为虚拟变量（$R_i < 0$，则 D_i 取 1；否则为 0）；Size_i 为企业规模，用公司总资产的自然对数来衡量；M/B_i 为企业的市值账面比；Lev_i 为企业的资产负债率。

对模型(12.43)进行分年度回归，得到相应的回归系数，将对应的回归系数代入式(12.41)和式(12.42)，即可得到对应的 C_Score 和 G_Score，由于投资者对于坏消息更为关注，因此现有文献多采用 C_Score 来代表企业的会计稳健性。

12.8 资本结构调整速度

对企业资本结构的度量采用总负债与总资产的比值，即资产负债率，参考弗兰纳里和兰甘[4]部分调整模型来估计资本结构调整速度[5][6]，模型为

---

[1] BASU S. The conservatism principle and the asymmetric timeliness of earnings[J]. Journal of accounting and economics, 1997, 24(1): 3-37.

[2] KHAN M, WATTS R L. Estimation and empirical properties of a firm-year measure of accounting conservatism [J]. Journal of accounting and economics, 2009, 48(2-3): 132-150.

[3] 李增福, 云锋. 网络基础设施建设与企业会计稳健性——基于"宽带中国"战略的准自然实验研究[J]. 外国经济与管理, 2023, 45(1): 104-120.

[4] FLANNERY M J, RANGAN K P. Partial adjustment toward target capital structures [J]. Journal of financial economics, 2006, 79(3): 469-506.

[5] 何瑛, 杨琳, 文雯. 从"政治属性"到"市场理性"：非国有股东治理机制与资本结构动态调整[J]. 南开管理评论, 2022(A): 1-32.

[6] 谢铖, 陈平社, 王国宇. 金融周期视角下的企业资本结构调整机制[J]. 财经科学, 2021(1): 40-52.

$$\text{Lev}_{it} - \text{Lev}_{i,t-1} = v_{it}(\text{Lev}_{it}^* - \text{Lev}_{i,t-1}) + \varepsilon_{it} \tag{12.44}$$

其中,Lev_{it}^* 为企业目标资本结构;Lev_{it} 和 $\text{Lev}_{i,t-1}$ 分别为企业第 t 期和第 $t-1$ 期的实际资本结构;v_{it} 为公司的资本结构调整速度,其经济含义为企业 i 实际资本结构与目标资本结构之间的偏差以每年 v_{it} 的速度缩小。

企业的目标资本结构无法直接观测,通常假定其为企业特征变量(滞后)的线性函数:

$$\text{Lev}_{it}^* = \beta X_{i,t-1} \tag{12.45}$$

同时估计目标资本结构和资本结构调整速度,将式(12.45)代入式(12.44)得到

$$\text{Lev}_{it} = (1-v_{it})\text{Lev}_{i,t-1} + v_{it}\beta X_{i,t-1} + \varepsilon_{it} \tag{12.46}$$

对上述动态面板模型进行估计可以得到参数 β,代入式(12.45)可以得到目标资本结构 Lev_{it}^*,再对模型(12.44)进行回归就可以得到资本结构调整速度 v_{it}。

12.9 企业过度负债

近年来,社会整体债务规模不断攀升,非金融企业部门杠杆率维持在较高水平。过高的负债率会对企业经营、金融系统运行、社会经济发展产生负面影响。考虑到不同公司的性质、规模和所处行业等特征存在较强的异质性,依据实际负债率可能无法准确判断公司负债水平的合理性。卡斯基等[1]将负债率分解为目标负债率和过度负债率,我们关注企业的过度负债率水平更有意义。

首先预测企业的目标负债率,对样本分年度进行 Tobit 回归,具体模型如下[2]:

$$\begin{aligned}\text{Lev}_{it} = & \alpha_0 + \alpha_1 \text{Soe}_{i,t-1} + \alpha_2 \text{Roa}_{i,t-1} + \alpha_3 \text{Size}_{i,t-1} + \alpha_4 \text{Fata}_{i,t-1} + \\ & \alpha_5 \text{Growth}_{i,t-1} + \alpha_6 \text{Ind\_lev}_{i,t-1} + \alpha_7 \text{Shrcr1}_{i,t-1}\end{aligned} \tag{12.47}$$

其中,i 表示企业;t 表示时间;Soe 表示企业产权性质;Roa 表示企业盈利能力;Size 表示企业规模;Fata 表示固定资产占比;Growth 表示总资产增长率;Ind_lev 表示资产负债率的行业中位数;Shrcr1 表示第一大股东持股比。

过度负债率为企业实际负债率减去计算出来的目标负债率。陆正飞等[3]和李志生等[4]在进行相关研究时,都利用该指标来度量企业的过度负债。

12.10 成 本 粘 性

现有文献对成本粘性的计量多采用 Anderson 等[5]的 change 模型:

---

[1] CASKEY J, HUGHES J, LIU J. Leverage, excess leverage, and future returns[J]. Review of accounting studies, 2012, 17(2): 443-471.

[2] CHANG C, CHEN X, LIAO G. What are the reliably important determinants of capital structure in China? [J]. Pacific-Basin finance journal, 2014, 30: 87-113.

[3] 陆正飞, 何捷, 窦欢. 谁更过度负债:国有还是非国有企业?[J]. 经济研究, 2015, 50(12): 54-67.

[4] 李志生, 苏诚, 李好, 等. 企业过度负债的地区同群效应[J]. 金融研究, 2018(9): 74-90.

[5] ANDERSON M C, BANKER R D, JANAKIRAMAN S N. Are selling, general, and administrative costs "sticky"? [J]. Journal of accounting research, 2003, 41(1): 47-63.

$$\ln\left[\frac{SG\&A_{it}}{SG\&A_{i,t-1}}\right] = \beta_0 + \beta_1 \ln\left[\frac{Revenue_{it}}{Revenue_{i,t-1}}\right] +$$
$$\beta_2 \times \text{Decrase Dummy}_{it} \times \ln\left[\frac{Revenue_{it}}{Revenue_{i,t-1}}\right] + \varepsilon_{it} \quad (12.48)$$

其中，$\ln\left[\frac{SG\&A_{it}}{SG\&A_{i,t-1}}\right]$ 表示企业的营业成本变动，用企业当期营业成本与上一期营业成本比值的自然对数来计算；$\ln\left[\frac{Revenue_{it}}{Revenue_{i,t-1}}\right]$ 表示企业的营业收入变动，用企业当期营业收入与上一期营业收入比值的自然对数来计算；Decrase Dummy$_{it}$ 表示企业的营业收入是否下降的虚拟变量，若企业当期的营业收入比上期营业收入下降，则 Decrase Dummy$_{it}$ 取 1，否则取 0。

如果模型(12.48)中回归系数 β_2 显著为负，则说明企业存在成本粘性。

12.11　研发投资平滑

研发活动周期长、风险高，研发过程需要持续不断的投资。现有文献将企业利用调整成本较低的流动性资产为调整成本较高的研发活动提供资金支持的行为，称为研发投资平滑。参考布朗和彼得森[1]、谢乔昕和张宇[2]的研究思路，对研发投资平滑行为的计量如下：

$$RD_{it} = \beta_0 + \beta_1 \Delta Cash_{it} + \beta_2 RD_{i,t-1} + \beta_3 (RD_{i,t-1})^2 + \beta_4 CF_{it} +$$
$$\beta_5 CF_{i,t-1} + \beta_6 Loan_{it} + \beta_7 Loan_{i,t-1} + \beta_8 Stk_{it} +$$
$$\beta_9 Stk_{i,t-1} + \beta_{10} Size_{i,t-1} + \beta_{11} Age_{i,t-1} + \alpha_i + \eta_t + \varepsilon_{it} \quad (12.49)$$

其中，RD_{it} 表示研发投资，可以用研发投资强度来代理；$\Delta Cash_{it}$ 表示现金持有变动；CF 表示经营性活动现金流，一般用经营活动产生的现金流量净额与总资产的比值来测量；Loan 表示债务融资，用非流动负债期末与期初的差额与总资产的比值来衡量；Stk 表示股权融资，用吸收权益性投资收到的现金与总资产的比值来衡量；Size 表示企业规模，用总资产的自然对数来衡量；Age 表示企业上市年限。

如果模型(12.49)中回归系数 β_1 显著为负，则表明企业存在研发投资平滑行为，即企业会通过调整现金持有水平为研发投资提供资金支持。

12.12　利润的可持续性与利润的可预测性

企业财务报表中的当期利润及其构成中的信息对于估计该企业未来的盈利能力非常重要，企业利润是可预测的；但是由于有限理性，投资者可能会忽视利润的可持续性，仅关注报表利润。

---

[1] BROWN J R, PETERSEN B C. Cash holdings and R&D smoothing[J]. Journal of corporate finance, 2011, 17(3): 694-709.

[2] 谢乔昕, 张宇. 经济政策不确定性对研发投资平滑的影响研究[J]. 科研管理, 2022, 43(2): 100-107.

利润的可持续性可以用下列预测模型的系数 α_1、α_2 来度量[①②]：

$$\text{Earnings}_{t+1} = \alpha_0 + \alpha_1 \text{Accural}_t + \alpha_2 \text{Cashflows}_t + \varepsilon_t \tag{12.50}$$

而利润的可预测性可以用 Earnings_t 自回归，即用 Earnings_t 预测 Earnings_{t+1}，以得到的 R^2 来衡量。其中，现金流量所占比重大的 Earnings_t 所对应的系数 α_1 要比应计成分所占比重的 Earnings_t 的系数 α_1 大，也就是利润构成中现金流量比重越大，利润的可持续性越强。

12.13 劳动投资效率

已有研究采用如下模型进行回归，劳动投资效率为该模型残差的绝对值。[③④] 如果该数值越大，则意味着企业单位资本雇员变化率偏离预期值越大，企业的劳动投资效率越低。

$$\begin{aligned}\text{Net\_hire}_{it} = & \beta_0 + \beta_1 \text{Sale\_growth}_{i,t-1} + \beta_2 \text{Sale\_growth}_{it} + \beta_3 \text{Roa}_{it} + \\ & \beta_4 \Delta \text{Roa}_{it} + \beta_5 \Delta \text{Roa}_{i,t-1} + \beta_6 \text{Return}_{it} + \beta_7 \text{Size\_R}_{i,t-1} + \\ & \beta_8 \text{Quick}_{i,t-1} + \beta_9 \Delta \text{Quick}_{i,t-1} + \beta_{10} \Delta \text{Quick}_{it} + \\ & \beta_{11} \text{Lev}_{i,t-1} + \beta_{12} \text{Lossbin1}_{i,t-1} + \beta_{13} \text{Lossbin2}_{i,t-1} + \\ & \beta_{14} \text{Lossbin3}_{i,t-1} + \beta_{15} \text{Lossbin4}_{i,t-1} + \beta_{16} \text{Lossbin5}_{i,t-1} + \\ & \text{Year} + \text{Industry} + \varepsilon_{it} \end{aligned} \tag{12.51}$$

其中，Net_hire 为单位资本雇员变化率，即本年上市公司员工总人数与年个股总市值之比的变化率；Sale_growth 为销售收入增长率；Roa 为资产回报率；ΔRoa 为 Roa 的变化值；Return 为年个股收益率；Size_R 为个股总市值的百分比排位；Quick 为速动比率；ΔQuick 为 Quick 的变化值；Lev 为资产负债率；Lossbin x 为根据 Roa 从 -0.025 到 0 的区间以区间长度为 0.005 平均划分为 5 个区间，如果 Roa 的区间范围是 -0.005 到 0，则 Lossbin1 $=$ 1；否则为 0。

12.14 企业出口产品质量指标

已有研究通常使用 sq_{ijkt} 表示企业 i 在 t 年对 j 国出口 k 类产品的质量，主要通过以下几个步骤得到。[⑤]

首先，对下列模型进行回归：

$$\ln q_{ijkt} + \sigma_k \ln p_{ijkt} = \delta_k + \delta_{jt} + \varepsilon_{ijkt} \tag{12.52}$$

---

① 黄志忠,郑依林.商誉、利润可预测性与股票错误定价——基于代理成本观的实证检验[J].会计研究,2022,417(7)：32-45.

② SLOAN R G. Do stock prices fully reflect information in accurals and cash flows about future earnings? [J]. The accounting review,1996,71(3)：289-315.

③ 孔东民,项君怡,代昀昊.劳动投资效率、企业性质与资产收益率[J].金融研究,2017(3)：145-158.

④ 陶欣欣,江轩宇,谢志华,等.社会责任履行影响企业劳动投资效率吗[J].会计研究,2022,416(6)：120-133.

⑤ 金祥义,施炳展.互联网搜索、信息成本与出口产品质量[J].中国工业经济,2022,413(8)：99-117.

其中，q_{ijkt} 表示企业具体的出口产品数量；p 为相应的价格；σ_k 表示 k 产品的替代弹性；δ_k 和 δ_{jt} 分别表示产品固定效应和进口国-时间二维固定效应；ε_{ijkt} 表示残差部分。

其次，根据残差计算被估算产品的质量：

$$\text{quality}_{ijkt} = \frac{\hat{\varepsilon}_{ijkt}}{\sigma_k - 1} \tag{12.53}$$

最后，对式(12.53)结果进行标准化处理后可得到产品质量的最终表达形式：

$$sq_{ijkt} = \frac{\text{quality}_{ijkt} - \min(\text{quality}_{ijkt})}{\max(\text{quality}_{ijkt}) - \min(\text{quality}_{ijkt})} \tag{12.54}$$

12.15 企业避税

12.15.1 税收规避

已有研究用固定效应残差(TA)作为税收规避的衡量，其可以用来表示会计—税收差异中不能被总应计解释的部分，即残差项，越大说明企业税收规避程度越大[①]：

$$\text{BTD}_{it} = \beta_i \text{TACC}_{it} + \mu_i + \varepsilon_{it} \tag{12.55}$$

其中，TACC_{it} 为 i 公司 t 年度总应计项目，总应计项目=(净利润－经营性现金流量净额)/资产总额；μ_i 为公司税负差异不随时间变化的固有特征部分；ε_{it} 为公司税负差异变动特征部分；$\text{TA} = \mu_i + \varepsilon_{it}$ 表示税收规避。

12.15.2 利润转移的校准

利润转移是企业避税的一种常用手段。出于避税动机的利润转移行为是各国政府实行反避税政策需要关注的重要内容。在进行利润转移的相关研究后，也有研究试图排除真实经营情况下的利润情况，因此进行了利润转移的校准[②]：

$$\text{Ret\_asset}_{jipzt} = \beta_0 + \beta_1 \text{Control}_{it} + \eta_i + \nu_{pt} + \zeta_{zt} + \varepsilon_{jipzt} \tag{12.56}$$

其中，j 表示母公司，i 表示子公司，p 表示所在省份，z 表示行业，t 表示年份；Ret_asset 为资产利润率；Control_{it} 为子公司层面的控制变量；η_i、ν_{pt}、ζ_{zt} 分别为个体固定效应、省份—年份固定效应和行业—年份固定效应。公式中的残差为子公司资产利润率中无法被财务状况、税收优惠等正常经营指标所解释的"超额利润率"。

12.16 超额商誉

采用商誉期望模型的回归残差来衡量企业的超额商誉，模型如下[③]：

---

① 李姝,田马飞,李丹,等.客户信息披露会影响企业税收规避吗[J].南开管理评论,2022,25(6):75-85,107,I0016,I0017.
② 冯晨,周小昶,曾艺.集团公司内的利润转移与避税研究[J].中国工业经济,2023,418(1):151-170.
③ 张欣,董竹.超额商誉对企业创新的影响研究[J].南开管理评论,2022,25(5):16-30.

$$\begin{aligned} \mathrm{GW}_{it} = & \alpha_0 + \alpha_1 \mathrm{Cash}_{it} + \alpha_2 \mathrm{Bugyer}_{it} + \alpha_3 \mathrm{GW\_ind}_{it} + \alpha_4 \mathrm{Size}_{it} + \alpha_5 \mathrm{ROA}_{it} + \\ & \alpha_6 \mathrm{Growth}_{it} + \alpha_7 \mathrm{Mhold}_{it} + \alpha_8 \mathrm{Dual}_{it} + \sum \mathrm{Year} + \sum \mathrm{Industry} + \varepsilon_{it} \end{aligned}$$

(12.57)

其中,被解释变量为经总资产标准化后的实际商誉,解释变量分别为并购是否现金支付、买方支出价值、同行业同年度其他公司商誉的均值、企业规模、盈利能力、成长性、管理层持股比例、是否两职合一以及年度虚拟变量与行业虚拟变量,通过回归得到的残差即为实际商誉与期望商誉之间的差额,将此差额作为超额商誉的度量变量。

参 考 文 献

[1] ABARBANELL J S,BUSHEE B J. Fundamental analysis, future earnings, and stock prices[J]. Journal of accounting research,1997,35(1):1-24.

[2] ALEXANDER C,PROKOPCZUK M,SUMAWONG A. The (de) merits of minimum-variance hedging: application to the crack spread[J]. Energy economics,2013,36:698-707.

[3] ANDERSON M C,BANKER R D,JANAKIRAMAN S N. Are selling, general, and administrative costs "sticky"?[J]. Journal of accounting research,2003,41(1):47-63.

[4] ANGRIST J D,PISCHKE J S. Mostly harmless econometrics: an empiricist's companion[M]. Princeton: Princeton University Press,2009.

[5] BALL R,BROWN P. An empirical evaluation of accounting income numbers[J]. Journal of accounting research,1968,6(2):159-178.

[6] BANKER R D,HUANG R,NATARAJAN R. Incentive contracting and value relevance of earnings and cash flows[J]. Journal of accounting research,2009,47(3):647-678.

[7] BASU S. The conservatism principle and the asymmetric timeliness of earnings[J]. Journal of accounting and economics,1997,24(1):3-37.

[8] BASU S. The relationship between earnings' yield, market value and return for NYSE common stocks: further evidence[J]. Journal of financial economics,1983,12(1):129-156.

[9] BEAVER W H. The information content of annual earnings announcements[J]. Journal of accounting research,1968,6:67-92.

[10] BERNARD V L,THOMAS J K. Post-earnings-announcement drift: delayed price response or risk premium?[J]. Journal of accounting research,1989,27:1-36.

[11] BRADA J C,KUTAN A M,ZHOU S. Real and monetary convergence between the European Union's core and recent member countries: a rolling cointegration approach[J]. Journal of banking & finance,2005,29(1):249-270.

[12] BROWN J R,PETERSEN B C. Cash holdings and R&D smoothing[J]. Journal of corporate finance,2011,17(3):694-709.

[13] BUSHMAN R,CHEN Q,ENGEL E,et al. Financial accounting information, organizational complexity and corporate governance systems[J]. Journal of accounting and economics,2004,37(2):167-201.

[14] CASKEY J,HUGHES J,LIU J. Leverage,excess leverage, and future returns[J]. Review of accounting studies,2012,17(2):443-471.

[15] CHANG C,CHEN X,LIAO G. What are the reliably important determinants of capital structure in China?[J]. Pacific-Basin finance journal,2014,30:87-113.

[16] CINELLI C,FORNEY A,PEARL J. A crash course in good and bad controls[R]. Technical Report,R-493,2022.

[17] COBB C W,DOUGLAS P H. A theory of production[J]. The American economic review,1928,18(1):139-165.

[18] CORE J E,GUAY W R,VERRECCHIA R E. Price versus non-price performance measures in optimal CEO compensation contracts[J]. The accounting review,2003,78(4):957-981.

[19] DAVIDSON III W N,DUTIA D. A note on the behavior of security returns: a test of stock market overreaction and efficiency[J]. Journal of financial research,1989,12(3):245-252.

[20] DE BONDT W F M,THALER R. Does the stock market overreact?[J]. The journal of finance,1985,40(3):793-805.

[21] DICKEY D A,FULLER W A. Distribution of the estimators for autoregressive time series with a unit root[J]. Journal of the American Statistical Association,1979,74(366):427-431.

[22] EASTON P D,ZMIJEWSKI M E. Cross-sectional variation in the stock market response to accounting earnings announcements[J]. Journal of accounting and economics,1989,11(2-3):117-141.

[23] ENGEL E,HAYES R M,WANG X. CEO turnover and properties of accounting information[J]. Journal of accounting and economics,2003,36(1-3):197-226.

[24] ENGLE R F,GRANGER C W J. Co-integration and error correction: representation,estimation,and testing[J]. Econometrica: journal of the Econometric Society,1987,55(2):251-276.

[25] FAMA E F,FRENCH K R. Common risk factors in the returns on stocks and bonds[J]. Journal of financial economics,1993,33(1):3-56.

[26] FLANNERY M J,RANGAN K P. Partial adjustment toward target capital structures[J]. Journal of financial economics,2006,79(3):469-506.

[27] FRENCH K R,ROLL R. Stock return variances: the arrival of information and the reaction of traders[J]. Journal of financial economics,1986,17(1):5-26.

[28] GERLACH R,WILSON P,ZURBRUEGG R. Structural breaks and diversification: the impact of the 1997 Asian financial crisis on the integration of Asia-Pacific real estate markets[J]. Journal of international money and finance,2006,25(6):974-991.

[29] GRANGER C W J,NEWBOLD P. Spurious regressions in econometrics[J]. Journal of econometrics,1974,2(2):111-120.

[30] HOLLAND P W. Statistics and causal inference[J]. Journal of the American Statistical Association,1986,81(396):945-960.

[31] JEGADEESH N,TITMAN S. Returns to buying winners and selling losers: implications for stock market efficiency[J]. The journal of finance,1993,48(1):65-91.

[32] JIANG G,LEE C,ZHANG Y. Information uncertainty and expected returns[J]. Review of accounting studies,2005,10(2):185-221.

[33] JONES J J. Earnings management during import relief investigations[J]. Journal of accounting research,1991,29(2):193-228.

[34] KASA K. Common stochastic trends in international stock markets[J]. Journal of monetary economics,1992,29(1):95-124.

[35] KHAN M,WATTS R L. Estimation and empirical properties of a firm-year measure of accounting conservatism[J]. Journal of accounting and economics,2009,48(2-3):132-150.

[36] KIM S J,LUCEY B M,WU E. Dynamics of bond market integration between established and accession European Union countries[J]. Journal of international financial markets,institutions and money,2006,16(1):41-56.

[37] KIM C S,LEE S. Spurious regressions driven by excessive volatility[J]. Economics letters,2011,113(3):292-297.

[38] KIM T H,LEE Y S,NEWBOLD P. Spurious regressions with stationary processes around linear trends[J]. Economics letters,2004,83(2):257-262.

[39] KOTHARI S P,LEONE A J,WASLEY C E. Performance matched discretionary accrual measures[J]. Journal of accounting and economics,2005,39(1):163-197.

[40] KWIATKOWSKI D,PHILLIPS P C B,SCHMIDT P,et al. Testing the null hypothesis of stationarity against the alternative of a unit root: how sure are we that economic time series have a unit root?[J]. Journal of econometrics,1992,54(1-3):159-178.

[41] LESMOND D A,OGDEN J P,TRZCINKA C A. A new estimate of transaction costs[J]. The review

of financial studies,1999,12(5): 1113-1141.

[42] LIPE R C. The information contained in the components of earnings[J]. Journal of accounting research,1986,24: 37-64.

[43] LORD F M. A paradox in the interpretation of group comparisons[J]. Psychological bulletin,1967,68(5): 304.

[44] MARMOL F. Spurious regression theory with nonstationary fractionally integrated processes[J]. Journal of econometrics,1998,84(2): 233-250.

[45] MARMOL F. Spurious regressions between I (d) processes[J]. Journal of time series analysis,1995,16(3): 313-321.

[46] MASHRUWALA C,RAJGOPAL S,SHEVLIN T. Why is the accrual anomaly not arbitraged away? The role of idiosyncratic risk and transaction costs[J]. Journal of accounting and economics,2006,42(1-2): 3-33.

[47] MCNEW K,FACKLER P L. Testing market equilibrium: is cointegration informative? [J]. Journal of agricultural and resource economics,1997,22(2): 191-207.

[48] MENDENHALL R R. Arbitrage risk and post-earnings-announcement drift[J]. The journal of business,2004,77(4): 875-894.

[49] NORIEGA A E,VENTOSA-SANTAULÀRIA D. Spurious regression and econometric trends[R]. Dirección de Investigación Económica,Banco de México,2006.

[50] OU J A,PENMAN S H. Accounting measurement,price-earnings ratio,and the information content of security prices[J]. Journal of accounting research,1989,27: 111-144.

[51] PERKINS S E,ALEXANDER L V,NAIRN J R. Increasing frequency, intensity and duration of observed global heatwaves and warm spells[J]. Geophysical research letters,2012,39(20): I20714-1-I20714-5.

[52] PHILLIPS P C B,PERRON P. Testing for a unit root in time series regression[J]. Biometrika,1988,75(2): 335-346.

[53] PHILLIPS P C B. Understanding spurious regressions in econometrics[J]. Journal of econometrics,1986,33(3): 311-340.

[54] RANGVID J. Predicting returns and changes in real activity: evidence from emerging economies[J]. Emerging markets review,2001,2(4): 309-329.

[55] RICHARDSON S. Over-investment of free cash flow[J]. Review of accounting studies,2006,11(2): 159-189.

[56] ROLL R. R^2[J]. The journal of finance,1988,43(3): 541-566.

[57] RUBIN D B. Estimating causal effects of treatments in randomized and nonrandomized studies[J]. Journal of educational psychology,1974,66(5): 688-701.

[58] RUBIN D B. Randomization analysis of experimental data: the Fisher randomization test comment [J]. Journal of the American Statistical Association,1980,75(371): 591-593.

[59] SCHIPPER K. Earnings management[J]. Accounting horizons,1989,3(4): 91.

[60] SLOAN R G. Do stock prices fully reflect information in accruals and cash flows about future earnings? [J]. The accounting review,1996,71(3): 289-315.

[61] FAMA E F. The behavior of stock-market prices[J]. The journal of business,1965,38(1): 34-105.

[62] TSAY W J,CHUNG C F. The spurious regression of fractionally integrated processes[J]. Journal of econometrics,2000,96(1): 155-182.

[63] WHITED R L,SWANQUIST Q T,SHIPMAN J E,et al. Out of control: the (over) use of controls in accounting research[J]. The accounting review,2022,97(3): 395-413.

[64] WOLD H. On the inversion of moving averages[J]. Scandinavian actuarial journal,1938,1938(3-4):

208-217.

[65] WOOLDRIDGE J M.计量经济学导论：现代观点[M].北京：清华大学出版社,2008.
[66] WURGLER J,ZHURAVSKAYA E. Does arbitrage flatten demand curves for stocks?[J]. The journal of business,2002,75(4)：583-608.
[67] YANG L,LEE C,SHIE F S. How close a relationship does a capital market have with other markets? A reexamination based on the equal variance test[J]. Pacific-Basin finance journal,2014, 26：198-226.
[68] 蔡栋梁,刘敏,邹亚辉,等.税收征管与股价同步性——基于制度背景的研究[J].南开管理评论, 2022,25(3)：160-171.
[69] 曹丰,鲁冰,李争光,等.机构投资者降低了股价崩盘风险吗？[J].会计研究,2015(11)：55-61,97.
[70] 冯晨,周小昶,曾艺.集团公司内的利润转移与避税研究[J].中国工业经济,2023,418(1)：151-170.
[71] 何瑛,杨琳,文雯.从"政治属性"到"市场理性"：非国有股东治理机制与资本结构动态调整[J].南开管理评论,2022(A)：1-32.
[72] 黄志忠,郑依林.商誉、利润可预测性与股票错误定价——基于代理成本观的实证检验[J].会计研究,2022,417(7)：32-45.
[73] 金祥义,施炳展.互联网搜索、信息成本与出口产品质量[J].中国工业经济,2022,413(8)：99-117.
[74] 孔东民,项君怡,代昀昊.劳动投资效率、企业性质与资产收益率[J].金融研究,2017(3)：145-158.
[75] 李红权,马超群.中国证券投资基金绩效评价的理论与实证研究[J].财经研究,2004(7)：56-65.
[76] 李莉,程昱,王向前,等.绩效反馈与企业产研销投资分配决策——基于管理层心理认知视角[J].会计研究,2022,420(10)：129-143.
[77] 李善民,陈玉罡.上市公司兼并与收购的财富效应[J].经济研究,2002(11)：27-35,93.
[78] 李诗林,李扬.沪深股票市场过度反应效应研究[J].管理评论,2003(6)：28-35,63-64.
[79] 李姝,田马飞,李丹,等.客户信息披露会影响企业税收规避吗[J].南开管理评论,2022,25(6)：75-85,107,I0016,I0017.
[80] 李增福,云锋.网络基础设施建设与企业会计稳健性——基于"宽带中国"战略的准自然实验研究[J].外国经济与管理,2023,45(1)：104-120.
[81] 李志生,苏诚,李好,等.企业过度负债的地区同群效应[J].金融研究,2018(9)：74-90.
[82] 刘凤环.数字化赋能、企业类型与投资效率[J].经济问题,2022(11)：67-75.
[83] 刘建秋,李四海,王飞雪,等."论资排辈"式高管薪酬与企业生产效率研究[J].南开管理评论,2021, 24(1)：120-128,129-130,147.
[84] 刘少波,尹筑嘉.沪市A股过度反应和反应不足的实证研究[J].财经理论与实践,2004(2)：51-58.
[85] 李子奈.计量经济学[M].北京：清华大学出版社,2003.
[86] 陆建桥.中国亏损上市公司盈余管理实证研究[J].会计研究,1999(9)：25-35.
[87] 陆正飞,何捷,窦欢.谁更过度负债：国有还是非国有企业？[J].经济研究,2015,50(12)：54-67.
[88] 沈维涛,黄兴孪.我国证券投资基金业绩的实证研究与评价[J].经济研究,2001(9)：22-30.
[89] 沈艺峰,吴世农.我国证券市场过度反应了吗？[J].经济研究,1999(2)：23-28.
[90] 陶欣欣,江轩宇,谢志华,等.社会责任履行影响企业劳动投资效率吗[J].会计研究,2022,416(6)：120-133.
[91] 万佳彧,李彬,徐宇哲.数字金融对企业投资效率影响的实证检验[J].统计与决策,2022,38(19)：135-139.
[92] 王化成,曹丰,叶康涛.监督还是掏空：大股东持股比例与股价崩盘风险[J].管理世界,2015(2)：45-57,187.
[93] 王永宏,赵学军.中国股市"惯性策略"和"反转策略"的实证分析[J].经济研究,2001(6)：56-61,89.
[94] 谢铖,陈平社,王国宇.金融周期视角下的企业资本结构调整机制[J].财经科学,2021(1)：40-52.
[95] 谢乔昕,张宇.经济政策不确定性对研发投资平滑的影响研究[J].科研管理,2022,43(2)：100-107.

[96] 许年行,江轩宇,伊志宏,等.分析师利益冲突、乐观偏差与股价崩盘风险[J].经济研究,2012,47(7): 127-140.

[97] 许年行,洪涛,吴世农,等.信息传递模式、投资者心理偏差与股价"同涨同跌"现象[J].经济研究, 2011,46(4):135-146.

[98] 杨利雄,姚良燕,李庆男.经济增长目标压力与企业过度投资倾向[J].统计与信息论坛,2022,37 (10):25-38.

[99] 游家兴,张俊生,江伟.制度建设、公司特质信息与股价波动的同步性——基于R^2研究的视角[J]. 经济学(季刊),2007(1):189-206.

[100] 张耕,高鹏翔.行业多元化、国际多元化与公司风险——基于中国上市公司并购数据的研究[J].南开管理评论,2020,23(1):169-179.

[101] 张人骥,朱平方,王怀芳.上海证券市场过度反应的实证检验[J].经济研究,1998(5):59-65.

[102] 张欣,董竹.超额商誉对企业创新的影响研究[J].南开管理评论,2022,25(5):16-30.

[103] 张阳,张晓峒,攸频.含结构突变的趋势平稳过程的虚假单位根研究[J].数量经济技术经济研究, 2013,30(1):117-134.

[104] 周琳杰.中国股市的规模效应问题[J].经济管理,2002(10):68-75.

[105] 朱红军,何贤杰,陶林.中国的证券分析师能够提高资本市场的效率吗——基于股价同步性和股价信息含量的经验证据[J].金融研究,2007(2):110-121.

[106] 朱滔.国有企业董事长领薪安排与管理层薪酬激励——基于"委托-监督-代理"三层代理框架的研究[J].当代财经,2020(7):124-137.

教师服务

感谢您选用清华大学出版社的教材！为了更好地服务教学，我们为授课教师提供本书的教学辅助资源，以及本学科重点教材信息。请您扫码获取。

》教辅获取

本书教辅资源，授课教师扫码获取

》样书赠送

经济学类重点教材，教师扫码获取样书

 清华大学出版社

E-mail：tupfuwu@163.com
电话：010-83470332 / 83470142
地址：北京市海淀区双清路学研大厦 B 座 509

网址：https://www.tup.com.cn/
传真：8610-83470107
邮编：100084